Automatische Stabilisatoren,
fiskalpolitische Schocks und Konjunktur

Europäische Hochschulschriften
Publications Universitaires Européennes
European University Studies

Reihe V
Volks- und Betriebswirtschaft

Série V Series V
Sciences économiques, gestion d'entreprise
Economics and Management

Bd./Vol. 2816

PETER LANG
Frankfurt am Main · Berlin · Bern · Bruxelles · New York · Oxford · Wien

Wolfgang Scheremet

Automatische Stabilisatoren, fiskalpolitische Schocks und Konjunktur

Eine vergleichende SVAR-Analyse für Deutschland und die USA

PETER LANG
Europäischer Verlag der Wissenschaften

Die Deutsche Bibliothek - CIP-Einheitsaufnahme

Scheremet, Wolfgang:

Automatische Stabilisatoren, fiskalpolitische Schocks und Konjunktur : eine vergleichende SVAR-Analyse für Deutschland und die USA / Wolfgang Scheremet. - Frankfurt am Main ; Berlin ; Bern ; Bruxelles ; New York ; Oxford ; Wien : Lang, 2001
(Europäische Hochschulschriften : Reihe 5, Volks- und Betriebswirtschaft ; Bd. 2816)
Zugl.: Berlin, Freie Univ., Diss., 2001
ISBN 3-631-38668-0

D 188
ISSN 0531-7339
ISBN 3-631-38668-0

www.peterlang.de

Vorwort

Die vorliegende Arbeit entstand während meiner Tätigkeit in der Konjunkturabteilung des Deutschen Instituts für Wirtschaftsforschung. Ich habe bei der Bearbeitung des Themas versucht, einer Strategie zu folgen, die ich bei meinen früheren akademischen Lehrern an der Universität Konstanz, Herrn Prof. Dr. Harald Gerfin und Herrn Prof. Dr. Wolfgang Franz, gelernt habe: Grundlage jeder Arbeit sollte eine umfassende theoretische Analyse sein, die anschließend empirisch untermauert wird. Darauf aufbauend können Empfehlungen für die Wirtschaftspolitik abgeleitet werden. Ich hoffe, dass ich diesem Anspruch genügen konnte.

An dieser Stelle möchte ich mich bei all denjenigen bedanken, die zur Entstehung dieser Arbeit beigetragen haben. Mein besonderer Dank gilt Herrn Prof. Dr. Jürgen Wolters für die unermüdliche wissenschaftliche Betreuung, wertvolle Hinweise und die ständige Unterstützung bei der Eingrenzung der Arbeit. Danken möchte ich auch den Diskutanten bei Vorträgen am Fachbereich für Wirtschaftswissenschaften der Freien Universität Berlin, bei der Deutschen Statistischen Gesellschaft, im Deutschen Institut für Wirtschaftsforschung (DIW) und beim Zentrum für Europäische Wirtschaftsforschung (ZEW) für die vielen nützlichen Kommentare. Besonders hervorheben möchte ich Herrn PD Dr. Uwe Hassler für die methodische Hilfestellung, Herrn Jochen Schmidt für die sprachlichen und orthographischen Hinweise, Frau Sabine Stephan für inhaltliche Tipps sowie Herrn Horst Hartwig, der letzte Fehlerteufel ausmerzte. Sämtliche noch verbleibenden Fehler liegen natürlich in meiner alleinigen Verantwortung.

Mein herzlichster Dank gilt jedoch meiner Frau Nicole. Sie hat mich in der Schlussphase der Bearbeitung zwar wenig gesehen, in der verbleibenden gemeinsamen Zeit jedoch geduldig ertragen. Sie hat durch ihre Geduld und Fürsorge maßgeblich zur Entstehung dieser Arbeit beigetragen. Zudem hat sie erst durch ihre kompetente Kenntnis der Tücken der Textverarbeitungssoftware dieser Arbeit das endgültige Aussehen gegeben.

Inhaltsverzeichnis

Verzeichnis der Abbildungen

Verzeichnis der Tabellen

1 Einführung und Überblick

Bei der Betrachtung einer Reihe von ökonomischen Indikatoren für die Bundesrepublik Deutschland – wie die Entwicklung des Bruttoinlandsprodukts und seiner Komponenten oder die Arbeitslosigkeit über einen längeren Zeitraum hinweg – wird deutlich, dass die neunziger Jahre in Bezug auf die Verläufe dieser und weiterer Indikatoren eine Besonderheit darstellen. Angesichts der politischen Großereignisse in den neunziger Jahren verwundert dies allerdings nicht. Zweimal in diesem Jahrzehnt führten politisch-ökonomische Entscheidungen zu einem fundamentalen Wandel der wirtschaftlichen Rahmenbedingungen in Deutschland: Dies waren die Wirtschafts- und Währungsunion mit der DDR und die Einführung einer gemeinsamen Währung in Europa. Während der europäische Einigungsprozess bisher ohne größere Schwierigkeiten verläuft, kommt die Integration in Deutschland nur stockend voran. Dies mag daran liegen, dass für den europäischen Integrationsprozess bereits im Vorfeld Vorkehrungen getroffen worden waren, die sicherstellen sollten, dass eine Währungsunion erfolgreich im Sinne von mehr Wachstum und Beschäftigung sein konnte. All dies war bei der deutschen Vereinigung nicht der Fall. Die politischen und wirtschaftspolitischen Akteure mussten nach dem Zusammenbruch der DDR vielmehr unvorbereitet und möglichst kurzfristig Entscheidungen treffen, die den Wirtschaftsprozess in Deutschland bis heute beeinflussen. Erschwerend kam die wirtschaftliche Dimension der deutschen Vereinigung hinzu. Sie erhöhte die Bevölkerungszahl der alten Bundesrepublik um ein Viertel, ließ ein innerstaatliches Einkommensgefälle von 300 % entstehen und ging in Ostdeutschland mit einer nahezu völligen Deindustrialisierung sowie dem Verlust von mehr als einem Drittel der Arbeitsplätze einher.

Bei beiden Großereignissen kam der Finanzpolitik eine besondere Rolle zu. So mussten in Ostdeutschland nach der Vereinigung nicht nur eine funktionierende Verwaltung aufgebaut, sondern auch die wirtschaftlichen Folgen der konkreten Gestaltung der Währungsunion sozialpolitisch abgefedert und der Wiederaufbau einer wettbewerbsfähigen Wirtschaft initiiert werden. Diese einigungsbedingten Lasten erforderten in großem Umfang die Bereitstellung finanzieller Ressourcen und führten zu einer Bruttoumverteilung von jährlich bis zu 7 % des westdeutschen Bruttoinlandsprodukts nach Ostdeutschland. Der damit verbundene Anstieg der öffentlichen Defizite stand jedoch im Widerspruch zu den im Maastricht-Vertrag vereinbarten finanzpolitischen Kriterien, die für die Qualifizierung der Länder zur Teilnahme an der europäischen Wirtschafts- und Währungsunion herangezogen wurden. Die defizitfinanzierte Ausweitung der Staatsnachfrage wurde ab Mitte der neunziger Jahre von einer forcierten Sparpolitik zur Konsolidierung der öffentlichen Haushalte abgelöst.

Für die Überlegung, ob diese besonderen wirtschaftspolitischen Rahmenbedingungen eine wichtige Rolle für die wirtschaftliche Entwicklung im Verlauf der neunziger Jahre gespielt haben, bietet sich ein internationaler Vergleich – insbesondere mit nichteuropäischen Volkswirtschaften – an. Eine der Volkswirtschaften, die ein völlig anderes Erscheinungsbild der Wirtschaft in diesem Jahrzehnt aufwiesen, war die der USA. Noch zu Beginn der neunziger Jahre waren die Ausgangsbedingungen für beide Volkswirtschaften allerdings durchaus vergleichbar. Zwar war bereits in den achtziger Jahren die gesamtwirtschaftliche Expansion in Deutschland schwächer als in den USA, am Ende des Jahrzehnts befanden sich aber sowohl die amerikanische als auch die deutsche Volkswirtschaft in einem Aufschwungprozess. In beiden Volkswirtschaften deuteten bereits 1989 erste Indikatoren auf eine konjunkturelle Abschwächung hin, die dann in den USA im Jahr 1990 in eine Rezession mündete. In Deutschland nahm die konjunkturelle Expansion allerdings wegen der fiskalischen Impulse im Gefolge der deutschen Vereinigung zunächst noch zu, und die Rezession setzte erst zwei Jahre später ein. Die Ursachen der konjunkturellen Abschwächung unterschieden sich allerdings deutlich von denen, die in den siebziger und frühen achtziger Jahren zu einer Rezession sowohl in Deutschland als auch in den USA geführt hatten. Der wirtschaftlichen Eintrübung gingen damals starke Preissprünge im Bereich importierter Rohstoffe voraus. Derart negative Angebotsschocks, die erhebliche Anpassungen der Sachkapazitäten auslösten, konnten in den späten achtziger Jahren weder in Deutschland noch in den USA beobachtet werden. Vielmehr wurden die Rezessionen in diesem Jahrzehnt jeweils durch eine monetäre Restriktion ausgelöst, um die Geldentwertung zu bremsen. Am Ende der neunziger Jahre haben dann Innovationen im Bereich der Computertechnologie („*New Economy*“) zu positiven Angebotsschocks geführt und die Wachstumsperspektiven verbessert.

Die Möglichkeiten in beiden Volkswirtschaften, nach dem Ende der monetären Restriktion zu Beginn der neunziger Jahre wieder auf einen expansiven Kurs einzuschwenken, waren somit sehr viel besser als nach den beiden vorangegangenen Rezessionen. Während Deutschland aber sowohl im internationalen Vergleich als auch im Vergleich zu früher ein außerordentlich schwaches Wirtschaftswachstum aufwies, war der Aufschwung in den USA so kräftig und lang anhaltend wie selten zuvor. Spiegelbildlich dazu war die Entwicklung auf den Arbeitsmärkten. Sank die Arbeitslosenquote in den USA auf den tiefsten Stand seit den frühen siebziger Jahren, kletterte sie in Deutschland auf immer neue Rekordhöhen.

Von besonderer Bedeutung für diesen Befund dürfte die deutsche Vereinigung gewesen sein. Allein die Dimension dieses Ereignisses führte zu erheblichen

Verwerfungen. So kam die konkrete Durchführung der Währungsunion mit einem Umstellungskurs von 1:1 für alle laufenden Transaktionen im Jahr 1990 für die ostdeutsche Wirtschaft einem negativen Angebotsschock von bisher unbekanntem Ausmaß gleich, der einen Großteil der Sachkapazitäten obsolet werden ließ. Zusätzliche Kostenschocks in Form einer weit über das Produktivitätswachstum hinausgehenden Lohnentwicklung trieben die Deindustrialisierung der Wirtschaft in Ostdeutschland weiter voran. Während in Ostdeutschland somit vorwiegend negative Angebotsschocks dominierten, wurde die wirtschaftliche Entwicklung der westdeutschen Wirtschaft von einer Reihe von positiven und negativen Nachfrageschocks beeinflusst. Waren es zu Beginn der neunziger Jahre positive Impulse durch eine Steuerreform und die zusätzliche Nachfrage aus Ostdeutschland, traten von 1992 an überwiegend negative Nachfrageschocks auf, so 1991 bis 1994 die restriktive Geldpolitik und ab 1993 eine auf Haushaltskonsolidierung ausgerichtete Finanzpolitik. Hinzu kamen im Gefolge von Turbulenzen im europäischen Währungssystem in den Jahren 1992 und 1995 zwei reale Aufwertungen der D-Mark, die deutsche Waren und Dienstleistungen im Vergleich zu ausländischen um insgesamt fast 13 % verteuerten. Im Jahr 1998 wurde die gerade einsetzende konjunkturelle Erholung durch die von den Währungsturbulenzen in Asien und Russland ausgelöste Abkühlung der Weltkonjunktur erneut unterbrochen. Erst am Ende des Jahrzehnts nahm die Konjunktur im Gefolge des weltweiten Konjunkturaufschwungs und der Abwertung des Euro wieder deutlich an Fahrt auf.

Die Fülle dieser Störungen führte zu einer äußerst unsteten gesamtwirtschaftlichen Expansion. Der Boomphase in den Jahren 1990 und 1991 folgte eine Wachstumsschwäche, die bis zum Ende der neunziger Jahre anhielt. Von 1992 bis 2000 gab es nur drei Jahre – 1994, 1998 und 2000 – mit Wachstumsraten von mehr als 2 %. Die durchschnittliche Wachstumsrate pro Jahr betrug nur 1,6 %. In den USA dagegen war der Expansionspfad mit jahresdurchschnittlichen Wachstumsraten von deutlich über 3 % sehr viel steiler.[1]

Der öffentliche Sektor spielt in modernen Volkswirtschaften eine wichtige Rolle. In Deutschland betrug der Anteil des Staates im Jahr 2000 – gemessen mit der Ausgaben- und Einnahmenquote[2] – am gesamtwirtschaftlichen Aktivitätsniveau rund 45 %, in den USA, wo ein großer Teil der Altersvorsorge sowie der Krankenversicherung privatwirtschaftlich organisiert wird, rund 30 %. Der Staat be-

---

1 Bei einem Vergleich der Wachstumsentwicklung muss allerdings berücksichtigt werden, dass in den USA seit 1995 bei der Berechnung der Volkswirtschaftlichen Gesamtrechnung hedonische Preisindizes verwendet werden.

2 Summe der Einnahmen beziehungsweise Ausgaben in Prozent des nominalen Bruttoinlandsprodukts.

einflusst die Wirtschaftsentwicklung über mehrere Kanäle, und zwar sowohl auf der Angebots- als auch auf der Nachfrageseite der Volkswirtschaft. Allerdings ist eine klare Zuordnung der einzelnen Aktionsparameter entweder zur Angebots- oder zur Nachfrageseite im Allgemeinen nicht möglich. Auf die kurze Frist dominieren – so die keynesianische Sichtweise – die Nachfrageeffekte. Konjunkturelle Schwankungen können durch diskretionäre Veränderungen der Steuersätze über deren Wirkung auf die private Nachfrage beziehungsweise durch Veränderungen der öffentlichen Nachfrage geglättet werden. Allerdings müssen in beiden Fällen die im politischen Entscheidungsprozess üblichen Verzögerungen berücksichtigt werden. Eine antizyklisch geplante Finanzpolitik mit diskretionären Eingriffen kann so schnell prozyklisch wirken. Außerdem kann die Neigung von Regierungen beobachtet werden, bei reichlich fließenden Steuereinnahmen zusätzliche Ausgabenprogramme zu beschließen. Es ist deshalb sehr unwahrscheinlich, dass eine Finanzpolitik, die auf diskretionären Entscheidungen beruht, auch tatsächlich antizyklisch wirkt. Eine aktive Rolle des Staates im Konjunkturverlauf muss sich jedoch nicht auf diskretionäre Reaktionen der Finanzpolitik auf konjunkturelle Schwankungen beschränken. Vielmehr kann auch eine regelgebundene Finanzpolitik durch die im Steuersystem eingebauten automatischen Stabilisatoren antizyklisch wirken und damit die Wirtschaftsentwicklung stabilisieren. Die automatischen Stabilisatoren wirken insbesondere durch einkommensabhängige Steuern und Transfers. Je höher die Steuersätze und je progressiver der Steuertarif, umso größer ist die Wirkung der automatischen Stabilisatoren. Daraus resultiert aber wiederum ein Konflikt mit dem Ziel, allokationsverzerrende Effekte im Steuersystem so weit wie möglich zu vermeiden.

Eine Stabilisierung der konjunkturellen Entwicklung ist allerdings nur dann möglich, wenn die im Steuer- und Ausgabensystem eingebauten automatischen Stabilisatoren auf der Einnahmen- und Ausgabenseite im Konjunkturverlauf zu einem „atmenden" Haushalt führen, der Saldo von Einnahmen und Ausgaben somit in einer Rezession abnimmt, im Boom dagegen zunimmt. Aus konjunktureller Sicht steht damit die Entwicklung der öffentlichen Defizite, insbesondere das Wann und Wie einer Konsolidierung der öffentlichen Defizite, im Vordergrund. Diesbezüglich gab es entscheidende Unterschiede zwischen Deutschland und den USA. Während in den USA eine passive Konsolidierungsstrategie durch eine Verstetigung der öffentlichen Ausgaben sowie – über die automatischen Stabilisatoren – steigenden Steuereinnahmen im Aufschwung verfolgt wurde, betrieb die Regierung in Deutschland in den achtziger und neunziger Jahren eher eine aktive Konsolidierung durch Steuererhöhungen und Ausgabenkürzungen.

Diese Aspekte der Finanzpolitik sollen im Folgenden für die USA und Deutschland näher beleuchtet werden. Insbesondere soll untersucht werden, in welchem

Umfang automatische Stabilisatoren in den Steuer- und Transfersystemen in den USA und in Deutschland zum Tragen kommen, ob es Unterschiede zwischen beiden Systemen gibt und ob die Reaktion des Steuer- und Abgabensystems auf konjunkturelle Schwankungen im Zeitablauf stabil war. Ein weiterer Schwerpunkt ist die Analyse der verschiedenen fiskalischen Impulse in Deutschland im Verlauf der neunziger Jahre und die Frage, ob ein Teil der Wachstumsschwäche auf die Finanzpolitik zurückzuführen ist. Der Zusammenhang von automatischen Stabilisatoren, fiskalpolitischen Schocks und Konjunktur wird dabei theoretisch, institutionell und ökonometrisch analysiert.

Die weitere Untersuchung gliedert sich daher in vier Teile. Im nächsten Kapitel erfolgt eine deskriptive Beschreibung der wirtschaftlichen Entwicklung sowie der – aus konjunktureller Sicht – wesentlichen Aspekte der Wirtschaftspolitik in den USA und in Deutschland seit den achtziger Jahren. Für Deutschland wird dabei ein besonderes Augenmerk auf die wirtschaftlichen Konsequenzen der deutschen Vereinigung gelegt. Dies schließt eine etwas ausführlichere Betrachtung des Transformationsprozesses in Ostdeutschland ein.

Im dritten Kapitel werden die Aspekte staatlicher Aktivität unter theoretischen Gesichtpunkten näher untersucht. Die Analyse beginnt mit einigen generellen Überlegungen zur Theorie der optimalen Besteuerung. Daran anschließend werden die Rolle der automatischen Stabilisatoren im Konjunkturverlauf und die Effekte staatlicher Ausgabenimpulse theoretisch beleuchtet. Einige Überlegungen zur ricardianischen Äquivalenz schließen das Kapitel.

Das vierte – institutionelle – Kapitel ist inhaltlich zwischen der theoretischen und der empirischen Analyse über automatische Stabilisatoren, fiskalpolitische Schocks und Konjunktur einzuordnen. Nach einem kurzen Vergleich der Finanzverfassungen in den beiden Volkswirtschaften folgt ein Überblick über die strukturellen Grundzüge der Steuersysteme mit einer Beschreibung der verschiedenen Steuerarten und Abgaben sowie der wichtigsten Veränderungen der Steuersysteme und der verschiedenen Steuerreformen seit Anfang der achtziger Jahre. In diesem Teil wird auch die US-amerikanische Konsolidierungsstrategie in den späten achtziger und den neunziger Jahren der Strategie in Deutschland, die im Zusammenhang mit dem Vertrag von Maastricht zu sehen ist, gegenübergestellt. Das Ziel dieses Kapitels ist nicht, die Steuersysteme in der Bundesrepublik Deutschland und den USA unter den Gesichtspunkten der Theorie der optimalen Besteuerung oder die Finanzverfassung in beiden Staaten unter politökonomischen Aspekten zu untersuchen. Ziel ist es vielmehr, einen Überblick über die Steuersysteme und deren Entwicklung seit den frühen achtziger Jahren zu geben, um die empirischen Ergebnisse im Lichte der Theorie und der institutionellen Realität interpretieren zu können.

Das fünfte – empirische – Kapitel ist der zentrale Abschnitt der hier durchgeführten Untersuchung. Einem Überblick über die empirische Literatur zur Wirkung der Finanzpolitik folgt die Schätzung eines strukturellen vektorautoregressiven Systems, bestehend aus einer Konjunktur-, einer Steuer- und einer Ausgabenvariablen für die USA und für Deutschland. Da sich gezeigt hat, dass die Reagibilität der Steuern und Transfers in Bezug auf die Entwicklung der gesamtwirtschaftlichen Produktion in Deutschland nicht stabil ist, wurde der Schätzzeitraum in zwei Teilperioden – bis 1976 und ab 1977 – unterteilt. In einer Impuls-Antwort-Analyse wird untersucht, wie die einzelnen Variablen jeweils auf Impulse der anderen Variablen des Systems reagieren, ob es Unterschiede zwischen den Ländern gibt und ob sich in Deutschland die Impuls-Antwort-Folgen in den beiden Teilperioden unterscheiden. Dem schließt sich eine Untersuchung über die Reaktion der gesamtwirtschaftlichen Produktion auf konkrete Impulse der Finanzpolitik an. Für die USA ist dies die temporäre Steuersenkung im Jahr 1995 und für Deutschland die Sequenz von positiven und negativen Impulsen der Finanzpolitik im Verlauf der neunziger Jahre.

Im abschließenden Kapitel werden die empirischen Ergebnisse im Lichte der theoretischen und institutionellen Analyse näher betrachtet sowie die Finanzpolitik in den USA und in Deutschland in Bezug auf ihren Beitrag zur Stabilisierung der konjunkturellen Entwicklung untersucht. Auf Basis dieser Überlegungen werden konjunkturpolitische Empfehlungen hinsichtlich des Ziels eines möglichst friktionsfreien Einsatzes der Finanzpolitik abgeleitet.

2 Wirtschaftliche Entwicklung in Deutschland und den USA

2.1 Einleitung

In den neunziger Jahren waren die Volkswirtschaften in Deutschland und den USA von völlig unterschiedlichen Entwicklungen geprägt. Während Deutschland sowohl im internationalen Vergleich als auch im Vergleich zu früher ein außerordentlich schwaches Wachstum des realen Bruttoinlandsprodukts aufwies, war der Aufschwung in den USA so kräftig und lang anhaltend wie selten zuvor. In den siebziger Jahren war dies noch anders gewesen. Während die Volkswirtschaften Deutschlands und der USA in dieser Zeit den Konjunkturzyklus quasi im Gleichschritt und mit gleich starken Schwankungen durchliefen, fiel Deutschland von 1983 an hinter die USA zurück (Abbildung 2.1), wobei sich die Kluft in den neunziger Jahren weiter vergrößerte. Kennzeichnend für die USA war dabei, dass die Rezessionen jeweils zwar tief, aber im Vergleich zu Deutschland nur von kurzer Dauer waren und die Tiefpunkte unmittelbar von Phasen mit einer hohen Dynamik abgelöst wurden. So kam die US-Wirtschaft gleich nach der schweren Rezession zu Beginn der achtziger Jahre schnell wieder auf Touren und erlebte bis zum Ende des Jahrzehnts ein stabiles Wachstum mit Zuwachsraten in der Größenordnung von 4 %. In Deutschland hingegen blieb die Konjunktur bis Mitte der achtziger Jahre schwach. Nach dem Rezessionsjahr 1982 verzeichnete Deutschland nur eine leichte Erholung mit mäßigen Wachstumsraten. Eine den USA entsprechende Entwicklung mit Wachstumsraten von über 3 % wurde nur am Ende des Jahrzehnts und während der deutschen Vereinigung erzielt.

Ähnliche Unterschiede zwischen den beiden Volkswirtschaften waren auch in den neunziger Jahren zu beobachten. Von der tiefen und schweren Rezession in den Jahren 1990 und 1991 erholte sich die US-Wirtschaft so rasch, dass nach knapp eineinhalb Jahren schon wieder Wachstumsraten zwischen knapp 3 % und 5 % erzielt wurden. Die jahresdurchschnittliche Wachstumsrate in den USA betrug von 1991 bis 2000 rund 4 %. Zu Beginn des Jahrzehnts profitierte Deutschland zwar von dem expansiven Effekt der Vereinigung; als dieser positive Nachfrageimpuls 1992 aber an Wirkung verlor, konnte die restriktive Geldpolitik ihre volle Wirkung entfalten und Deutschland geriet wie die USA in eine Rezession, allerdings mit zweijähriger Verspätung. Nach einer nur kurzzeitigen Erholung im Jahr 1994 gingen die Wachstumsraten erneut zurück. Die Entwicklung verlief dann zwar parallel zu der in den USA, aber auf einem niedrigeren Niveau. Bezeichnend für die Entwicklung in Deutschland war dabei, dass die

Abbildung 2.1

Reales Bruttoinlandsprodukt in Deutschland und den USA

Index 1980 = 100

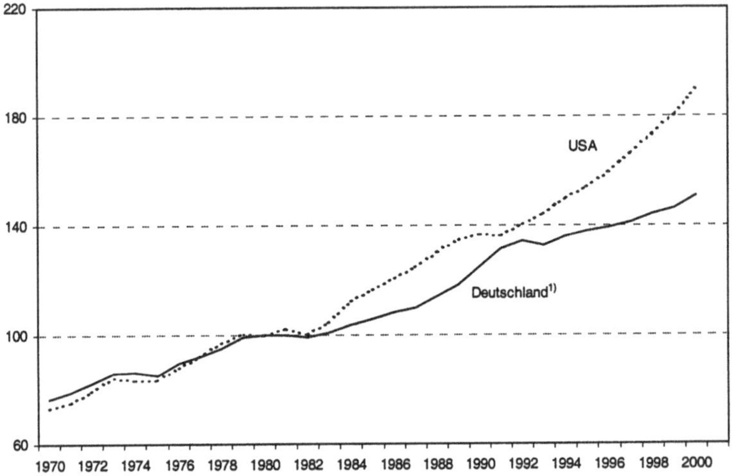

Wachstumsrate in % gegen Vorjahr

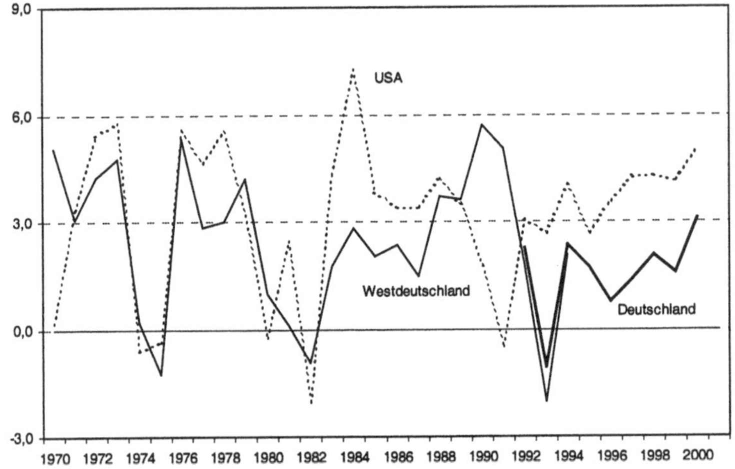

1) Ab 1992 Gesamtdeutschland.

Quellen: OECD, Economic Outlook, VGR des DIW, eigene Berechnungen.

gesamtwirtschaftliche Expansion nie länger als zwei Jahre anhielt. Von 1993 bis 2000 wurden niemals in zwei aufeinander folgenden Jahren Wachstumsraten des realen Bruttoinlandsprodukts von mehr als zwei Prozent erzielt. Das Wachstumsdifferential spiegelte sich auch auf den Arbeitsmärkten wider: In den USA ging die Arbeitslosigkeit auf den tiefsten Stand seit den sechziger Jahren zurück und in Deutschland stieg sie auf fast 10 % (Abbildung 2.2).

Abbildung 2.2

Arbeitslosenquoten in Deutschland und den USA

Standardisierte Arbeitslosenquoten in Prozent der Erwerbspersonen

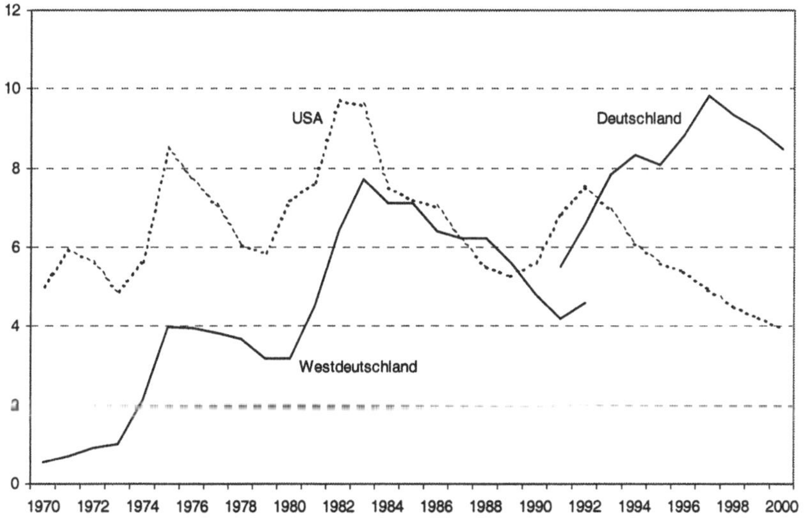

Quellen: OECD, Economic Outlook, eigene Berechnungen.

2.2 Deutschland

Zu Beginn der achtziger Jahre befand sich die Wirtschaft in Deutschland in einer rezessiven Phase, die insbesondere von einer rückläufigen Binnennachfrage gekennzeichnet war. In den Jahren 1981 und 1982 nahmen – mit Ausnahme des Staatsverbrauchs – alle Komponenten der Inlandsnachfrage mehr oder weniger stark ab, lediglich eine kräftige Ausweitung der Auslandsnachfrage verhinderte eine noch stärkere Rezession.

Begleitet wurde die wirtschaftliche Stagnation von einer kräftigen Ausweitung der Defizite, hauptsächlich, weil sich die Zunahme der Steuereinnahmen stark abschwächte. In der Folge stiegen die Defizite von 35 ½ Mrd. DM (1979) auf 56 ½ Mrd. DM (1981), immerhin von 2,6 % des nominalen BIP auf 3,7 %[3]. Vom Herbst 1982 an war die Finanzpolitik vorrangig auf Konsolidierung ausgerichtet. Im Zuge der exportgetragenen konjunkturellen Erholung von 1983 an gewann auch die Entwicklung der Binnennachfrage an Schwung. Gestützt wurde diese im späteren Verlauf der achtziger Jahre durch die dreistufige Steuerreform 1986/88/90, die den privaten Haushalten deutliche steuerliche Entlastungen brachte und damit den privaten Konsum stärkte. Mit dem lang anhaltenden Aufschwung kam es rasch zu einem Abbau der öffentlichen Defizite. Im Jahre 1989 – dem Jahr, in dem die Mauer fiel – konnten die öffentlichen Haushalte erstmals seit 1969 wieder ein leichtes Plus verzeichnen (2,8 Mrd. DM bzw. 0,1 % des nominalen BIP).

Die wirtschaftliche Entwicklung in Deutschland in den neunziger Jahren kann nicht unabhängig von der deutschen Vereinigung analysiert werden. Dieses singuläre Ereignis hatte eine Reihe von Angebots- und Nachfrageschocks zur Folge, die die Entwicklung im vereinten Deutschland nachhaltig beeinflusst haben dürften. Dabei ist streng zwischen West- und Ostdeutschland zu unterscheiden. So kam die konkrete Durchführung der Währungsunion mit einem Umstellungskurs von 1:1 für alle laufenden Transaktionen im Jahr 1990 für die ostdeutsche Wirtschaft einem negativen Angebotsschock von bis dahin unbekanntem Ausmaß gleich, der einen Großteil der Sachkapazitäten obsolet werden ließ. In Westdeutschland dominierten in den neunziger Jahren – anders als in den Rezessionen Mitte der siebziger und zu Beginn der achtziger Jahre – keine Angebotsschocks die wirtschaftliche Entwicklung. Seit der Vereinigung war die westdeutsche Wirtschaft vielmehr einer ungewöhnlich hohen Zahl von positiven und negativen Nachfrageschocks ausgesetzt, die destabilisierend wirkten und das Wachstum im Vergleich zur zweiten Hälfte der achtziger Jahre erheblich verlangsamt haben dürften. Wesentliche Impulse gingen dabei – insbesondere im Zusammenhang mit der deutschen Vereinigung – von der Finanzpolitik aus. Während diese in den frühen achtziger Jahren tendenziell restriktiv war, wurden im Jahr 1990 – dem konjunkturellen Höhepunkt – die Steuern spürbar gesenkt. Hinzu kam die deutliche Steigerung der öffentlichen Ausgaben durch die Transfers nach Ostdeutschland, die wegen der niedrigen Wettbewerbsfähigkeit ostdeutscher Anbieter wiederum als Export in Westdeutschland nachfragewirksam wurden. Im Jahr 1993 wurde dann ein Kurswechsel hin zu einer forcierten Haushaltskonsolidierung vollzogen.

---

[3] Eine umfassende Untersuchung der Finanzpolitik für den Zeitraum 1970 bis 1986 liefert Franz (1990).

Die Überhitzung der Konjunktur führte zu einem deutlichen Anstieg der Lohnabschlüsse (Abbildung 2.3) was die Geldpolitik veranlasste, die Zügel zu straffen. Dies wiederum war der Hauptgrund für die schwere Rezession in den Jahren 1992 und 1993.

Abbildung 2.3

Entwicklung der Lohnstückkosten[1)] in Deutschland und den USA

Veränderung gegenüber Vorjahr

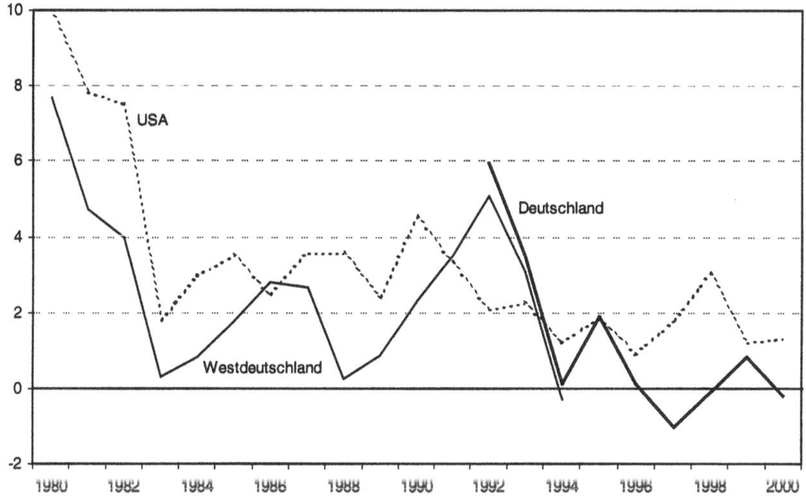

1) Westdeutschland: Bruttolohn- und gehaltsumme dividiert durch reales Bruttoinlandsprodukt in Preisen von 1991; (ESVG79); Deutschland: Arbeitnehmerentgelte dividiert durch reales Bruttoinlandsprodukt in Preisen von 1995 (ESVG97); USA: *Compensation of employees* dividiert durch reales Bruttoinlandsprodukt in Preisen von 1996, Kettenindex.

Quellen: Statistisches Bundesamt, Bureau of Economic Analysis, eigene Berechnungen.

Zur Illustration der speziellen Wachstumsentwicklung in Deutschland können die neunziger Jahre in vier verschiedene Perioden unterteilt werden.[4] Jeder Abschnitt war dabei durch spezifische Schocks geprägt: Die Überhitzung der Konjunktur durch eine äußerst expansive Finanzpolitik (1990-1991), die Auswirkungen der restriktiven Geldpolitik (1992-1993), eine rigide Finanzpolitik, zu hohe Lohnabschlüsse und die Überbewertung der Währung (1994-1995) und schließlich die Beibehaltung des strengen finanzpolitischen Kurses, die restriktive Lohnpolitik und die schwache Konsumnachfrage (1996-1997). In den Jahren

4 Für die folgende Analyse vergleiche Lindlar und Scheremet (1998).

1998 und 1999 litt die deutsche Wirtschaft zudem unter der Abschwächung der Weltkonjunktur.

Phase 1: Die Konjunkturüberhitzung im Zeitraum 1990-1991

Im Jahr 1989 war die Weltwirtschaft auf einem konjunkturellen Höhepunkt. Anders als beispielsweise in den USA nahm aber das Expansionstempo in Deutschland 1990 weiter zu. Für den starken Wachstumsimpuls sorgte insbesondere die dritte Stufe der Einkommensteuerreform 1986/1988/1990, die Anfang 1990 in Kraft trat und den Privatsektor 1990 um 33 Mrd. DM entlastete. Ein weiterer Impulsgeber war die zusätzliche Nachfrage aus Ostdeutschland. Die Exporte von West- nach Ostdeutschland schnellten von 18 Mrd. DM im Jahr 1989 auf 220 Mrd. DM im Jahr 1992 hoch.[5] Dieser Nachfrageschub wurde weitgehend durch öffentliche Transfers von deutlich über 200 Mrd. DM pro Jahr finanziert, was 7 % des westdeutschen BIP entsprach. Als Reaktion auf die Vereinigung stiegen die Langfristzinsen nominal um 2 Prozentpunkte und real um 1 Prozentpunkt. Anfänglich wurde dieser Kapitalkostenanstieg jedoch durch den massiven Nachfrageimpuls der öffentlichen Ausgaben mehr als wettgemacht. Außerdem befand sich die westdeutsche Wirtschaft 1990 im siebten Jahr eines Konjunkturaufschwungs, und viele Investoren glaubten, dass Konjunkturzyklen mehr oder weniger der Vergangenheit angehörten. Die Unternehmen reagierten auf den zusätzlichen Nachfrageimpuls, den die Vereinigung ausgelöst hatte, mit einem deutlichen Kapazitäts- und Beschäftigungsaufbau.

Auf dem Höhepunkt der Expansion stieg die Beschäftigung um fast 3 % pro Jahr. Die Arbeitslosenquote sank auf gut 4 %, und es herrschte zunehmend Arbeitskräftemangel. Infolge dieser günstigen Arbeitsmarktsituation beschleunigte sich die Lohnentwicklung von jährlich rund 4 % in den späten achtziger Jahren auf mehr als 6 % in den Jahren 1990 und 1991. Die Lohnstückkosten wiesen daraufhin mit rund 5 % die höchste Steigerungsrate seit Anfang der achtziger Jahre auf (Abbildung 2.3). Zwar stieg die Inflationsrate bis auf 4 %, doch ging dies auch auf eine kräftige Zunahme der administrierten Preise und der Mieten zurück. Wegen der relativ hohen internationalen Verflechtung der deutschen Wirtschaft waren die Produzenten von Waren und Dienstleistungen dagegen nur bedingt in der Lage, den höheren Kostendruck auf die Preise zu überwälzen. Die Gewinnentwicklung wurde daher gedämpft.

---

5 Scheremet und Zwiener (1996).

Für die Regierung wurde es im Jahr 1991 immer offensichtlicher, dass die Vereinigung nicht ausschließlich durch zusätzliches Wachstum finanziert werden konnte, wie es anfänglich geplant war. Sie beschloss deshalb eine Reihe von Steuererhöhungen und Ausgabekürzungen. Diese Maßnahmen reichten jedoch bei weitem nicht aus, um die Mindereinnahmen infolge der Steuerreform des Jahres 1990 zu kompensieren. Insgesamt belief sich der expansive finanzpolitische Impuls auf 72 Mrd. DM im Jahr 1991 und auf 30 Mrd. DM im Jahr 1992. Dieser fiskalische Impuls entsprach etwa 40 % des Anstiegs der gesamtwirtschaftlichen Produktion in diesen Jahren.

Phase 2: Die Auswirkungen der restriktiven Geldpolitik im Zeitraum 1992-1993

Anfänglich wirkte sich die Überhitzung der Konjunktur nicht primär inflationsbeschleunigend aus, sondern führte vielmehr zu einem Defizit in der Leistungsbilanz. Von Mitte 1991 an begann die Regierung jedoch, die indirekten Steuern, die Sozialversicherungsbeiträge und die Verwaltungsgebühren zu erhöhen. Infolgedessen schnellte die Inflationsrate – wenn auch nur vorübergehend – auf 4 %. Die Bundesbank sah in dieser Entwicklung eine ernsthafte Bedrohung der Preisstabilität. Sie war bereits wegen der deutlichen Ausweitung der Geldmenge infolge der Vereinigung besorgt. Die Geldmenge M3, die Bargeld, Sichteinlagen, Termineinlagen mit einer Befristung bis unter vier Jahren und Spareinlagen enthält, wuchs durch die Währungsunion um 15 %. Dieser Anstieg lag deutlich über dem Zuwachs des Produktionspotentials. Nach Ansicht der Bundesbank deutete dies auf eine Beschleunigung der Inflation hin. Ihre Anstrengungen waren von Anfang an darauf gerichtet, den vermuteten monetären Überhang zu korrigieren. Außerdem prognostizierte die Bundesbank eine Konjunkturüberhitzung auf Grund von Haushaltsfehlbeträgen. Infolgedessen erhöhte sie die kurzfristigen Zinsen auf ein deutlich über den Langfristzinsen liegendes Niveau (Abbildung 2.6).[6] Selbst 1992, als die Auswirkungen der restriktiven Geldpolitik deutlich zu Tage traten und die Langfristzinsen sanken, erhöhte die Bundesbank den Diskontsatz ein weiteres Mal.

Die Lohnabschlüsse spiegelten zum Teil wider, dass die Gewerkschaften nicht bereit waren, die Arbeitnehmer die Last der vereinigungsbedingten Erhöhung der Sozialversicherungsbeiträge tragen zu lassen. Die restriktive Geldpolitik wurde

---

[6] Aus einschlägigen Veröffentlichungen ist deutlich geworden, dass die Zinsstruktur für die USA ein guter Indikator für Rezessionen ist. Siehe u.a. Estrella und Mishkin (1997) sowie Smets und Tsatsaronis (1997). Für Deutschland ist der Zusammenhang weniger deutlich (Kirchgässner und Savioz, 1995 und Wolters, 1996).

in ihrer Wirkung noch dadurch gesteigert, dass nach der EWS-Krise Ende 1992 eine reale Aufwertung der D-Mark um fast 10 % erfolgte (Abbildung 2.4). Als der positive finanzpolitische Impuls an Wirkung verlor und die restriktive Geldpolitik zum dominierenden Faktor wurde, wurde auch Deutschland von der weltweiten Rezession erfasst.

Abbildung 2.4

Realer effektiver Wechselkurs der D-Mark auf Basis von Verbraucherpreisen und Handelsgewichten

Index: Durchschnitt 1980 bis 2000 = 100

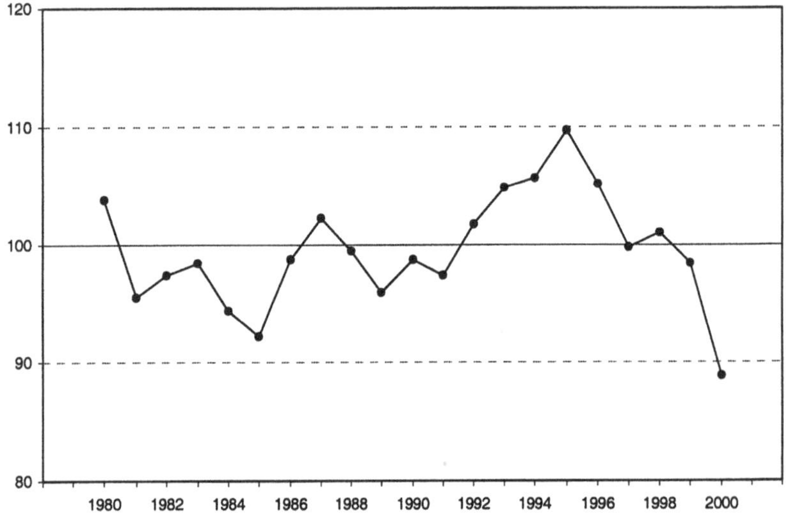

Quellen: OECD, Economic Outlook, eigene Berechnungen.

Die lohnpolitische Reaktion auf die Rezession und den Anstieg der Arbeitslosigkeit bestand darin, dass in den Jahren 1993 und 1994 ein ausgesprochen zurückhaltender Kurs gefahren wurde. Wegen der Rigidität der Preise sank die Inflationsrate jedoch erst mit zeitlicher Verzögerung. Zudem wirkte die Erhöhung der indirekten Steuern und der administrierten Preise inflationstreibend, so dass der Verbraucherpreisindex, der Schlüsselindikator der Bundesbank für Inflation, beschleunigt zunahm (Abbildung 2.5). Trotz des deutlich schwächer werdenden Anstiegs der Lohnstückkosten – die Rate sank bis auf nahezu null im Jahr 1994 – blieb die Bundesbank auf ihrem restriktiven Kurs. Im Gegensatz zu den USA,

Abbildung 2.5

Inflationsraten[1] in Deutschland und den USA

In Prozent gegen Vorjahr

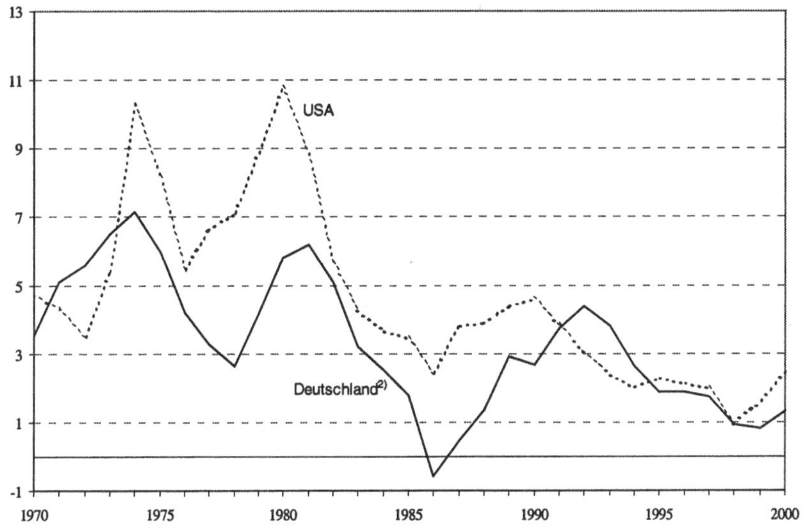

1) Preisindex des privaten Verbrauchs. – 2) Ab 1991 Gesamtdeutschland.
Quellen: OECD, Economic Outlook, eigene Berechnungen.

wo die *Fed* vor der letzten Rezession nur kurzfristig einen restriktiven geldpolitischen Kurs gefahren hatte, war die Zinsdifferenz etwa vier Jahre lang invers (Abbildung 2.6). Zudem war die Rückkehr der Zinsdifferenz in den „normalen" Bereich, die 1994 erfolgte, nicht nur auf niedrigere Zinssätze für die kurzen Laufzeiten zurückzuführen, sondern auch auf höhere Zinssätze für lange Laufzeiten. Dieser Anstieg der Langfristzinsen ging auf den Kurs der US-amerikanischen Geldpolitik zurück, die auf die konjunkturelle Belebung im Jahr 1993 mit einer Straffung der Geldpolitik reagierte. Somit waren sowohl die Unternehmen in Deutschland als auch in Europa insgesamt bereits in einem frühen Stadium des Aufschwungs mit steigenden Kapitalkosten konfrontiert.

Phase 3: Rigide Finanzpolitik und Überbewertung der D-Mark (1994-1995)

Bereits 1991, als deutlich wurde, dass die einigungsbedingten Lasten auf fast 200 Mrd. DM pro Jahr steigen würden, schwenkte die Regierung auf einen Konsolidierungskurs ein. Zur Finanzierung der Kosten der deutschen Einheit wurde in den Steueränderungsgesetzen im Jahr 1991 eine Reihe von Steuererhöhungen beschlossen, die insbesondere die privaten Haushalte belasteten. So kam es zu mehrmaligen Erhöhungen der Mineralölsteuer, die Tabaksteuer und die Alkoholsteuer wurden angehoben sowie ein befristeter Solidaritätszuschlag eingeführt. Für Arbeitnehmer und Arbeitgeber kamen erhebliche Mehrbelastungen im Bereich der Sozialversicherungen zur Finanzierung der einigungsbedingten Arbeitsmarktprobleme hinzu. Schließlich wurde im Jahre 1993 der Normalsatz bei der Mehrwertsteuer von 14 auf 15 % angehoben. Gleichzeitig wurden viele öffentliche Ausgaben zum Teil drastisch gekürzt. Die Konsolidierung setzte damit genau 1993 ein, also dem Jahr der Rezession.

Abbildung 2.6

Zinsdifferenz in Deutschland[1)] und den USA[2)]
Langfristige minus kurzfristige Zinsen

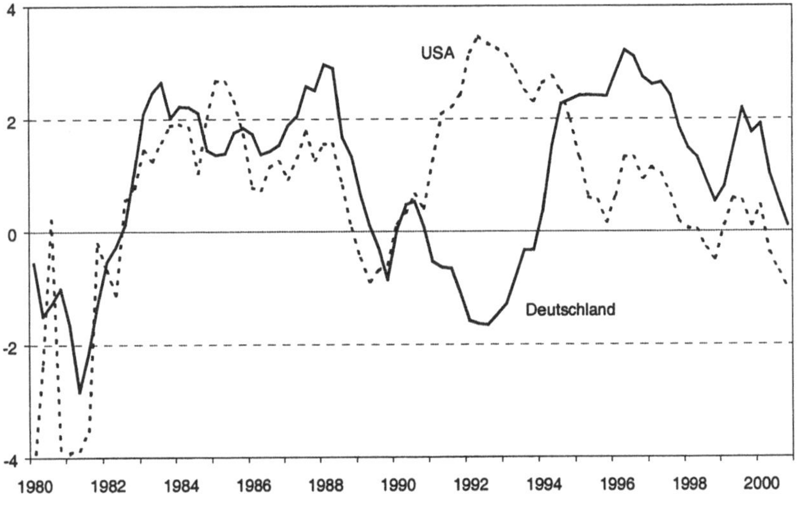

1) Langfristige Zinsen: Umlaufsrenditen inländischer Inhaberschuldverschreibungen, Anleihen der öffentlichen Hand mit mittlerer Restlaufzeit von über 9 bis 10 Jahren; kurzfristige Zinsen: Geldmarktsätze am Frankfurter Bankplatz, Dreimonatsgeld, Monatsdurchschnitte. – 2) Langfristige Zinsen: Zehnjährige U.S. Treasury Bonds mit Restlaufzeit von 10 Jahren; kurzfristige Zinsen: Eurodollar Interbank Interest Rate, London, Dreimonatsgeld Eurodollar.

Quellen: Federal Reserve Bank, Europäische Zentralbank, eigene Berechnungen.

Die beträchtlichen Mehreinnahmen aus den Steuererhöhungen reichten jedoch nicht aus, die einigungsbedingten Lasten zu decken. Die Folge war, dass aus dem leichten Überschuss in den öffentlichen Haushalten im Jahr 1989 binnen kurzem ein beträchtliches Defizit entstand. Es betrug im Jahre 1993 gut 119 Mrd. DM, also fast 4 % des nominalen Bruttoinlandsprodukts. Ein maßgeblicher Grund dafür, dass die Defizite trotz der verschiedenen Steuererhöhungen weiter zunahmen, waren die im Steuersystem eingebauten automatischen Stabilisatoren, also die konjunkturell bedingten Steuermindereinnahmen und Mehrausgaben im Bereich der Arbeitslosenversicherung. Im Jahr 1994 wurde der restriktive finanzpolitische Kurs nochmals verschärft und weitere Steuererhöhungen sowie Kürzungen bei den Transferzahlungen beschlossen.

Dass sich die Konjunktur trotz der höheren Langfristzinsen und der fiskalpolitischen Konsolidierung erholte, war zu einem großen Teil der Belebung des Exports zu verdanken. In diesem recht günstigen Klima, das zu Beginn des Jahres 1995 herrschte, fand eine neue Tarifrunde statt. Im Gegensatz zu früheren Jahren stand sie diesmal im Zeichen einer scharfen Konfrontation. In der Metallindustrie gingen die Arbeitgeber mit der Forderung nach 10 %igen Lohnkürzungen in die Verhandlungen. Der Konfrontationskurs fand jedoch bei der Mehrheit der Mitglieder des Bundesverbands der Arbeitgeber keine Unterstützung. Die auf dem Weltmarkt operierenden Unternehmen erlebten eine rasche Erholung ihres Exportgeschäfts (Abbildung 2.7) mit entsprechenden Gewinnsteigerungen. Da diese Betriebe den Verlust von Marktanteilen fürchteten, waren sie an einem schnellen Kompromiss interessiert, um es nicht zu einem längeren und kostspieligen Arbeitskampf kommen zu lassen. Die IG-Metall konnte daher Lohnerhöhungen von nominal über 5 % durchsetzen. Gleichzeitig geriet der EWS-Wechselkursmechanismus erneut unter Druck. Im Frühjahr 1995 führte ein kumuliertes Inflationsgefälle in Deutschland gegenüber dem Ausland zu einer kräftigen realen Aufwertung der D-Mark um rund 7 % (Abbildung 2.4).

Das gesamtwirtschaftliche Umfeld hatte sich durch die gestiegenen langfristigen Zinsen und geringere Wettbewerbsfähigkeit infolge der hohen Lohnsteigerungen und der Aufwertung der D-Mark erheblich verschlechtert. Innerhalb kurzer Zeit wurden die Erwartungen der Investoren ein zweites Mal enttäuscht. Zu Beginn der neunziger Jahre erweiterten die Unternehmen ihre Produktionskapazitäten, weil sie ein schnelles und stabiles Wachstum im wiedervereinten Deutschland erwarteten. Während der Rezession im Zeitraum 1992-1993 wurde deutlich, dass die Unternehmen einen viel zu großen Kapitalbestand aufgebaut hatten. Die Rezession war schwer, aber nicht von langer Dauer. Schon zu Beginn des Jahres 1994 fassten die Unternehmen wieder Vertrauen. Die Investitionsnachfrage zog

Abbildung 2.7

Auftragseingang im verarbeitenden Gewerbe insgesamt, aus dem Ausland und aus dem Inland

Volumenindex[1]: 1991 = 100

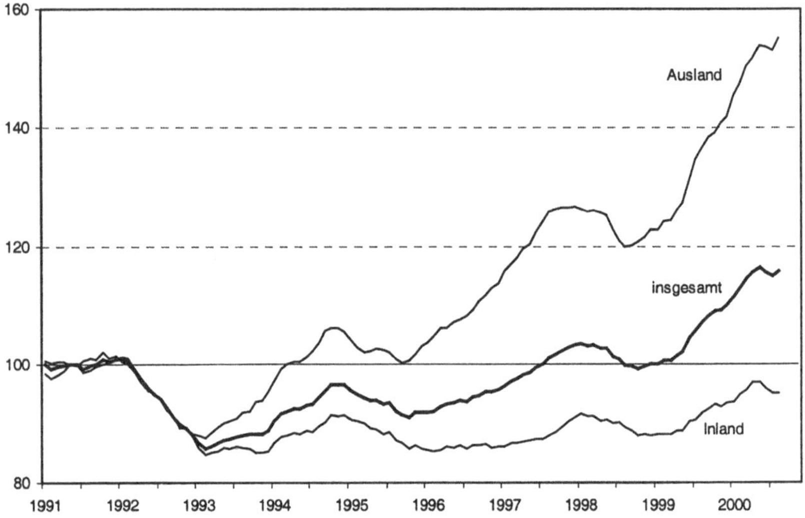

1) Saison- und arbeitstäglich bereinigt nach dem Berliner Verfahren (BV4), gleitender Dreimonatsdurchschnitt.

Quellen: Statistisches Bundesamt; eigene Berechnungen.

wieder an, wenn auch nur zögerlich. Bereits 1995 erwies sich die Entscheidung, wieder zu investieren, jedoch erneut als Fehler. Dieser Rückschlag wirkte sich sehr nachteilig auf die Investitionsbereitschaft aus, vor allem auch deshalb, weil die erneute Abschwächung der Konjunktur als Beleg für den Beginn einer tiefen und lang anhaltenden Strukturkrise gesehen wurde.

Phase 4: Zurückhaltende Lohnpolitik und schleppende Konsumnachfrage ab 1996

Angesichts der steigenden Arbeitslosigkeit (Abbildung 2.2) fielen die Lohnabschlüsse wieder deutlich niedriger aus. In den Jahren 1996 und 1997 stieg der Stundenlohn in Westdeutschland lediglich um 2 beziehungsweise 1,3 %, während die Bruttoeinkommen aus Unternehmertätigkeit und Vermögen um 4,9 % beziehungsweise 10 % zunahmen. Die potentiell positiven Beschäftigungsauswirkungen dieses geringen Nominallohnanstiegs konnten wegen der schwachen Verbrauchernachfrage und deflationärer Tendenzen – die am Preisindex des privaten Verbrauchs gemessene Inflationsrate ging auf rund 1 % zurück – offenbar nicht zum Tragen kommen. In den Jahren 1996 und 1997 nahm der reale private Verbrauch um lediglich 1,3 % beziehungsweise um 0,3 % zu, während er in den übrigen EU-Staaten um durchschnittlich 2,2 % zulegte (Arbeitskreis Konjunktur, 1998). Diese Nachfrageschwäche wurde durch die restriktive Finanzpolitik, die ihren Kurs im Gefolge der im Maastricht-Vertrag vereinbarten finanzpolitischen Kriterien forcierte, noch verstärkt.

Seit 1996 ist die Nachfrageentwicklung daher dichotom verlaufen. Während sich die Exporte sehr schnell von der DM-Überbewertung im Jahr 1995 erholten, waren die für die Inlandsmärkte produzierenden Unternehmen mit einer stagnierenden oder gar rückläufigen Nachfrage konfrontiert. Während die Auftragseingänge aus dem Ausland im verarbeitenden Gewerbe kräftig zunahmen und 2000 um nahezu 60 % über dem Niveau von 1991 lagen (Abbildung 2.7) stiegen die Auftragseingänge aus dem Inland bis zum Ende der neunziger Jahre kaum über das Niveau im Rezessionsjahr 1993.

Angesichts der Vielzahl von retardierenden Einflüssen, die im Wesentlichen auf die Wirtschaftspolitik zurückzuführen sind, waren die makroökonomischen Rahmenbedingungen für eine kräftigere Expansion der gesamtwirtschaftlichen Produktion äußerst ungünstig. Von 1993 bis zum Jahr 2000 betrug die jahresdurchschnittliche Wachstumsrate des realen Bruttoinlandsprodukts lediglich 1,9 %. Allerdings können die wirtschaftspolitischen Entscheidungen in den neunziger Jahren nicht unabhängig von den wirtschaftlichen und politischen Aspekten der deutschen Vereinigung betrachtet – und bewertet – werden. Dieses Ereignis, für das es in der Wirtschaftsgeschichte der Industrieländer bis dato kein Beispiel gegeben hatte, traf die Wirtschaftspolitik in Deutschland völlig unvorbereitet. Im Folgenden sollen daher einige wirtschaftliche Aspekte der deutschen Vereinigung näher betrachtet werden.

2.3 Wirtschaftliche Aspekte der deutschen Vereinigung

Die deutsche Vereinigung musste allein schon wegen ihrer Dimension zu erheblichen wirtschaftlichen Verwerfungen führen.[7] Sie erhöhte die Bevölkerungszahl der alten Bundesrepublik um ein Viertel, ließ ein innerstaatliches Einkommensgefälle von 300 % entstehen, und in Ostdeutschland ging mehr als ein Drittel der

---

7 Die folgende Analyse stützt sich auf Scheremet und Zwiener (1996) sowie Lindlar und Scheremet (1998).

Arbeitsplätze verloren. Die einigungsbedingten Lasten erforderten eine Brutto-Umverteilung von jährlich 7 % des westdeutschen Bruttoinlandsprodukts nach Ostdeutschland. Die Vereinigung vollzog sich am Anfang der neunziger Jahre vor dem Hintergrund einer Talfahrt der Wirtschaft im Osten und einer prosperierenden im Westen. Seit den frühen achtziger Jahren hatten sich die Bedingungen auf der Angebotsseite der westdeutschen Volkswirtschaft erheblich verbessert.[8] Die Ertragskraft der Unternehmen erreichte wieder das Niveau der frühen siebziger Jahre, und die durchschnittliche Effektivbesteuerung der Unternehmen sank deutlich. Der Staatshaushalt wurde konsolidiert und hatte 1989 einen leichten Überschuss. Die jährliche Inflationsrate ging auf 2 % zurück, was durch sinkende Weltmarktpreise für Öl begünstigt wurde. Von 1985 bis 1989 wurden 1,2 Mill. Stellen geschaffen, wovon 0,7 Mill. auf den Dienstleistungssektor entfielen. Die von der OECD berechnete standardisierte Arbeitslosenquote sank gleichzeitig mit der in den USA. Der enorme Anstieg des Leistungsbilanzüberschusses, der 1989 einen BIP-Anteil von 5 % erreichte, weckte Besorgnis. Deutschland war wirtschaftlich gesehen wahrscheinlich besser auf die Vereinigung vorbereitet als zu irgendeinem anderen Zeitpunkt seit den sechziger Jahren.

In Westdeutschland löste die Vereinigung einen kräftigen Boom aus, der jedoch nicht von langer Dauer war. Die Arbeitslosenquote sank hier vorübergehend auf fast 4 %. Gleichzeitig erlebte Ostdeutschland eine der schlimmsten Depressionen der modernen Wirtschaftsgeschichte.[9] Der Kollaps des Arbeitsmarktes begann mit der Einführung der D-Mark am 1. Juli 1990. Trotz der Warnungen zahlreicher Experten beschloss die Regierung, die Stromgrößen, insbesondere Güterpreise und Löhne, im Verhältnis 1:1 umzustellen. Für Bestandsgrößen wie Unternehmensschulden oder Vermögen wurde ein Umtauschkurs von zwei DDR-Mark für eine D-Mark festgelegt. Später zeigte sich, dass der Umstellungskurs von 1:1 eine Verteuerung der Güter ostdeutscher Unternehmen um über 300 % implizierte. Hinzu kam, dass die ostdeutschen Verbraucher nach der Öffnung der Grenzen eine Präferenz für Waren aus Westdeutschland hatten. Der schockartige Anstieg der Produktionskosten bei unveränderter Produktivität und die Veränderung der Nachfragestruktur waren die Hauptgründe für den dramatischen Einbruch der Nachfrage nach ostdeutschen Erzeugnissen. Der Auslandsabsatz war teilweise durch Beihilfen für Exporte in die COMECON-Mitgliedstaaten stabilisiert worden. Das Auslaufen dieser Beihilfen führte dazu, dass nach dem Rück-

8 Siehe u.a. Sachverständigenrat (1988) sowie Giersch, Paqué und Schmieding (1992).

9 Zu den wirtschaftlichen Aspekten der deutschen Vereinigung vergleiche auch: Sinn und Sinn (1991), Hoffmann (1993) sowie Flassbeck und Horn (1996).

gang der Nachfrage aus dem Inland auch die Absatzmärkte in Osteuropa auf breiter Front verloren gingen. Innerhalb eines knappen Jahres sank die ostdeutsche Güterproduktion um 50 %.

Infolge des Produktionseinbruchs stand der Arbeitsmarkt vor dem Kollaps. Von fast 10 Mill. Arbeitsplätzen im Jahr 1989 gingen über 3,5 Mill. Stellen verloren. Dieser Rückgang der Beschäftigtenzahl schlug sich allerdings nur zu etwa einem Drittel in steigenden Arbeitslosenzahlen nieder. Etwa eine Million Arbeitnehmer fanden eine neue Stelle in Westdeutschland, entweder als Pendler oder durch einen Wohnortwechsel. Weitere 0,9 Mill. Menschen gingen in den vorgezogenen Ruhestand, nahmen an Umschulungs- und Beschäftigungsprogrammen teil oder zogen sich gänzlich aus dem Erwerbsleben zurück. Ohne diese Maßnahmen wäre die ostdeutsche Arbeitslosenquote auf über 30 % gestiegen. Auf Grund der Dimension der Unterbeschäftigung konnten die Ausgaben der Bundesanstalt für Arbeit in Ostdeutschland nur begrenzt über Beiträge aus der Region finanziert werden. Es waren daher beträchtliche Transferzahlungen von West- nach Ostdeutschland erforderlich. In den ersten Jahren nach der Vereinigung beliefen sich die Transferzahlungen allein für die Arbeitslosenversicherung auf jährlich 22 Mrd. D-Mark.

Derart hohe Arbeitsplatzverluste hat es in anderen Transformationswirtschaften nicht gegeben. Auf den ersten Blick ist diese Entwicklung überraschend, weil der Beitritt Ostdeutschlands zur Bundesrepublik zwei grundlegende Probleme des Übergangsprozesses – die Stabilisierung der Währung und die Schaffung einer Rechtsordnung für die Marktwirtschaft – praktisch über Nacht löste. Zudem versprach die Vereinigung mit Westdeutschland einen wesentlich schnelleren und größeren Kapitalzufluss. Beides hätte eigentlich die Zeit der Transformation verkürzen und den Aufholprozess beschleunigen müssen. Diesen positiven Aspekten stand jedoch eine Vielzahl von makroökonomischen Hindernissen wie die Einführung der D-Mark mit einem stark überhöhten Umtauschkurs und die sehr kräftigen Lohnsteigerungen entgegen. Von Anfang 1990 bis Mitte 1991 stiegen die Reallöhne bei stagnierender Produktivität um nahezu 100 % und der Lohnanstieg setzte sich trotz der starken Zunahme der Arbeitslosigkeit bis Mitte der neunziger Jahre fort. Die Lohnstückkostenrelation zwischen Ost- und Westdeutschland veränderte sich daraufhin dramatisch zu Ungunsten von Ostdeutschland. Waren die Lohnstückkosten unmittelbar nach der Währungsunion um etwa 20 % höher als jene in Westdeutschland, so nahm der Abstand im Verlauf des Jahres 1991 auf Grund des Produktionseinbruchs und der kräftigen Lohnsteigerungen auf etwa 170 % zu. Die Lohnquote in Ostdeutschland stieg auf über 100 %.

Eine derartige Entwicklung kann nur mit den Besonderheiten des ostdeutschen Lohnbildungsprozesses unmittelbar nach der Vereinigung erklärt werden.[10] Nach der deutschen Vereinigung schlossen sich die aus dem Freien Deutschen Gewerkschaftsbund hervorgegangenen Einzelgewerkschaften rasch den Gewerkschaftsverbänden in Westdeutschland an. Gleichzeitig etablierten sich die entsprechenden Arbeitgeberverbände in Ostdeutschland. Formal wurde damit das westdeutsche Modell des Lohnfindungsprozesses auf Ostdeutschland übertragen. Allerdings können die Rahmenbedingungen, unter denen die ersten Lohnverhandlungen stattfanden, nur begrenzt mit dem westdeutschen System der Lohnfindung verglichen werden.

An den ersten Tarifverhandlungen in Ostdeutschland nahmen zwar Gewerkschaften und Arbeitgeberverbände teil, durch die Zusammensetzung der Arbeitgeberseite war jedoch eine echte Vertretung des ostdeutschen Kapitals nicht gewährleistet. Die Verhandlungsdelegationen der Arbeitgeber setzten sich im Wesentlichen aus – westdeutschen – Verbandsfunktionären und aus – angestellten – Managern der ostdeutschen Unternehmen zusammen. Die erste Gruppe hatte aber eher das Wohlergehen der westdeutschen Unternehmen im Auge, die an einer zusätzlichen Konkurrenz im preislichen Wettbewerb nicht interessiert waren. Die zweite Gruppe trat kräftigen Lohnerhöhungen nicht entgegen, da ihre eigenen Einkommen von den Ergebnissen der Lohnverhandlungen abhingen. Eine Vertretung der Interessen des ostdeutschen Kapitals konnte folglich nicht stattfinden.

Die einzige Institution, der diese Aufgabe auf Grund der Eigentumsstruktur in den Jahren 1991 und 1992 in Ostdeutschland hätte zufallen können, nämlich die Treuhandanstalt, nahm an den Tarifverhandlungen aber nicht aktiv teil. Dies lag einerseits im Selbstverständnis der Treuhandanstalt begründet. Sie sah sich selbst – und darin bestärkt durch die Politik – nicht als Interessenvertretung des ostdeutschen Kapitals, sondern vielmehr als Teil des Staates. Der Staat darf sich aber – so die Argumentation – gemäß dem Verfassungsgrundsatz der Tarifautonomie nicht an Tarifverhandlungen beteiligen. Ein weiterer Grund für die Abstinenz der Treuhandanstalt lag in der deutschen Regelung der Konzernhaftung. Auf einen einfachen Nenner gebracht besagt diese Regelung, dass eine beherrschende Muttergesellschaft in einem Konzern im Fall des Konkurses einer Tochtergesellschaft für deren entstandene Verbindlichkeiten haften muss. Die Treuhandanstalt wollte deshalb von Anfang an den Eindruck vermeiden, sie agiere als direkte Vertreterin der in der Treuhandanstalt zusammengeschlossenen Unternehmen, um bei Konkursverfahren nicht für Verbindlichkeiten der Unter-

[10] Eine ausführliche Beschreibung des deutschen Lohnverhandlungsprozesses unter besonderer Berücksichtigung der deutschen Vereinigung findet sich bei Scheremet (1995).

nehmen verantwortlich zu sein. Aus dieser Sicht war das Verhalten der Treuhandanstalt die logische Folge der Interpretation ihrer rechtlichen Stellung. Für die Tarifverhandlungen hatte dies aber erhebliche Konsequenzen. Zudem wurden Verluste ostdeutscher Unternehmen zum Teil von der Treuhandanstalt übernommen und damit durch Mittel aus dem Bundeshaushalt gedeckt. Die Unternehmen mussten deshalb nicht unter einer echten Budgetrestriktion handeln. Erst als die Privatisierung weitgehend abgeschlossen war und die neuen Arbeitgeber bei überzogenen Lohnabschlüssen mit Arbeitsplatzverlusten drohten, fielen die Lohnabschlüsse geringer aus.

Es gab zudem auf Grund der Koppelung der Lohnersatzleistungen an das durchschnittliche Lohnniveau Anreize, die Löhne auch auf die Gefahr von Arbeitsplatzverlusten über den Produktivitätsfortschritt hinaus zu erhöhen. Unter diesen Bedingungen erhöhte sich das verfügbare Einkommen entlassener Arbeitnehmer nämlich auch noch nach der Entlassung, sofern die Lohnabschlüsse hoch genug waren.

Das wichtigste Ziel der Politik unmittelbar nach der Vereinigung war die möglichst schnelle Angleichung der Lebensverhältnisse in Ost- und Westdeutschland. Es gab darüber hinaus einen gesellschaftlichen Konsens, dass dies weitgehend über eine rasche Angleichung der Löhne in Ostdeutschland an das westdeutsche Niveau geschehen sollte. Die Lohnverhandlungen unmittelbar nach der Vereinigung erfolgten daher in einem Klima, das eine zügige Lohnangleichung propagierte. Es gab in Deutschland keine politische, gesellschaftliche und wirtschaftliche Gruppe, die der schnellen Angleichung der Löhne etwas entgegengesetzt hätte. Der übermäßige Lohnanstieg war somit letztendlich auf das institutionelle Vakuum zurückzuführen, das in Ostdeutschland bestand und zur Folge hatte, dass Tarifverhandlungen ohne Eigentümerverantwortung und ohne die wirkliche Gefahr von Arbeitsplatzverlusten geführt wurden (Lindlar und Scheremet, 1998).

Die konkrete Gestaltung der Vereinigung – wie die Wahl eines Umtauschkurses von 1:1 und die sofortige volle Eingliederung der DDR in die Bundesrepublik Deutschland – implizierte von Anfang an ein hohes Maß an staatlichem Engagement. Bereits mit der Wirtschafts-, Währungs- und Sozialunion zum 1. Juli 1990 hatte die DDR wesentliche Elemente des bundesdeutschen Steuersystems übernommen. Voraussetzung dafür war, dass die politischen Strukturen neu geschaffen und die Staatsaufgaben neu definiert wurden. Grundlage war die Einführung föderaler Strukturen nach dem Vorbild der Bundesrepublik. Am Tag des Beitritts der DDR zur Bundesrepublik Deutschland wurden die zentralen Staatsaufgaben und ihre Finanzierung auch formal der Bundesregierung übertragen. Mit der Übernahme der finanzpolitischen Verantwortung war die Bundesregierung mit einer Reihe von Herausforderungen konfrontiert. So mussten (Vesper, 1995):

- die Einnahmen der öffentlichen Hand in Ostdeutschland stabilisiert werden, weil die Möglichkeiten, Markteinkommen zu erzielen, zunächst begrenzt waren,
- die Infrastruktur und die Verwaltung aus-, auf- und umgebaut sowie modernisiert werden,
- der Kapitalzustrom von privaten Investoren initiiert werden und
- die Aktivitäten der Treuhandanstalt finanziert werden.

Auf Grund der Dimension des wirtschaftlichen Niedergangs der neuen Länder war die staatliche Aktivität von Anfang an der bestimmende Faktor für die wirtschaftliche Entwicklung in Ostdeutschland. So machten in der ersten Hälfte der neunziger Jahre die staatlichen Finanztransfers rund die Hälfte des ostdeutschen Sozialprodukts aus. Allerdings ist es auf Grund von Abgrenzungsproblemen schwierig, den genauen Umfang dieser Finanztransfers zu bestimmen (Vesper, 1995). Folgt man der Abgrenzung der wirtschaftswissenschaftlichen Forschungsinstitute (Gemeinschaftsdiagnose, 1995), so flossen im Jahr 1994 öffentliche Transfers in Höhe von 166 Mrd. D-Mark (unter Einschluss der Treuhandanstalt 203 Mrd. D-Mark) und 1995 knapp 200 Mrd. D-Mark nach Ostdeutschland. Im Jahr 1994 entsprachen diese Transfers rund 45 % des nominalen Bruttoinlandsprodukts in Ostdeutschland und gut 6 % in Westdeutschland. Auf Grund des stockenden Aufholprozesses in Ostdeutschland waren auch bis zum Ende der neunziger Jahre Finanztransfers nach Ostdeutschland erforderlich. Nach Angaben des Bundesministeriums der Finanzen flossen auch im Jahr 1999 noch Nettotransfers in Höhe von 150 Mrd. D-Mark nach Ostdeutschland (Bach und Vesper, 2000).

Insgesamt prägte die deutsche Vereinigung die wirtschaftliche Entwicklung in Deutschland während der gesamten neunziger Jahre nachhaltig. Die hohen Finanztransfers bedeuteten aber nicht nur eine Belastung für die Finanz- und Sozialpolitik, sondern auch andere wichtige Politikbereiche wie Geld- und Lohnpolitik wurden nachhaltig beeinflusst.

2.4 USA

Seit Anfang der achtziger Jahre weist die US-amerikanische Wirtschaft ein ausgesprochen kräftiges Wachstum auf.[11] Die konjunkturelle Dynamik unterschied sich dabei deutlich von der in anderen Industrieländern. Charakteristisch für die USA war insbesondere, dass die Rezessionen – zu Anfang der achtziger und neunziger Jahre – zwar tief, aber nur von kurzer Dauer waren und ihnen jeweils eine lange und robuste Aufschwungphase folgte (Abbildung 2.1). Eine kräftige und schnelle Erholung erfolgte vor allem in den neunziger Jahren. Dies mag zum einen daran gelegen haben, dass anders als in den beiden vorangegangenen Rezessionen Mitte der siebziger und zu Anfang der achtziger Jahre kein Angebotsschock die Erholung behinderte, sondern es sich vielmehr um eine rein geldpolitisch ausgelöste Stabilisierungsrezession handelte. Es waren deshalb auch keine strukturellen Anpassungsprozesse erforderlich, in deren Gefolge Teile des bestehenden Kapitalbestand entwertet worden wären. Zum anderen war die Wirtschaftspolitik konsequent auf Expansion ausgerichtet. Nach dem kräftigen Anstieg der kurzfristigen Zinsen Ende der achtziger Jahre schwenkte die US-amerikanische Zentralbank schnell auf einen expansiven Kurs ein. Die Zinsdifferenz war nur kurze Zeit invers (Abbildung 2.6), und die kurzfristigen Zinsen wurden von Sommer 1989 bis zum Winter 1991/92 von 8 ½ % auf rund 3 % gesenkt. In den Jahren 1991 und 1992 waren die kurzfristigen Realzinsen sogar negativ. Die daraufhin einsetzende Erholung mündete in einen lang andauernden Aufschwung mit Wachstumsraten des realen Bruttoinlandsprodukts von durchschnittlich rund 4 % pro Jahr.

Eine Besonderheit der Expansion in den neunziger Jahren gegenüber früheren Aufschwungphasen war zudem, dass sich der Aufschwung – trotz merklich sinkender Arbeitslosigkeit auf historische Tiefststände – weitgehend inflationsfrei vollzog.

Treibende Kraft der Expansion in den neunziger Jahren war die kräftige Binnenkonjunktur. Der reale private Verbrauch nahm von 1991 bis 2000 im Durchschnitt pro Jahr um rund 4 % zu. Dieser Zuwachs war damit mehr als doppelt so groß wie in Deutschland (1,6 %). Der Beitrag des privaten Verbrauchs zum gesamtwirtschaftlichen Wachstum in den neunziger Jahren von jährlich 4 % belief sich auf 2,9 % (Abbildung 2.8). Er trug damit zu drei Vierteln zum Gesamtwachstum bei. In Deutschland machte der Wachstumsbeitrag dieses Aggregates

---

11 Für eine ausführliche Darstellung des Wirtschaftsaufschwungs in den USA in den neunziger Jahren vgl. Heilemann et al. (2000).

Abbildung 2.8

Beiträge zum Wachstum des realen Bruttoinlandsprodukts in den neunziger Jahren: Deutschland[1)] und USA[2)] im Vergleich

Jahresdurchschnitt in Prozent

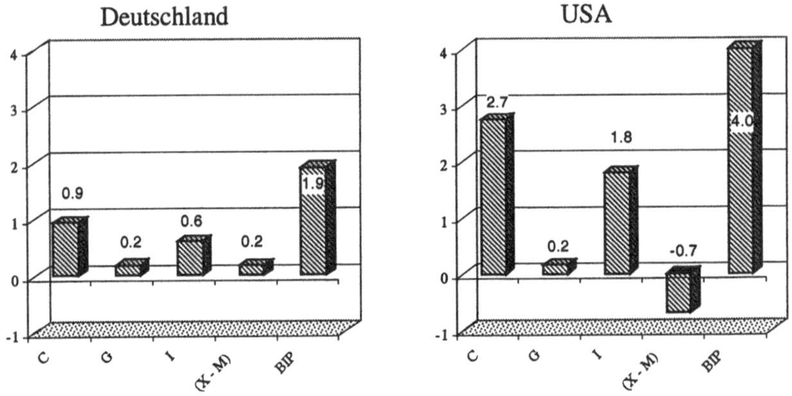

1) Vom Rezessionsjahr 1993 bis 2000. – 2) Vom Rezessionsjahr 1991 bis 2000.
Quellen: Statisches Bundesamt, Bureau of Economic Analysis, eigene Berechnungen.

bei einer Zunahme der gesamtwirtschaftlichen Produktion von 1,9 % pro Jahr im Zeitraum von 1993 bis 2000 nur 0,9 % aus. In nominaler Rechnung nahmen die Ausgaben der privaten Haushalte in den USA stärker zu als die verfügbaren Einkommen. Die Verbrauchsausgaben überstiegen am Ende des Jahrzehnts sogar das verfügbare Einkommen. Damit wurde die Sparquote der privaten Haushalte negativ.

Allerdings hatte sich im Verlauf der neunziger Jahre die Finanzierungsstruktur der Konsumausgaben geändert. Gingen die Expansion des privaten Verbrauchs und der Rückgang der Sparquote zu Beginn der neunziger Jahre mit einer erheblichen Ausweitung der Konsumentenkredite einher, nahmen die privaten Haushalte von Anfang 1997 an wieder weniger Kredite auf. Der weitere Rückgang der ohnehin sehr niedrigen Sparquote ist mit einer beschleunigt zunehmenden Verschuldung folglich nicht zu erklären. Die Finanzierung des privaten Verbrauchs wurde offensichtlich aus anderen Quellen gespeist. Eine dieser potentiellen Finanzierungsquellen waren realisierte Werte von Vermögensbeständen. Nimmt zum Beispiel der Wert des Aktienvermögens zu und verkaufen die privaten Haushalte Aktien an andere Sektoren, um Konsumgüter zu erwerben, werden im Konzept der volkswirtschaftlichen Gesamtrechnung (VGR) zwar diese Güterkäufe bei den Verbrauchsausgaben erfasst, aber der Erlös aus dem Aktienverkauf wird nicht bei den verfügbaren Einkommen, sondern als Abbau des Geldvermögens verbucht.[12] Die Ersparnis der privaten Haushalte, die sich als statistisches Residuum zwischen Einnahmen- und Ausgabenströmen ergibt, geht daraufhin – zugunsten der Ersparnis bzw. Geldvermögensbildung anderer Sektoren – zurück oder wird sogar negativ. Als im Frühjahr 1999 die Hausse am Aktienmarkt zu Ende ging und sich die Aktienindizes seitwärts bewegen hatte sich die Zunahme der Verschuldung der privaten Haushalte wieder beschleunigt. Im Jahr 2000 betrug der Schuldenstand der privaten Haushalte in Relation zum nominalen Bruttoinlandsprodukt rund 15 %.

Eine derartige Finanzierung des privaten Verbrauchs scheint in den USA eingetreten zu sein. Der Wert der an der New Yorker Börse gehandelten Aktien ist von Januar 1995 bis April 1999 um 150 % gestiegen. Die privaten Haushalte fühlten sich daher reicher. Sie reduzierten ihre Ersparnis und realisierten einen Teil ihrer Aktiengewinne, um ihren Konsum zu erhöhen. Die Realisierung der Vermögensgewinne war aber ohne größere Kursverluste nur möglich, weil den von den privaten Haushalten angebotenen Aktien eine Mehrnachfrage von anderen Sektoren gegenüberstand. Wichtigster Käufer war offensichtlich das Ausland. Gerade am Ende der neunziger Jahre war ein erheblicher Kapitalzustrom in die USA zu beobachten. Dieser verhinderte auch einen weit kräftigeren Anstieg der langfristigen Zinsen. Dies und die robuste Verbrauchskonjunktur führten zu einer konstant hohen Investitionsbereitschaft der Unternehmen. Die realen Bruttoinvestitionen nahmen im Durchschnitt der neunziger Jahre um rund 8 % pro Jahr zu.

Dämpfend für die wirtschaftliche Entwicklung wirkte nur der Außenbeitrag der US-amerikanischen Wirtschaft. Dessen Wachstumsbeitrag betrug im betrachteten Zeitraum –0,7 % (Abbildung 2.8). Insbesondere am Ende des Jahrzehnts, als die Aufwertung des US-Dollar die Wettbewerbsfähigkeit der amerikanischen Produzenten spürbar verschlechterte, nahmen die Importe sehr viel kräftiger zu als die Exporte. Das zu Beginn der achtziger Jahre entstandene Defizit in der Handelsbilanz nahm daraufhin beschleunigt zu und betrug am Ende der neunziger Jahre rund 2½ % vom nominalen Bruttoinlandsprodukt. Das Leistungsbilanzdefizit stieg sogar auf rund 4 %. Zusammen mit der hohen Verschuldung der privaten Haushalte ist dies die Kehrseite des Booms in den USA.

Im Zuge der gesamtwirtschaftlichen Expansion wiesen die Gebietskörperschaften in den USA 1998 zum ersten Mal seit den späten siebziger Jahren wieder einen ausgeglichenen Haushalt auf. Der negativen Ersparnis der privaten Haus-

---

12 Dies ist die Konsequenz daraus, dass in der Einkommensrechnung grundsätzlich nur Transaktionen, aber keine Buchgewinne, zum Beispiel aus Kurssteigerungen, registriert werden.

halte steht also die positive Ersparnis der öffentlichen Hand gegenüber. Die Finanzpolitik hatte allerdings in den USA über viele Jahre hinweg erhebliche Defizite hingenommen. Insbesondere zu Beginn der achtziger Jahre nahmen die Defizite nach drastischen Steuersenkungen und umfangreichen Ausgabenprogrammen dramatisch zu. Im Verlauf der guten konjunkturellen Entwicklung in der zweiten Hälfte der achtziger Jahre konnte die amerikanische Finanzpolitik auf dem Weg des Haushaltsausgleichs zunächst zügig voranschreiten. Die Quote der laufenden Ausgaben ging deutlich zurück, während sich wegen der Steuerentlastungen die Einnahmenquote trotz relativ hohen Wachstums kaum änderte. In Relation zum nominalen Bruttoinlandsprodukt reduzierte sich der Fehlbetrag im gesamtstaatlichen Haushalt unter Einschluss der Sozialversicherung auf 2 % im Jahr 1989.

Die konjunkturelle Abkühlung gegen Ende der achtziger Jahre führte dann jedoch von 1990 an wieder zu einer deutlichen Zunahme der Fehlbeträge. Im Jahr 1992 betrug das laufende Defizit gemessen am nominalen Bruttoinlandsprodukt fast 5 % und war damit sogar höher als zehn Jahre zuvor während der vorangegangenen Rezession. Erst durch die äußerst robuste Expansion der gesamtwirtschaftlichen Produktion in den neunziger Jahren wurde das Ziel eines ausgeglichenen Budgets erreicht. Damit waren die Konsolidierungsbemühungen der amerikanischen Finanzpolitik in den neunziger Jahren überaus erfolgreich. Im Fiskaljahr 1999/2000 schloss der Bundeshaushalt mit einem Überschuss von rund 230 Mrd. US-Dollar ab, das waren 2,3 % des Bruttoinlandsprodukts.

3 Eine theoretische Analyse des Zusammenhangs von Steuern, Ausgaben und Konjunktur

3.1 Einleitung

Im Verlauf der siebziger Jahre erfolgte bezüglich der Rolle des Staates als stabilisierender Faktor im Konjunkturzyklus ein Paradigmenwechsel. Wurde vorher in keynesianischer Tradition in Modellen mit Preis- und Lohnrigiditäten dem Staat eine aktive Rolle bei der Überwindung negativer Nachfrageschocks zugedacht, ging der Trend im Zuge der Einbindung rationaler Erwartungen in die Modelle der neuen Klassischen Makroökonomie in Richtung einer eher passiven Rolle des Staates. Andersen (1999) nennt drei Gründe für diese Entwicklung. So sei *erstens* fraglich, ob eine staatliche Stabilisierungspolitik überhaupt effektiv sein kann, wenn die Aktionen des Staates vom privaten Sektor vorhergesehen werden können. Sargent und Wallace (1975) beispielsweise zeigten, dass die Möglichkeiten aktiver Stabilisierungspolitik nicht bestehen, wenn der private Sektor über rationale Erwartungen verfügt und unter bestimmten Bedingungen auf Basis der gleichen Informationen wie staatliche Institutionen handelt. Die Berücksichtigung rationaler Erwartungen führt also zu einer Ineffektivität der Wirtschaftspolitik, da die Wirtschaftssubjekte die Aktionen der Wirtschaftspolitik vorhersehen, sich folglich darauf einstellen und die zeitliche Verteilung der gesamtwirtschaftlichen Produktion in diesem Fall unabhängig von den Reaktionen der Wirtschaftspolitik sind (Christiano, 1984, S. 168). Die Bewertung einer aktiven Rolle hängt allerdings stark von der Spezifikation des theoretischen Modells ab. So leitet beispielsweise Benassy (1999) aus einem Modell mit rationalen Erwartungen und unter der strengen Annahme, dass der Staat über weniger Informationen als der private Sektor verfügt, eine aktive Rolle des Staates zur Stabilisierung der Wirtschaftsentwicklung ab.[13] *Zweitens* sei jedoch selbst bei effizienten Einsatzmöglichkeiten staatlicher Stabilisierungspolitik fraglich, ob es tatsächlich einer aktiven Rolle des Staates bedarf. Wenn die Wohlfahrtsverluste konjunktureller Schwankungen nur gering sind, so sind auch die potentiellen Wohlfahrtsgewinne einer antizyklischen Wirtschaftspolitik nicht sehr groß (Lucas, 1987). Allerdings werden gesellschaftliche Gruppen nicht gleichmäßig durch die Folgen von konjunkturellen Schwankungen belastet. Rezessionen treffen eher eine Minderheit der Arbeitskräfte, diese dafür aber in erheblichem Umfang. Die Wohlfahrtsverluste einer Rezession und die entsprechenden Wohlfahrtsgewinne einer aktiven Stabilisierungspolitik mögen damit im Durchschnitt

---

13 Zu Literaturhinweisen für Modelle, die zwar ebenfalls unter der Annahme rationaler Erwartungen formuliert sind, die aber die Ergebnisse der Nichteffektivität der Wirtschaftspolitik nicht replizieren, vergleiche Christiano (1984).

der Volkswirtschaft gering sein, sie können jedoch zu erheblichen Wohlfahrtsgewinnen in den überproportional betroffenen Gruppen führen (Cohen und Follette, 2000). *Drittens* führten Überlegungen aus den Theorien der politischen Ökonomie bezüglich einer aktiven Wirtschaftspolitik eher dazu, eine regelgebundene gegenüber einer diskretionären Wirtschaftspolitik zu präferieren.

Der Staat beeinflusst die Wirtschaftsentwicklung über mehrere Kanäle, und zwar sowohl auf der Angebots- als auch auf der Nachfrageseite der Volkswirtschaft. Allerdings ist eine klare Zuordnung der einzelnen Aktionsparameter entweder zur Angebots- oder zur Nachfrageseite nicht möglich. Auf der Einnahmenseite erhebt der Staat Steuern, deren Höhe sich direkt auf die Nachfrage der privaten Haushalte auswirkt. Allerdings haben diskretionäre Veränderungen der Steuersätze nicht nur kurzfristige Nachfragewirkungen, sondern beeinflussen – falls der Staat nicht eine allokationsneutrale Kopfsteuer erhebt – auch langfristig das Angebot von Arbeit und Kapital in einer Volkswirtschaft. Eine aktive Rolle des Staates im Konjunkturverlauf muss sich jedoch nicht nur auf diskretionäre Reaktionen der Finanzpolitik auf konjunkturelle Schwankungen beschränken. Vielmehr kann auch eine regelgebundene Finanzpolitik durch die im Steuersystem eingebauten automatischen Stabilisatoren antizyklisch wirken. Eine Regelbindung der Finanzpolitik und der Verzicht auf diskretionäre Eingriffe des Staates im Konjunkturverlauf implizieren damit nicht notwendigerweise ein konjunkturneutrales Verhalten des Staates. Allerdings kann der Einsatz von im Steuersystem eingebauten automatischen Stabilisatoren zu einem Konflikt mit dem Ziel einer effizienten Besteuerung führen. Automatische Stabilisatoren wirken vor allem durch eine einkommensabhängige Steuer. Je höher der Steuersatz und je ausgeprägter die Progression, umso größer ist die Wirkung einer derartigen Steuer als automatischer Stabilisator, umso größer sind aber auch die allokationsverzerrenden Wirkungen des Steuersystems. Die Finanzpolitik muss daher die Kosten und den Nutzen eines konjunkturstabilisierenden Steuersystems gegen die Kosten eines möglichen Effizienzverlustes abwägen.

Auf der Ausgabenseite können die öffentlichen Ausgaben in den öffentlichen Verbrauch und die öffentlichen Investitionen unterteilt werden. Eine Veränderung im Niveau entfaltet eine direkte Wirkung auf der Nachfrageseite der Wirtschaft. Über die Investitionen des Staates – beispielsweise in die Infrastruktur – beeinflusst der Staat aber auch maßgeblich die Angebotsbedingungen für die Unternehmen. Werden die zusätzlichen Ausgaben allerdings durch höhere Steuern finanziert, steht der zusätzlichen öffentlichen Nachfrage eine geringere private Nachfrage gegenüber. In einer Unterbeschäftigungssituation wird die gesamtwirtschaftliche Produktion dennoch steigen, da die verfügbaren Einkommen weniger sinken, als die Staatsausgaben zunehmen (Haavelmo-Theorem, vgl.

Felderer-Homburg, 1985). Ob damit insgesamt ein Zuwachs oder ein Verlust an gesamtwirtschaftlicher Wohlfahrt verbunden ist, hängt im wesentlichen von den Präferenzen der privaten Haushalte ab, also davon, wie öffentliche Güter in die Nutzenfunktion der Konsumenten eingehen und in welcher Beziehung private und öffentliche Güter in der Nutzenfunktion stehen.

Letztendlich bleibt die Frage öffentlicher Defizite zu klären. Kurzfristig entsteht ein Defizit des Staates, wenn den Ausgaben nicht entsprechende Einnahmen gegenüberstehen. Aus konjunktureller Sicht wirkt der Staatsektor damit expansiv, da der positive Impuls auf der Ausgabenseite nicht durch einen entsprechenden negativen Steuerimpuls ausgeglichen oder sogar überkompensiert wird. Hält der Staat die intertemporale Budgetrestriktion allerdings nicht ein, sondern baut einen über die kurze Frist hinausgehenden Schuldenstand auf, so kann dies durch die Verdrängung privatwirtschaftlicher Aktivität ebenfalls negative Wirkungen auf die wirtschaftliche Entwicklung haben.

Im Folgenden sollen diese Aspekte staatlicher Aktivität unter theoretischen Gesichtspunkten näher untersucht werden. Die Analyse beginnt mit einigen generellen Überlegungen zur Theorie der optimalen Besteuerung. Daran anschließend werden die Rolle der automatischen Stabilisatoren im Konjunkturverlauf und die Effekte staatlicher Ausgabenimpulse theoretisch beleuchtet. Einige Anmerkungen über die Wirkungen öffentlicher Budgetdefizite schließen das Kapitel ab.

3.2 Theorie der optimalen Besteuerung

Während bis in die frühen siebziger Jahre eher verteilungs- und stabilitätspolitische Fragen den Forschungsschwerpunkt der Finanzwissenschaft bildeten, stehen seitdem allokationspolitische Aspekte im Vordergrund.[14] Im Zentrum der finanzwissenschaftlichen Literatur steht dabei die Theorie der optimalen Besteuerung. Ihre primären Ziele sind die Analyse des Steuersystems unter Allokationsgesichtspunkten und die Suche nach Besteuerungsformen, die eine gerechte Verteilung ermöglichen (Reding und Müller, 1999). Dazu prüft die Theorie der optimalen Besteuerung sowohl die Eignung von Verbrauchsteuern als auch von Einkommensteuern sowie mögliche Kombinationen zur Erreichung dieser beiden Ziele.

Im Grunde wird also das Problem behandelt, wie ein Steuersystem in Bezug auf Bemessungsgrundlage und Tarifverläufe aus Sicht eines wohlfahrtsmaximieren-

---

[14] Die folgenden Ausführungen basieren weitgehend auf: Richter und Wiegard (1993), Homburg (1997), Reding und Müller (1999) sowie Chari und Kehoe (1999).

den Politikers bei einem vorgegebenen staatlichen Zielbündel gestaltet werden sollte. Die Theorie geht davon aus, dass eine Besteuerung, die den Ansprüchen einer *first-best*-Lösung genügt, nicht praktikabel ist. Ein *first-best* Steuersystem würde aus einer allgemeinen Verbrauchssteuer mit einheitlichem Wertsteuersatz oder einer Kopfsteuer bestehen.[15] Beide Systeme sind im Prinzip äquivalent und besteuern jeweils die Anfangsausstattung eines repräsentativen Konsumenten mit einem bestimmten Güterbündel. Dabei ist durchaus eine persönliche Differenzierung zwischen Steuerzahlern möglich, da Konsumenten mit einer wertvolleren Anfangsausstattung entsprechend höher besteuert würden. Da weder der Konsum noch die Anfangsausstattung vollständig beobachtbar sind, besteht das Besteuerungsproblem nun darin, eine Bemessungsgrundlage zu finden, die keine Ausweichreaktionen hervorruft. Zur Anfangsausstattung eines Konsumenten in einer Periode – als einer möglichen Bemessungsgrundlage – gehört neben einer Reihe von Konsumgütern auch der Faktor Zeit, die der Konsument entweder für Arbeit oder Freizeit nutzen kann. Freizeit ist ebenfalls ein „knappes“ Gut, dessen Konsum in Konkurrenz zu anderen Gütern steht und das bei einer allgemeinen Verbrauchssteuer ebenfalls belastet werden müsste. Um die Steuerzahlung zu vermeiden, hätte der Konsument aber einen Anreiz, den Konsum von Freizeit zu verschleiern und zu behaupten, er würde ständig arbeiten. Um dies zu kontrollieren müsste der Staat den Konsumenten permanent beobachten. Er müsste zudem den Wert der Freizeit bewerten, was bei nichterwerbstätigen Personen nur schwer möglich ist. Es besteht also das grundlegende Problem der asymmetrischen Information. Während die einzelnen Wirtschaftssubjekte über Informationen bezüglich der Bemessungsgrundlage verfügen, ist diese für den Staat nicht oder nur schwer beobachtbar (Homburg, 1997, Richter und Wiegard, 1993).

Auf Grund des Informations- und Bewertungsproblems werden deshalb unbeobachtbare Güter wie die Freizeit bei der Besteuerung nicht berücksichtigt; statt dessen wird auf leichter überprüfbare Sachverhalte zurückgegriffen. Da also eine *first-best*-Besteuerung nicht mehr möglich ist, fragt die Theorie der optimalen Besteuerung danach, wie unter diesen Restriktionen ein Steuersystem ausgestaltet werden kann, das die Wohlfahrtseffekte maximiert beziehungsweise die Zusatzlasten (*excess burden*) der Besteuerung minimiert. Die Theorie der optimalen Besteuerung ist damit ein Spezialfall der Theorie des *second best*.

In den folgenden Abschnitten werden nun einige Aspekte der Theorie einer optimalen Besteuerung näher betrachtet.[16] Es handelt sich dabei um statische Mo-

15 Homburg (1997) führt an, dass diesbezüglich zwischen Pauschalsteuern (*lump-sum taxes*) und einer Kopfsteuer (*head tax* oder *poll tax*) zu unterscheiden ist.

16 Die Darstellung stützt sich dabei weitgehend auf Richter und Wiegard (1993) sowie Reding und Müller (1999).

delle zu indirekten und direkten Steuern. Einige Überlegungen zur Kontroverse um direkte versus indirekte Steuern und zu dynamischen Besteuerungstheorien schließen daran an. Einen umfassenden Überblick zu der Theorie der optimalen Besteuerung geben beispielsweise Richter und Wiegard (1993), Homburg (1997), Reding und Müller (1999) sowie Chari und Kehoe (1999).

3.2.1 Indirekte Steuern in der Theorie der optimalen Besteuerung

Das grundlegende Modell zur theoretischen Bestimmung einer optimalen Steuerstruktur bei indirekten Steuern besteht aus einer Ein-Personen-Ökonomie, in der ausschließlich eine proportionale, nach Gütern differenzierende indirekte Steuer erhoben wird. Der Konsument maximiert seinen Nutzen über eine gegebene Anzahl von Gütern und Freizeit, wobei letztere aus den oben genannten Gründen nicht besteuert wird. Ausgehend von der Hick'schen kompensierten Nachfragefunktion kann die notwendige Bedingung des Nutzenmaximums mit Hilfe der Slutzky-Zerlegung ermittelt werden. Damit ist es möglich, die Substitutions- und Einkommenseffekte von Preisänderungen, die durch Variationen der indirekten Steuern ausgelöst werden, zu quantifizieren. Die Substitutionseffekte entsprechen dabei den Ausweichreaktionen der Konsumenten. Das Ergebnis dieser Maximierung ist die so genannte Ramsey-Regel (Ramsey, 1927). Sie besagt, dass die von Variationen der Steuersätze ausgelösten Substitutionseffekte (bei marginaler Betrachtung und ausgedrückt in Elastizitäten) im Optimum für alle Konsumgüter gleich groß sein sollen.

Die Ramsey-Regel dient als Beurteilungskriterium für die allokative Optimalität eines Steuersystems (Reding und Müller, 1999). Die Steuersätze sollen demnach für Güter mit einer unelastischen Nachfrage, bei denen Preisänderungen einen geringen Substitutionseffekt hervorrufen, hoch sein und für Güter mit einer elastischen Nachfrage dagegen entsprechend niedrig. Ein einheitlicher Steuersatz ist aus Effizienzüberlegungen folglich dann optimal, wenn die einkommenskompensierten Nachfrageelastizitäten der einzelnen Güter in Bezug auf das nicht besteuerte Gut – im Falle einer ausschließlichen Besteuerung durch indirekte Steuern also der Freizeit – übereinstimmen.

3.2.2 Direkte Steuern in der Theorie der optimalen Besteuerung

Die Theorie der optimalen Einkommensbesteuerung ist eine Weiterentwicklung der sich im Leistungsfähigkeitsprinzip niederschlagenden Opfertheorien; diese basieren auf dem Prinzip des kleinsten marginalen Nutzenopfers (Reding und

Müller, 1999, S. 278). Eine der grundlegenden Annahmen der Theorie der optimalen Einkommensbesteuerung besagt, dass der individuelle Nutzen vom eigenen Einkommen und von der Freizeit, nicht aber von dem Einkommen anderer abhängt. Durch die Möglichkeit der Substitution von Arbeit (Einkommen) durch Freizeit und umgekehrt hängt die Substitutionsrate zwischen beiden von der Höhe der einkommensabhängigen Steuer ab. Daraus folgt, dass einkommensabhängige Steuern negative Anreize auf die Konsum-Freizeit-Entscheidung und – intertemporal betrachtet – auf die Ausbildungs-Lebensarbeitseinkommens-Entscheidung haben. Damit ist auch das Einkommen vor Steuern abhängig von der Höhe der Einkommensteuer. Fragen der optimalen Besteuerung von Einkommen sind daher nicht mehr nur eine Frage der Verteilung, sondern auch der Allokation. Eines der wesentlichen Ziele der Theorie der optimalen Einkommensbesteuerung ist deshalb, negative Anreize auf das Arbeitsangebot durch die Substitution von Arbeit durch Freizeit infolge eines progressiven Einkommensteuertarifs zu minimieren.

Durch diese negativen Anreize auf das Arbeitsangebot entsteht für den Staat ein Konflikt zwischen seinen Verteilungszielen sowie – wie im Abschnitt 3.3 dargelegt wird – seinen Stabilisierungszielen und dem Ziel einer effizienten Allokation. Unter den getroffenen Annahmen wird aber eine gleichmäßigere Nettoeinkommensverteilung nur zu Lasten der ökonomischen Effizienz zu realisieren sein (Reding und Müller, 1999).

Gegenüber den Modellen zur theoretischen Bestimmung einer optimalen Steuerstruktur bei indirekten Steuern ist die Analyse einer optimalen Einkommensteuer wesentlich komplexer. Dies liegt insbesondere daran, dass nicht mehr nur über eine endliche Zahl von Steuersätzen, die der Zahl der betrachteten Güter entspricht, sondern auch über alternative Steuertariffunktionen zu optimieren ist (Richter und Wiegard, 1993). Im Grundmodell wird dabei die Annahme identischer Individuen aufgegeben. Vielmehr unterscheiden sie sich in dem besteuerungsrelevanten Merkmal, typischerweise den individuellen Fähigkeiten, die sich dann in unterschiedlichen Einkommen niederschlagen. Neben der Freizeit gibt es nur noch ein weiteres Konsumgut (die Beschränkung ist möglich, da der Konsum nicht besteuert wird). Der Staat kann die exogenen Fähigkeiten nicht beobachten, sondern hat nur eine Vorstellung über deren Verteilung, d.h., er besteuert Einkommen und nicht Fähigkeiten (also Einkommenspotentiale).

Aus dem Grundmodell kann eine Reihe von – allerdings „mageren" (Richter und Wiegard, 1993, S. 344) – Schlussfolgerungen gezogen werden (Reding und Müller, 1999):

1. *Es gibt keinen bestimmten optimalen Grenzsteuersatz, sondern die Grenzsteuersätze können von 0 bis 100 Prozent variieren.*
Aus diesem Ergebnis lässt sich eigentlich nur ableiten, dass Steuersätze über 100 Prozent abgelehnt werden, da bei einem Nettoeinkommensverlust für jede zusätzliche Arbeitseinheit das Arbeitsangebot auf null zurückginge. Weniger zwangsläufig ist das Ergebnis eines positiven Grenzsteuersatzes. Bei Variation der Annahmen können im unteren Bereich der Einkommensverteilung auch negative Grenzsteuersätze – Transfers über eine negative Einkommensteuer – optimal sein (vgl. Richter und Wiegard, 1993).

2. *Der Grenzsteuersatz für den Steuerzahler mit dem höchsten und dem niedrigsten Einkommen hat den Wert 0.*
Diese Ergebnis überrascht, da die traditionelle Steuerlehre eher einen über die Einkommensverteilung durchgehend (schwach) progressiven Tarif bezüglich der Grenzsteuersätze empfiehlt (Reding und Müller, 1999). Gemäß den Schlussfolgerungen der Theorie der optimalen Einkommensbesteuerung soll der Grenzsteuersatz des Höchstverdieners jedoch null sein, jedes zusätzliche Einkommen also nicht zusätzlich besteuert werden. Diese Empfehlung gilt allerdings nur für den Höchstverdiener (und nur für diesen) und lässt sich aus der Forderung der Pareto-Optimalität ableiten. Über den gesamten Tarif gilt, dass eine Senkung des Grenzsteuersatzes zu geringeren Substitutionseffekten führt und damit effizienzfördernd ist. Allerdings sind damit Einnahmenverluste verbunden, die entweder dem Verteilungsziel des Staates widersprechen oder bei Aufkommensneutralität der Tarifänderung zu einer höheren Steuerbelastung bei den anderen Steuerzahlern führen. Sie sind damit im mittleren Bereich des Tarifs nicht notwendigerweise pareto-optimal. Bei dem Höchstverdiener (und nur bei diesem) führt jedoch eine Senkung des *Grenz*steuersatzes[17] nicht zu einem Aufkommensrückgang; der Höchstverdiener hat aber den Anreiz, mehr zu verdienen. Im oberen Einkommensbereich sind die „disincentives" hoher Grenzsteuersätze hoch, es wird aber nur wenig zusätzliches Einkommen erzielt, das (bei konstantem Steueraufkommen) zur Ent-

[17] Dahinter verbirgt sich *nicht* die Vorstellung eines buckelförmigen Steuertarifs, sondern lediglich die Senkung des *Grenz*steuersatzes für den Höchstverdiener; der Verlauf des *Durchschnitts*steuersatzes ist weiter progressiv. Allerdings kann sich bei bestimmten Annahmen über die Verteilung der Fähigkeiten und der Substitutionselastizität in der Nutzenfunktion auch ein buckelförmiger Tarifverlauf bezüglich der Grenzsteuersätze ergeben, und zwar dann, wenn die Besetzungsdichte im oberen Einkommensbereich immer geringer wird. In diesem Fall führen umfangreiche Steuersenkungen im hohen Einkommensbereich nur zu geringen Aufkommensverlusten insgesamt. Dem stehen aber auf alle Fälle Effizienzgewinne gegenüber. Es kann daher durchaus optimal sein, die Grenzsteuersätze ab einem bestimmten Einkommen wieder zu senken. Bei einem unelastischem Arbeitsangebot der Höherverdienenden ist die Empfehlung für einen regressiven Verlauf des Grenzsteuertarifs allerdings wieder einzuschränken (Richter und Wiegard, 1993, S. 346).

lastung der Steuerpflichtigen im unteren und mittleren Einkommensbereich eingesetzt werden kann. Der Höchstverdiener kann somit besser gestellt werden, ohne dass alle anderen schlechter gestellt werden. Für den Höchstverdiener ist deshalb unter den theoretischen Annahmen ein Grenzsteuersatz von null optimal. Da zudem die Haushalte in der Spitzengruppe einen Anreiz hätten, bis zum Spitzenverdiener aufzuschließen, würden auch sie sich besser stellen und der Staat könnte sogar eine Zunahme der Einnahmen verzeichnen (Reding und Müller, 1999).

In der Eingangsstufe des Tarifs ist der Grenzsteuersatz ebenfalls null, wenn das Arbeitsangebot des Mindestverdieners im Optimum positiv ist. Dies sei durch den gegenteiligen Fall erläutert. Wird der Grenzsteuersatz für den Mindestverdiener von null auf einen positiven Wert erhöht, steigt die Durchschnittsbelastung auch für alle darüber liegenden Einkommen. Eine Umverteilung ist damit aber nicht möglich, da per definitionem unterhalb des Mindestverdieners niemand ist, an den etwas verteilt werden kann. Ein von null verschiedener Grenzsteuersatz ist daher nicht optimal, da durch die Mehrbelastung niemand besser gestellt werden kann.

Darüber hinaus lassen sich aus diesem Grundmodell keine wirtschaftspolitisch relevanten Schlussfolgerungen ziehen; dies gilt insbesondere für den Verlauf und die Progression des optimalen Grenzsteuertarifs im Sinne einer Veränderung des Durchschnittssteuersatzes. Allenfalls kann man bei einer Vereinfachung – etwa durch eine lineare Approximation des optimalen Tarifverlaufs – oder durch Simulationsrechnungen einige steuerpolitische Empfehlungen ableiten, die allerdings bereits intuitiv einsichtig sind. So sollte der Grenzsteuersatz umso höher sein, je geringer die Substitutionselastizität zwischen Konsum und Freizeit, je weiter die Verteilung der Fähigkeiten und damit der Einkommen aufgefächert, je ausgeprägter die Ungleichheitsaversion des Staates und je größer das benötigte Steueraufkommen des Staates sind.[18]

3.2.3 Direkte versus indirekte Steuern und dynamische Besteuerungstheorien

Die Frage, ob unter Effizienz- und Gerechtigkeitsaspekten eine Einkommen- oder eine Konsumsteuer vorzuziehen ist, beziehungsweise die Frage nach dem richtigen Verhältnis von direkten zu indirekten Steuern wird in der finanzwissenschaftlichen Literatur seit langem kontrovers diskutiert. Eine klare und eindeuti-

[18] Zu Modifikationen des Grundmodells und den Ergebnissen numerischer Simulationen vgl. Richter und Wiegard (1993), Reding und Müller (1999) sowie Chari und Kehoe (1999).

ge Antwort scheint – nach den einschlägigen Überblicksartikeln zu urteilen – auch die Theorie der optimalen Besteuerung nicht liefern zu können. Allenfalls scheint es eine leichte Präferenz für die Konsumsteuer zu geben (Richter und Wiegard, 1993). So deuten numerische Simulationsrechnungen darauf hin, dass mit einem Übergang von einer (progressiven) Einkommen- zu einer Konsumsteuer eine deutlich höhere Kapitalbildung und nicht unbeträchtliche Wohlfahrtsgewinne verbunden sind. Allerdings hängt auch dieses Ergebnis von den gewählten Annahmen ab. So gehe durch die Nutzenfunktionen (unterstellt wird üblicherweise ein Typ mit konstanten Substitutionselastizitäten, CES – *constant elasticity of substitution*) die Überlegenheit der Verbrauchsbesteuerung „quasi als Annahme in das Modell (ein)" (Richter und Wiegard, 1993, S. 353).

Neben diesen rein theoretischen Argumenten wird die Diskussion über das Verhältnis von direkten zu indirekten Steuern auch mit einigen administrativen und steuertechnischen Argumenten geführt. So hat die zunehmende internationale Integration der Wirtschaft („Globalisierung") und die damit verbundene Faktormobilität Konsequenzen für die staatlichen Einnahmensysteme. Zwar gelten direkte Steuern als moderner, da sie bei den persönlichen Verhältnissen der Steuerpflichtigen ansetzen, sie sind aber – je nach Ausgestaltung des Tarifs – mit erheblichen Zusatzlasten verbunden. Für international agierende Wirtschaftssubjekte entstehen zudem Möglichkeiten zur Steuerumgehung. Dies kann tendenziell zu einer Verschiebung der Steuerlasten auf relativ immobile Bemessungsgrundlagen wie dem Verbrauch führen. Durch grenzüberschreitende Direktkäufe in der EWU, zunehmendem Versandhandel und dem Internetvertrieb von Softwareprodukten wird jedoch auch die Besteuerung des Verbrauchs behindert.

Konsumsteuern oder Einkommensteuern ohne Belastung der Kapitalrendite gelten in der finanz- und wirtschaftspolitischen Diskussion häufig als überlegen, da sie die intertemporale Allokation nicht stören und somit Kapitalakkumulation und Wachstum nicht negativ beeinflussen. Die Reformen zur steuerlichen Entlastung der Kapitalerträge, wie sie in vielen Ländern durchgeführt wurden (Abgeltungsbesteuerung, Duale Einkommensteuer), insbesondere die aus dem wissenschaftlichen Raum vorgetragenen Konzepte zum vollständigen Übergang zur Konsumbesteuerung (beziehungsweise zu einer „zinsbereinigten" Einkommensteuer, bei der die Kapitalerträge nicht besteuert werden), sind wesentlich durch dieses Ergebnis der (älteren) neoklassischen Wachstumstheorie motiviert.

Die Optimalsteuerlehre relativiert diese partialanalytische Betrachtung. Wenn der Staat das Kapitaleinkommen steuerfrei stellt, muss er bei gegebenen Steueraufkommen andere Einkünfte entsprechend stärker belasten, also vor allem die

Arbeitseinkommen. Auch hier greift der *second-best*-Gedanke, nach dem nicht in einem Bereich – der intertemporalen Allokation – die Optimalbedingungen anzustreben sind, wenn zugleich in einer anderen Entscheidungssituationen – der Arbeitszeit-Freizeit-Wahl – erhebliche Verzerrungen unvermeidlich sind. Vielmehr kommt es in analoger Anwendung der Ramsey-Regel auf die optimale Kombination von Arbeitseinkommen- und Kapitaleinkommensteuer an. Sind Gegenwartskonsum und Zukunftskonsum gleich substitutiv zur Freizeit, so ist der Verzicht auf die Kapitaleinkommensbesteuerung optimal, ist dagegen Gegenwartskonsum stärker substitutiv (komplementär) zur Freizeit, so sollten Kapitaleinkommen besteuert (subventioniert) werden.[19] Welche dieser Alternativen eher relevant ist, wird unterschiedlich beurteilt (Homburg, 1997, S. 188 ff.). Eigenproduktion oder Schwarzarbeit sprechen eher für den ersten Fall. Geht man vom einfachen intertemporalen Gleichgewichtsmodell zu Modellen mit überlappenden Generationen (OLG – *overlapping generations*) über, wobei Erbschaftsmotive eine Nutzeninterdependenz zwischen den Generationen begründen, so scheint die mögliche Korrekturfunktion zur Arbeitszeit-Freizeit-Entscheidung eher unbedeutend zu sein, da hierbei intergenerative Umverteilungseffekte und die damit verbundenen Effizienzwirkungen dominieren (Richter und Wiegard, 1993, S. 352 ff.). Nach dieser Modellierung sollte im langfristigen Wachstumsgleichgewicht eher auf eine Kapitaleinkommensbesteuerung verzichtet werden.

3.2.4 Wirtschaftspolitische Relevanz der Theorie der optimalen Besteuerung

Auch wenn die *reine* Theorie der optimalen Besteuerung nur schwer auf praktische Anwendung der Finanzpolitik zu übertragen ist, lassen sich doch einige Schlussfolgerungen ableiten. So hat die Erkenntnis, dass sehr hohe Grenzsteuersätze mit erheblichen Effizienzverlusten verbunden sein können, in einer Reihe von Ländern zu Steuerreformen geführt, die jeweils davon geprägt waren, die Zusatzlasten hoher Grenzsteuersätze zu verringern (Richter und Wiegard, 1993). Allerdings kann daraus ein weiterer Zielkonflikt entstehen; und zwar dann, wenn einkommensabhängige Steuern als automatische Stabilisatoren wirken. Die Möglichkeiten und Rahmenbedingungen, mit denen mittels einer einkommensabhängigen Steuer die Konjunktur geglättet werden kann, wird in den folgenden Abschnitten ausführlicher untersucht.

---

19 Voraussetzung ist, dass die Staatsverschuldung variabel ist, also bei entsprechendem intertemporalen Steuerdesign angepasst werden kann.

3.3 Automatische Stabilisatoren und Konjunktur

Zwar gibt es seit der Einbindung von rationalen Erwartungen in die makroökonomische Forschung eine Reihe von theoretischen Vorbehalten gegen eine aktive Rolle des Staates, allerdings deuten einige empirische Untersuchungen durchaus auf eine stabilisierende Wirkung der Wirtschaftspolitik im Konjunkturzyklus hin. So finden Diebold und Rudebusch (1992) sowie Romer (1999) in einer Analyse für die USA, dass in der Zeit nach dem Zweiten Weltkrieg Rezessionen seltener auftraten und die Aufschwungphasen länger waren als vorher. Ein Ergebnis von Romer (1999) ist zudem, dass die Rezessionen in der Nachkriegszeit zwar nicht kürzer, dafür aber weniger tief waren. Romer (1999) erklärt diese Ergebnisse mit dem verstärkten Einsatz antizyklischer Politik.[20] Im Falle der Finanzpolitik seien dafür aber weniger diskretionäre Eingriffe, sondern vielmehr die im Steuersystem eingebauten automatischen Stabilisatoren verantwortlich gewesen. Automatische Stabilisatoren glätten vor allem Schwankungen des verfügbaren Einkommens und damit des privaten Verbrauchs. Ließe sich die geringere Volatilität der gesamtwirtschaftlichen Produktion nach dem Zweiten Weltkrieg auf eine größere Wirkung der automatischen Stabilisatoren zurückführen, so müsste die Volatilität des privaten Verbrauchs in dieser Zeitspanne gegenüber früheren Perioden ebenfalls abgenommen haben. Empirische Evidenz für die Hypothese von Romer (1999) liefern Basu und Taylor (1999), die nach dem Zweiten Weltkrieg ebenfalls eine geringere Volatilität des privaten Verbrauchs in den USA finden.

In jüngerer Zeit wurde in der Literatur die Rolle der automatischen Stabilisatoren sowohl mit theoretischen Überlegungen als auch empirischen Untersuchungen wieder stärker behandelt.[21] Im Folgenden sollen diese neueren theoretischen Arbeiten vorgestellt und diskutiert werden.

---

20 „Macroeconomic variables have become slightly more stable and recessions have become slightly less severe in the postwar era because policy has systematically counteracted some shocks. Both monetary and automatic fiscal policy have served to moderate postwar recessions", Romer (1999), S. 24.

21 Die theoretischen Ausführungen zur Wirkung der automatischen Stabilisatoren basieren im Wesentlichen auf den Arbeiten von Blinder und Solow (1974), Christiano (1984), Auerbach und Feenberg (2000), Blanchard (2000), Cohen und Follette (2000) und Taylor (2000).

3.3.1 Theoretische Überlegungen zur Rolle der automatischen Stabilisatoren

Erste theoretische Ansätze zu der Wirkung von automatischen Stabilisatoren wurden in den vierziger Jahren in statischen und deterministischen Modellen formuliert. Automatische Stabilisatoren wirken in diesen traditionellen Modellen keynesianischer Prägung dadurch, dass sie die Entwicklung der verfügbaren Einkommen glätten und damit die destabilisierenden Effekte exogener Nachfrageschocks auf die gesamtwirtschaftliche Produktion ausgleichen.

Die frühen theoretischen Überlegungen zu der stabilisierenden Wirkung eines Steuersystems basieren auf dem statischen Ausgaben-Einkommen-Modell keynesianischer Prägung. Für den Einkommensmultiplikator im Falle einer einkommensabhängigen Steuer gilt in diesem Modell:[22]

$$\frac{1}{1-c(1-t)} < \frac{1}{1-c},$$

wobei c die marginale Konsumneigung bezeichnet. Er ist damit kleiner als bei einer nichteinkommensabhängigen Steuer $(t=0)$. Diese Eigenschaft einer einkommensabhängigen Steuer wurde in den frühen Modellen als Begründung für die Verwendung einer Einkommensteuer als automatischer Stabilisator herangezogen. Exogene Nachfrageschocks in Form von Veränderungen der autonomen Komponenten werden durch die einkommensabhängige Steuer gedämpft und führen in diesen Modellen zu einer Stabilisierung des Systems.

Die stabilisierende Wirkung einer Einkommensteuer in diesen Modellen hängt jedoch von zwei wesentlichen Eigenschaften der Modelle beziehungsweise den Annahmen ab. Zum einen handelt es sich bei diesen traditionellen keynesianischen Modellen um statische Modelle. Zum zweiten werden die Konsumausgaben lediglich durch das laufende Einkommen und die aktuellen Steuerzahlungen bestimmt. Die Ergebnisse dieser einfachen keynesianischen Modelle stehen damit im Widerspruch zu den Implikationen der Lebenszyklus-Modelle (Deaton, 1992). Unter bestimmten Annahmen sagen diese Modelle im Lebenszyklus einen geglätteten Verlauf des privaten Verbrauchs voraus. Wenn die privaten Haushalte ein im Zeitablauf steigendes Einkommen erwarten, werden sie im Falle eines temporären Schocks bei ungehindertem Zugang zum Kapitalmarkt ihren

22 Vgl. Christiano (1984). Für einen Überblick über keynesianische Lehrbuchmodelle siehe Romer (1996, S. 197).

Konsum nicht einschränken, sondern den Einkommensrückgang durch eine negative Ersparnis ausgleichen. Eine Glättung der Konsumentwicklung erfolgt in diesem Fall nicht über das Steuersystem, sondern über eine Variation der Sparquote.

Ein gänzlich anderes Ergebnis bezüglich der Möglichkeit, mit automatischen Stabilisatoren den Konjunkturverlauf zu glätten, erhält man, wenn Überlegungen zur ricardianischen Äquivalenz berücksichtigt werden.[23] In diesem Fall haben geringere Steuerzahlungen – unabhängig ob als Folge einer diskretionären Aktion der Finanzpolitik oder als Folge der automatischen Stabilisatoren – keinerlei Einfluss auf die Konsumentscheidungen der privaten Haushalte oder auf sonstige realwirtschaftliche Größen, wenn die Finanzpolitik auf Steuersenkungen von heute mit entsprechenden Steuererhöhungen in der Zukunft reagiert, um der intertemporalen Budgetrestriktion des Staates zu genügen; der Gegenwartswert der über die gesamte Lebenszeit zu leistenden Steuerzahlungen ist mit und ohne Reaktion der Finanzpolitik gleich.

Wie irreführend Schlussfolgerungen sein können, die auf den einfachen statischen Modellen keynesianischer Prägung beruhen, zeigt beispielsweise Smyth (1963), der in das statische Modell verzögerte Werte des verfügbaren Einkommens aufnimmt. Smyth (1963) zeigt, dass eine solche Modifikation in einem ansonsten dynamisch stabilen Modell zu explodierenden Schwingungen führen kann, wenn das System durch einen exogenen Schock gestört wird. Zwar trifft auch dieses Ergebnis nur für bestimmte Kombinationen von Verzögerungen zu, jedoch zeigen die Ergebnisse von Smyth (1963), dass die stabilisierende Eigenschaft einer einkommensabhängigen Steuer in besonderem Maße von den dynamischen Eigenschaften der Volkswirtschaft abhängt (Christiano, 1984).

Christiano (1984) zeigt in einem Modell zur Erklärung von Investitionsentscheidungen bei Vergabe einer Investitionszulage, dass auch antizyklisch gewährte Investitionszulagen unter bestimmten Bedingungen zu instabilen Ergebnissen führen können und dadurch Instrumente, die eigentlich als automatische Stabilisatoren ausgelegt sind, bei exogenen Schocks eine größere statt einer geringeren Varianz der Investitionsentwicklung mit sich bringen können. Die prozyklische Wirkung einer antizyklisch gewährten Investitionszulage ergibt sich dabei aus folgen Zusammenhängen (Christiano, 1984): Die Vergabe einer Investitionszulage ändert den Preis nach Steuern für Kapital. Eine im Konjunkturzyklus variable Zulage beeinflusst die Investitionsentscheidung durch die Wirkung auf die Opportunitätskosten einer Investition. Diese wiederum hängen unter anderem ab

---

23 Für einen Überblick zu theoretischen und empirischen Untersuchungen bezüglich der ricardianischen Äquivalenz vergleiche Elmendorf und Mankiw (1999).

von den aktuellen und den zukünftig erwarteten Kapitalkosten. Im Verlauf einer konjunkturellen Abkühlung gehen die Kapitalkosten zurück. Zu Beginn einer Rezession – wenn die aktuellen Kapitalkosten bereits sinken – dürften daher die Erwartungen auf weiter sinkende Kapitalkosten geweckt werden. Die Opportunitätskosten einer Investition nehmen damit zu. Es entsteht folglich ein Investitionsattentismus. Wird nun die Höhe einer Investitionszulage an die konjunkturelle Situation gekoppelt, nehmen die Opportunitätskosten zu Beginn einer Rezession weiter zu und mehr Investitionsprojekte werden verschoben. Im Aufschwung dagegen nehmen die Opportunitätskosten ab und die Investitionstätigkeit wird verstärkt. Eine antizyklisch angelegte Investitionszulage, die die Investitionstätigkeit eigentlich glätten soll, wirkt dann destabilisierend – im Sinne einer höheren Varianz – auf die Konjunktur.

Christiano (1984) zeigt aber auch in einem Modell, das auf einem Optimierungskalkül eines nutzenmaximierenden Konsumenten beruht, dass eine einkommensabhängige Steuer als automatischer Stabilisator wirken kann, wenn der Konsument mit unsicheren Einkommensperspektiven konfrontiert ist. In dem Modell von Christiano (1984) maximiert ein repräsentativer Konsument mit Risikoaversion seinen Erwartungsnutzen über zwei Perioden hinweg. Das Arbeitseinkommen ist in der ersten Periode wegen möglicher gesamtwirtschaftlicher oder idiosynkratischer Schocks – die jeweils normalverteilt sind – unsicher. In der Folgeperiode ist das Einkommen dagegen sicher. Steuern werden in der ersten Periode als Einkommensteuer und in der zweiten Periode als einkommensunabhängige Kopfsteuer erhoben. Diese Konstruktion verhindert, dass die Einkommensteuer die Funktion einer Versicherung gegenüber unerwarteten individuellen Schocks übernimmt.[24] Für die staatliche Aktivität gilt in diesem Modell zudem die intertemporale Budgetrestriktion. Das heißt, jedem Rückgang der Einkommensteuer in der ersten Periode steht in der zweiten Periode eine Zunahme mit demselben Gegenwartswert und umgekehrt gegenüber.

Christiano (1984) unterscheidet zwei Fälle mit einer jeweils unterschiedlichen Informationsbasis der privaten Haushalte. Im Falle vollständiger Information können die privaten Haushalte zwischen gesamtwirtschaftlichen und idiosynkratischen Einkommensschocks unterscheiden. Im zweiten Fall dagegen wissen die

---

[24] Christiano (1984) formuliert in einem zweiten Modell die Möglichkeit, mit einer Einkommensteuer das Risiko von idiosynkratischen Schocks zu diversifizieren. Die Einkommensteuer wirkt dann wie eine Versicherung gegen idiosynkratische Einkommensschwankungen. Der Nutzen des Versicherungseffektes wird zudem den Kosten einer einkommensabhängigen Steuer gegenübergestellt. Kosten entstehen zum einen dadurch, dass bei unvollständiger Information eine Einkommensteuer die Unsicherheit bezüglich künftig zu leistender Steuerzahlungen erhöht. Zum zweiten kann eine Einkommensteuer, wenn im Modell die Möglichkeit der Substitution zwischen Arbeit und Freizeit besteht, unerwünschte Anreizeffekte auf das Arbeitsangebot haben.

einzelnen Haushalte nicht, ob der beobachtete Schock idiosynkratisch oder ein gesamtwirtschaftlicher Schock ist. Diese Unterscheidung ist im Modell deshalb von Bedeutung, da die Individuen unterschiedlich auf die jeweiligen Schocks reagieren. Bei einem gesamtwirtschaftlichen Schock werden alle Haushalte gleichmäßig von einem Schock betroffen. Sinkende Steuereinnahmen des Staates in der ersten Periode führen zu einem Anstieg der öffentlichen Defizite, die entsprechend der intertemporalen Budgetrestriktion des Staates in der zweiten Periode zu höheren Steuern führen. Entsprechend der ricardianischen Äquivalenz ist die Konsumentscheidung unabhängig von der Einkommensteuer. Im Falle eines idiosynkratischen Schocks in Periode 1 nehmen die gesamtwirtschaftlichen Defizite jedoch durch die sinkende individuelle Steuerlast nicht signifikant zu. In der zweiten Periode ist der einzelne Haushalt folglich nicht mit einer entsprechend höheren Steuerlast konfrontiert. Die Summe der Gegenwartswerte der insgesamt zu zahlenden Steuern ist deshalb geringer, was einem positivem Vermögenseffekt entspricht.

Im Falle von vollständiger Information wirkt eine Einkommensteuer bei gesamtwirtschaftlichen Schocks deshalb nicht als automatischer Stabilisator, da wegen der Annahme des intertemporalen Budgetausgleichs kein positiver Vermögenseffekt anfällt. Lediglich bei idiosynkratischen Schocks wirkt eine Einkommensteuer wegen des Vermögenseffektes stabilisierend. Im Falle von unvollständiger Information der privaten Haushalte können diese nicht zwischen gesamtwirtschaftlichen Schocks und idiosynkratischen Schocks unterscheiden. Selbst bei gesamtwirtschaftlichen Einkommensschocks werden sich die privaten Haushalte deshalb teilweise wie bei einem idiosynkratischen Schock verhalten. Eine einkommensabhängige Steuer wirkt dann als automatischer Stabilisator, und zwar umso stärker, je mehr ein Einkommensschock als idiosynkratisch interpretiert wird.

Diese Arbeiten von Christiano (1984) wurden von Cohen und Follette (2000) weiter entwickelt. Anders als Christiano (1984) nehmen Cohen und Follette (2000) jedoch an, dass Unsicherheit bezüglich des zukünftigen Individualeinkommens besteht und sich die privaten Haushalte dagegen nicht privat absichern können. Zudem werden in ihrem Modell die Steuern in beiden Perioden proportional zum Einkommen erhoben. Da außerdem die intertemporale Budgetrestriktion gilt, führen höhere Steuern in der ersten Periode zu geringeren Steuern in der Folgeperiode. Aufgrund dieser Annahme beeinflusst ein Einkommensschock die Steuerlast in beiden Perioden. Je höher der Steuersatz ist, umso geringer ist die Varianz der Nettoeinkommen (bei gegebener Varianz der Bruttoeinkommen). Eine einkommensabhängige Steuer glättet folglich die Einkommensströme und wirkt in dem Modell wie eine Versicherung gegen ansonsten nicht versicherbare

Einkommensschwankungen. Als Folge davon senkt ein höherer Steuersatz das Vorsichtssparen und erhöht so die Konsumausgaben. Durch diesen Mechanismus wirkt die Einkommensteuer als automatischer Stabilisator.[25]

Grundlage dieser Überlegungen ist ein Modell mit einem repräsentativen Konsumenten, der seinen Nutzen über zwei Perioden maximiert.[26] Da das Einkommen stochastischen Schocks unterliegt und damit in beiden Perioden unsicher ist, maximiert er seinen Erwartungsnutzen:

$$(1) \qquad E_1\, U(C_1, C_2, G_1, G_2)$$

E_1 ist der Erwartungswertoperator, wobei Entscheidungen auf Basis von Informationen in der ersten Periode getroffen werden. C_i und G_i bezeichne den privaten Konsum beziehungsweise den Staatsverbrauch in Periode $i = 1,2$. Der Staatsverbrauch entspricht dabei der Bereitstellung von öffentlichen Gütern, die innerhalb einer Periode direkte (allerdings nicht perfekte) Substitute zu den privaten Gütern darstellen. Für die partiellen Ableitungen bezüglich des Konsums gilt $U_1, U_2 > 0;\quad U_{11}, U_{22} < 0$ und $U_{12} \geq 0$. Die Staatsausgaben sind in beiden Perioden fixiert.

Jeder repräsentative Haushalt (n) bezieht ein Arbeitseinkommen $Y_{i,n}$, das aus einer sicheren und einer unsicheren Komponente besteht:

$$(2) \qquad Y_{i,n} = \mu_{i,n} + \varepsilon_{i,n},$$

wobei es sich bei $\mu_{i,n}$ um den für alle Haushalte identischen und sicheren Teil des Einkommens im Zeitpunkt i handelt. $\varepsilon_{i,n}$ dagegen bezeichnet den stochastischen Teil, der einen idiosynkratischen Einkommensschock widerspiegelt; diese Schocks sind unabhängig voneinander und im Durchschnitt der Haushalte null.[27]

Der Staat finanziert seine Ausgaben mit einer proportionalen Steuer mit dem Steuersatz τ_i, die auf das individuelle Einkommen Y_i erhoben wird. Die privaten Haushalte haben keine Grundausstattung an Vermögen. Sie legen ihre Ersparnisse nur aus den Einkommen in Periode 1 in sicheren Staatspapieren an, für die sie

---

25 Eine ähnliches Resultat erzielte auch Gali (1994), der die Rolle von Steuern und Ausgaben als automatische Stabilisatoren in einem Real-Business-Cycle-Modell untersucht hat.

26 Vgl. Cohen und Follette (2000).

27 Vgl. dazu auch Barsky, Mankiw und Zeldes (1986).

eine Verzinsung in Höhe $R = 1 + r$ erhalten und das in Periode 2 konsumiert wird.[28] Zu Beginn von Periode 2 beträgt das Vermögen W jedes Haushalts

$$(3) \qquad W = (\mu_1 + \varepsilon_1)(1-\tau_1) - C_1 .$$

Die Konsummöglichkeiten des Haushaltes in der zweiten Periode beruhen auf dem Vermögen der ersten Periode und dem Einkommen der zweiten.

$$(4) \qquad C_2 = RW + (\mu_2 + \varepsilon_2)(1-\tau_2),$$

d.h. das Vermögen W wird in Periode 2 zur Gänze konsumiert und es findet keine Vererbung statt.

Die Steuereinnahmen des Staates insgesamt belaufen sich in Periode i auf T_i, wobei

$$(5) \qquad T_i = \tau_i \left(\sum_{n=1}^{N} \mu_{i,n} + \sum_{n=1}^{N} \varepsilon_{i,n}\right) = \tau_i \left(\sum_{n=1}^{N} \mu_{i,n} + N \sum_{n=1}^{N} \varepsilon_{i,n} / N\right) = \tau_i \mu_{iA},$$

$$\text{mit } \sum_{n=1}^{N} \mu_{i,n} = \mu_{iA}$$

ist, da alle Individuen identisch sind und für den Mittelwert der idiosynkratischen Schocks $\sum_{n=1}^{N} \varepsilon_{i,n} / N = 0$ gilt.

Bei ausgeglichenem Staatshaushalt zu Beginn der ersten Periode lautet die intertemporale Budgetrestriktion:

$$(6) \qquad T_1 + R^{-1} T_2 = G_1 + R^{-1} G_2 .$$

Aus (6) und der Annahme der Exogenität von G_i folgt, dass die gesamten Steuereinnahmen T_2 in Periode 2 von den Steuereinnahmen in der ersten Periode T_1 abhängen. Für den Steuersatz in Periode 2 folgt daher:[29]

---

28 Zinseinkommen werden laut Annahme nicht besteuert.

29 Dies folgt aus $T_2 = (RG_1 + G_2) - RT_1$ und $T_2 = \tau_2 \mu_{2A}$.

(7) $\tau_2 = \frac{1}{\mu_{2A}} \left((RG_1 + G_2) - R\tau_1 \mu_{1A}\right)\cdot$

Zur Ermittlung des privaten Konsums in den jeweiligen Perioden maximieren die privaten Haushalte den erwarteten Nutzen (Gleichung (1)) unter den Nebenbedingungen der intertemporalen Budgetrestriktion (Gleichungen (3) und (4)) sowie unter Verwendung der Gleichungen (5) bis (7).

Die Bedingungen erster Ordnung lauten:

$$E(U_1) = R\,E(U_2)$$

(8) $C_2 - R[(\mu_1 + \varepsilon_1)(1-\tau_1) - C_1] - (\mu_2 + \varepsilon_2)(1-\tau_2) = 0$

$$\tau_2 - \frac{1}{\mu_{2A}}[(RG_1 + G_2) - R\tau_1\mu_{1A})] = 0 ,$$

wobei $U_j(\cdot)$ die partielle Ableitung der Nutzenfunktion nach dem entsprechenden Argument ist. Es sei angenommen, dass die Bedingung 2. Ordnung für ein Maximum

(9) $(U_{11} - 2RU_{12} + R^2U_{22}) < 0$

erfüllt ist.[30]

Die Gleichungen (8), (3) und (4) bestimmen gemeinsam die Variablen C_1, C_2 und W. Diese werden an dieser Stelle aber nicht berechnet, da sie für die weitere Analyse nicht von Bedeutung sind. Statt dessen soll untersucht werden, wie der Konsum auf eine Variation des Einkommens reagiert. Darauf aufbauend kann dann abgeleitet werden, wie die Steuersätze τ_i über die verfügbaren Einkommen als automatische Stabilisatoren wirken.

---

30 Vgl. auch Barsky, Mankiw und Zeldes (1986).

Bilden des totalen Differentials der Bedingungen erster Ordnung und Auflösen nach $dC_1 / d\mu_1$ (dem deterministischen Teil des Einkommens) ergibt unter Verwendung der Gleichungen (2) bis (7) die Reaktion des privaten Verbrauchs auf Änderungen des Einkommens in der ersten Periode (Cohen und Follette, 2000):[31]

$$\text{(10)} \quad \frac{dC_1}{d\mu_1} = -\frac{1}{H}\{-RE(RU_{22} - U_{12}) + E(RU_{22}U_{12})(-R(\varepsilon_2 / \mu_{2A}))\tau_1 N\}$$

$$= -\frac{1}{H}\left\{[-RE(RU_{22} - U_{12})] - \left(-\frac{R\tau_1 N}{\mu_{2A}H}\right) Cov(RU_{22} - U_{12}, \varepsilon_2)\right\}$$

mit $H = (U_{11} - 2RU_{12} + R^2U_{22}) < 0$.

Bei einem unerwarteten Anstieg der Bruttoeinkommen, der alle Einkommen gleichermaßen betrifft, ergeben sich zwei gegenläufige Effekte auf den privaten Verbrauch in Periode 1. Der erste Term der rechten Seite von Gleichung (10) ist positiv, da $U_{22} < 0$ und $U_{12} \geq 0$. Er spiegelt den positiven Einkommenseffekt wider. Da höhere Steuern in Periode 1, die sich aus $d\mu_1 > 0$ ergeben, zu geringeren Steuern in der zweiten Periode führen – und zwar abdiskontiert in genau demselben Umfang (Gleichung (7)) –, haben die Steuern keinerlei Einfluss auf den Einkommenseffekt. Die geringeren Steuern in der zweiten Periode implizieren allerdings einen geringeren „Versicherungsschutz" vor idiosynkratischen Einkommensschocks (vgl. Fußnote 24). Die privaten Haushalte werden daher mehr Einkommen für die zweite Periode zurücklegen. Das Vorsichtssparen nimmt zu. Die daraus resultierende konsumdämpfende Wirkung spiegelt sich im zweiten Term von Gleichung (10) wider.[32] Die Wirkung eines unerwarteten Einkommensanstiegs ist somit a priori unbestimmt. Eine Dominanz des Vorsorgespareffekts träte beispielsweise bei einer sehr ausgeprägten Risikoaversion der Konsumenten auf (Chan, 1983). Eine andere Quelle für ausgeprägtes Vorsorgesparen wäre, dass zukünftige Steuern unsystematisch erhoben würden und sich die privaten Haushalte deshalb durch hohe Ersparnis dagegen abzusichern versuchen. Empirisch relevante Konstellationen sprechen allerdings eher dafür, dass der Einkommenseffekt den Vorsichtsspareffekt dominiert (Barsky, Mankiw und

---

31 Da alle privaten Haushalte laut Annahmen identisch sind gilt: $d\mu_{iA} = N\, d\mu_i$.

32 Wie Barsky, Mankiw und Zeldes (1986) auf S. 679 gezeigt haben, kommt es nur dann zu einem Vorsichtsparen, wenn $RU_{222} - U_{122} > 0$ und damit $Cov(RU_{22} - U_{12}, \varepsilon_2)$ in Gleichung (10) ebenfalls positiv ist.

Zeldes, 1986 sowie Cohen und Follette, 2000). Ein unerwarteter Zuwachs (Rückgang) des Einkommens führt dann zu einer Zunahme (Rückgang) des privaten Konsums.

Die Wirkung der Einkommensteuer als automatischer Stabilisator kann in dem Modell gezeigt werden, indem Gleichung (10) nach dem Steuersatz τ_1 abgeleitet wird.

$$(11) \quad \frac{\partial(dC_1 / d\mu_1)}{\partial\tau_1} = -\frac{RN}{\mu_{2A}H} Cov(RU_{22} - U_{12}, \varepsilon_2) < 0$$

Da alle einzelnen Komponenten der Ableitung positiv sind, ist die Ableitung insgesamt negativ. Das heißt: je höher der Steuersatz τ_1, umso größer die Wirkung als automatischer Stabilisator. Die Wirkung von temporären Einkommensschocks auf die Konsumnachfrage wird durch den Vorsichtsspareffekt geglättet. Allerdings kann es bei steigenden Steuersätzen wegen der Substitution zwischen Arbeit und Freizeit zu unerwünschten Anreizeffekten auf das Arbeitsangebot kommen. Dem Nutzen höherer Steuersätze müssen folglich die Kosten der allokationsverzerrenden Effekte von Steuern gegenübergestellt werden.

In diesem Modell werden Steuern nur auf das Arbeitseinkommen, nicht jedoch auf Einkommen aus Ersparnissen der privaten Haushalte erhoben. Es stellt sich somit die Frage, ob die Einführung einer Zinsbesteuerung die Bedeutung der Steuern als automatische Stabilisatoren mildert oder sogar verstärkt. Bei einer unerwarteten Zunahme der Einkommen in der ersten Periode nimmt die Steuerlast in Periode 1 zu. Damit geht aber unmittelbar eine geringere Steuerlast in der zweiten Periode einher. Dies betrifft nicht nur die Steuern auf Einkommen, sondern auch auf Zinsen. Geringere Steuern in der zweiten Periode führen dazu, dass die Rendite nach Steuern bei einem gegebenen Vorsteuer-Zinssatz steigt. Die Anreize, mehr zu sparen, sind deshalb größer. Bei einer unerwarteten Zunahme der Arbeitseinkommen verstärkt die Einführung einer Steuer auf Vermögenseinkommen somit die Wirkung der Einkommensteuern als automatischen Stabilisator.[33]

In der vorangegangenen Analyse stand die Wirkung der individuellen Einkommensteuer als automatischer Stabilisator im Vordergrund. Allerdings werden in

[33] Es sei wieder darauf hingewiesen, dass eine Steuer auf Vermögenseinkommen zwar Eigenschaften eines automatischen Stabilisators haben kann, aber ebenfalls allokationsverzerrend wirkt (zur Kapitalbesteuerung aus Optimalitätsgesichtspunkten vgl. Chari und Kehoe, 1999).

den meisten Volkswirtschaften nicht nur Steuern auf die Arbeitseinkommen der privaten Haushalte, sondern auch auf die Gewinne der Unternehmen erhoben. Eine Unternehmenssteuer würde dann nicht über eine Glättung der Konsumausgaben als automatischer Stabilisator wirken, sondern durch eine mögliche antizyklische Wirkung auf die Investitionstätigkeit.

Einen Ansatz zur Erklärung der Investitionstätigkeit von Unternehmen liefern die sogenannten *q-Theorien.*[34] In einer dieser Theorierichtungen werden die Investitionen durch das *marginale q* bestimmt, das den erwarteten Gegenwartswert einer Investition widerspiegelt (Cohen und Follette, 2000). Im Zusammenhang mit der Rolle einer gewinnabhängigen Steuer als automatischer Stabilisator muss allerdings geklärt werden, welche Eigenschaften ein Konjunkturzyklus hat. Wenn es sich beim Konjunkturzyklus um regelmäßige und symmetrische Schwankungen des Auslastungsgrades um einen Trend handelt, verlaufen die Gewinne ebenfalls mit zyklischer Variation in Bezug zu einem Trend. Der Gegenwartswert einer Investition über den Konjunkturzyklus hinweg ist dann aber unabhängig von der aktuellen konjunkturellen Situation, da beispielsweise den in einer Rezession unter dem langfristigen Trend liegenden Gewinnen die über dem Trend liegenden Gewinne in einem Boom gegenüberstehen. Das heißt, die erwarteten abdiskontierten Gewinne sind unabhängig vom Konjunkturzyklus, und eine Steuer auf die aktuellen Gewinne könnte in diesem Fall nicht als automatischer Stabilisator wirken.

Doch selbst wenn es sich bei Konjunkturzyklen um symmetrische Schwankungen um einen Wachstumstrend handelt,[35] hängt das Ergebnis eines – von Konjunkturschwankungen unabhängigen – erwarteten Gegenwartswerts einer Investition davon ab, ob die Opportunitätskosten von internen Finanzierungsformen gleich dem Marktzinssatz sind und das Unternehmen zu diesem Zins auf dem Kapitalmarkt ohne Beschränkungen Kapital aufnehmen und verleihen kann (Hubbard, 1998). Eine Bedingung dafür ist, dass Entscheidungsträger in den Unternehmen und Kapitalanleger über dieselbe Informationsmenge bezüglich des Unternehmens verfügen. In der Regel wird aber das Unternehmen über mehr

34 In den *q-Theorien* ist die Investitionstätigkeit im Gegensatz zur Akzeleratortheorie nicht mehr abhängig vom gesamtwirtschaftlichen Aktivitätsniveau, sondern ist eine steigende Funktion von *q*. Bei Brainard und Tobin (1968) und Tobin (1969) ist *q* das Verhältnis von Firmenwert zu Reproduktionskosten des eingesetzten Kapitalbestandes (*average q*). Abel (1979) und Hayashi (1982) dagegen betrachten ein *marginales q*. Dies kann als erwarteter Gegenwartswert einer Investition interpretiert werden. Für einen Überblick zu Investitionstheorien siehe Caballero (1999).

35 Was nicht notwendigerweise der Fall sein muss. Empirische Untersuchungen deuten darauf hin, dass Rezessionen auch auf den langfristigen Wachstumspfad dämpfend wirken können; vgl. Fatás (2000) und Romer und Romer (1994).

Informationen verfügen, so dass Informationsasymmetrien vorliegen. Empirische Untersuchungen über die Investitionsentscheidungen von Unternehmen zeigen, dass es unter diesen Rahmenbedingungen einen Zusammenhang zwischen dem Nettowert eines Unternehmens (beziehungsweise seinen internen Finanzierungsmöglichkeiten) und seiner Investitionsentscheidung gibt (Hubbard, 1998). In Modellen, die derartige Marktunvollkommenheiten berücksichtigen, können Gewinnsteuern als automatische Stabilisatoren dienen, wenn der Vorsteuer-Cashflow infolge einer Rezession negativ beeinflusst wird (Cohen und Follette, 2000).

3.3.2 Schlussfolgerungen

Die theoretische Analyse hat gezeigt, dass Einkommensteuern ein geeignetes Mittel sein können, um die konjunkturelle Wirkung von Angebots- und Nachfrageschocks zu dämpfen. Sie tun dies primär durch ihre Wirkung auf die Verbrauchsausgaben der privaten Haushalte. Wenn die Wohlfahrtsverluste konjunktureller Schwankungen allerdings nur gering sind, so sind auch die potentiellen Wohlfahrtsgewinne einer antizyklischen Wirtschaftspolitik nur gering. Da Steuern auf das Arbeitseinkommen negativ auf das Arbeitsangebot und Gewinnsteuern langfristig negativ auf die Investitionsbereitschaft der Unternehmen wirken, sind mit Einkommensteuern Kosten verbunden, die die langfristige Entwicklung einer Volkswirtschaft behindern. Wenn also die Kosten des Einsatzes von automatischen Stabilisatoren hoch sind, der Nutzen dagegen niedrig ist, stellt sich die Frage, ob nicht auf Besteuerungsformen, wie Steuern auf Einkommen oder Gewinne, die einerseits zwar Eigenschaften von automatischen Stabilisatoren aufweisen, andererseits aber die Allokation von Arbeit, Freizeit und Kapital stören, nicht entweder ganz verzichtet werden sollte oder aber das Steuersystem zumindest so ausgestaltet wird, dass diese Steuersätze niedrig sind.

Das Ausmaß von Wohlfahrtsverlusten infolge von Rezessionen ist allerdings nur schwer zu messen. Zu berücksichtigen ist zudem, dass Rezessionen auch langfristig eine Wirkung auf den Wachstumspfad haben können (Fatás, 2000 und Romer und Romer, 1994). Je länger und je tiefer eine Rezession ist, umso größer sind die dämpfenden Effekte auf den Wachstumstrend. Wenn eine Rezession als Abweichung vom langfristigen Trend gemessen wird, sich jedoch der Trend durch die Rezession ändert, ist möglicherweise der so im Nachhinein gemessene Konjunktureinbruch nur gering. Da sich aber die Wachstumsperspektiven ebenfalls eingetrübt haben, werden die Wohlfahrtsverluste unterschätzt. Zudem werden gesellschaftliche Gruppen nicht gleichmäßig mit den Folgen von konjunkturellen Schwankungen belastet. Rezessionen treffen eher eine Minderheit der Arbeitskräfte, diese dafür aber in erheblichem Umfang. Die mit der Rezession verbundene Arbeitslosigkeit kann sich zudem zu struktureller Arbeitslosigkeit verfestigen, wenn mit dem Verlust des Arbeitsplatzes auch ein Verlust von Humankapital einhergeht. Die Wiedereinstellungschancen werden dadurch langfristig gemindert. Die Wohlfahrtsverluste einer Rezession und die entsprechenden Wohlfahrtsgewinne einer aktiven Stabilisierungspolitik mögen damit im Durchschnitt der Volkswirtschaft gering sein, sie können jedoch zu erheblichen Wohlfahrtsgewinnen in den überproportional betroffenen Gruppen führen.

Blanchard (2000) weist in seinem Kommentar zu Cohen und Follette (2000) allerdings auf eine mögliche negative Eigenschaft von automatischen Stabilisatoren hin. Cohen und Follette (2000) beschreiben die Wirkung einer Einkommensteuer als automatischen Stabilisator sowohl bei Nachfrage als auch bei Angebotsschocks. Bei Nachfrageschocks handelt es sich um temporäre Abweichungen von einem Gleichgewicht oder im dynamischen Fall um eine Abweichung von einem Gleichgewichtspfad. Die Wirkung von automatischen Stabilisatoren liegt in diesem Fall darin, diese Abweichungen zu verringern. Aus normativer Sicht sind automatische Stabilisatoren daher positiv zu bewerten. Angebotsschocks führen jedoch zu einem neuen Gleichgewicht beziehungsweise zu einem neuen Gleichgewichtspfad. Auch in diesem Fall stabilisieren automatische Stabilisatoren die Bewegung der gesamtwirtschaftlichen Produktion. Im Gegensatz zu Nachfrageschocks ist dies aber nun unerwünscht. Automatische Stabilisatoren behindern vielmehr eine schnelle Anpassung an ein neues Gleichgewicht.

3.4 Öffentliche Ausgaben und Konjunktur

Zu den Teilbereichen der öffentlichen Haushalte und deren ökonomischen Wirkungen, die immer wieder im Brennpunkt von Untersuchungen stehen, gehören die öffentlichen Ausgaben. Im Wesentlichen theoretische Untersuchungen über die ökonomische Wirkung einer Expansion des öffentlichen Verbrauchs[36] finden sich beispielsweise in Hall (1980), Barro (1981, 1989), Aschauer und Greenwood (1985), Mankiw (1987), Aiyagari, Christiano und Eichenbaum (1992), Christiano und Eichenbaum (1992), Baxter und King (1993), Braun und McGrattan (1993), Burnside und Eichenbaum (1996) sowie Finn (1995). In diesen Analysen, die auf neoklassischen Modellannahmen beruhen, führt eine permanente Erhöhung der öffentlichen Konsumausgaben zu einem negativen Vermögenseffekt bei den privaten Haushalten. Die höheren Ausgaben des Staates

---

[36] Die hier zitierten Arbeiten untersuchen insbesondere die Wirkung der öffentlichen Konsumausgaben, nicht jedoch die der öffentlichen Investitionen. Direkte Effekte der öffentlichen Ausgaben auf den Kapitalbestand werden somit ausgeblendet.

werden in diesen Modellen mit einer Kopf-Steuer finanziert, also einer Steuer, die nicht allokationsverzerrend wirkt. Die privaten Haushalte reagieren auf den negativen Vermögenseffekt – falls sowohl Konsumgüter als auch Freizeit normale Güter sind – mit einem Rückgang des privaten Konsums und einer Zunahme des Arbeitsangebots. Letzteres führt bei flexiblen Preisen zu sinkenden Reallöhnen und damit zu einem steigenden Grenzprodukt des Kapitals, was wiederum die Investitionen anregt. Im neuen Gleichgewicht sind die gesamtwirtschaftliche Produktion und der Kapitalbestand auf einem höheren Niveau, der private Konsum und die Reallöhne sind dagegen gesunken.

Eine Reihe von Autoren hält diesen Untersuchungen entgegen, dass sie im Widerspruch zu den empirischen Befunden stehen. Vielmehr würden steigende öffentliche Ausgaben von zunehmendem privaten Verbrauch, steigenden Reallöhnen und steigender Produktivität begleitet sein. So schlagen Rotemburg und Woodford (1992) die Verwendung von Neu-Keynesianischen Modellen zur Abbildung der Effekte öffentlicher Ausgaben auf die wirtschaftliche Entwicklung vor, um der von ihnen gefundenen empirischen Evidenz besser gerecht zu werden. Rotemburg und Woodford (1992) verwenden daher ein Modell mit oligopolistischer Preissetzung und steigenden Skalenerträgen. Hier führt eine Expansion der öffentlichen Ausgaben nicht nur zu einer höheren gesamtwirtschaftlichen Produktion, sondern auch zu steigenden Reallöhnen und einer Zunahme des Arbeitsvolumens. Ähnliche Resultate erzielen Devereux, Head und Lapham (1996) mit einem Modell monopolistischer Konkurrenz und steigender Skalenerträge. Insbesondere die Modellierung mit steigenden Skalenerträgen kann bei steigenden Staatsausgaben zu höherer Produktivität, höheren Reallöhnen und steigendem privaten Verbrauch führen.

Dem Befund einer positiven Korrelation von öffentlichen Ausgaben sowie Reallöhnen, Produktivität und Arbeitsvolumen wird allerdings von Ramey und Shapiro (1997) widersprochen. Laut ihren empirischen Ergebnissen sind der private Verbrauch, die Reallöhne im privaten Sektor und die Produktivität im verarbeitenden Gewerbe im Anschluss an Phasen, die durch eine außergewöhnliche Expansion der Verteidigungsausgaben geprägt waren, gesunken.[37] Ramey und Shapiro (1997) verwenden zur Erklärung ihrer empirischen Befunde ebenfalls ein neoklassisches Modell, das sich allerdings von früheren Arbeiten dahingehend unterscheidet, dass sie die Volkswirtschaft nicht als eine Einheit betrachten, sondern diese in zwei Sektoren unterteilen, wobei die Produktionsfakto-

[37] Diese Phasen waren der 2. Weltkrieg, der Koreakrieg, der Vietnamkrieg und die Aufrüstung zu Beginn der achtziger Jahre. In der nachfolgenden Literatur werden diese Phasen üblicherweise als „Ramey- und Shapiro-Episoden" bezeichnet.

ren nicht friktionslos zwischen den einzelnen Sektoren realloziert werden können. Sie begründen die Verwendung eines Zwei-Sektoren-Modells mit dem empirischen Befunden, dass die Struktur der öffentlichen Ausgaben in den Phasen einer deutlichen Expansion der Verteidigungsausgaben nicht konstant geblieben sei, sondern dass die Ausgaben für langlebige Güter sehr viel mehr zunahmen als für andere Ausgabenkategorien. Eine Erhöhung der öffentlichen Ausgaben wirke folglich nicht gleichmäßig auf die Volkswirtschaft, sondern die Ausgaben konzentrieren sich auf einige wenige Branchen des verarbeitenden Gewerbes. Eine Expansion im militärischen Bereich erfordert daher eine Umstrukturierung bestehender Produktionsstrukturen und eine Reallokation der Produktionsfaktoren. Ramey und Shapiro (1997) verwenden in ihrem theoretischen Modell zudem zwei unterschiedliche Produktionstechnologien, zum einen eine Cobb-Douglas-Produktionsfunktion und zum anderen eine Leontieff-Produktions-Technologie. Beides zusammen – Anpassungskosten infolge der unvollständigen Kapitalmobilität und eine Produktionstechnologie mit einem fixen Einsatzverhältnis der Produktionsfaktoren – führen zu veränderten Reaktionen makroökonomischer Variablen gegenüber einem Modell ohne Friktionen. Der Zuwachs der gesamtwirtschaftlichen Produktion ist größer, die negative Reaktion des privaten Verbrauchs ist geringer, die Reaktion der Reallöhne ist unterschiedlich, je nachdem, ob der Produktlohn im schrumpfenden oder im expandierenden Sektor oder ob der aggregierte Konsumlohn betrachtet wird.

Letztendlich ist eine Bewertung der Wirkung der öffentlichen Ausgaben auf die wirtschaftliche Entwicklung aus theoretischer Sicht nicht eindeutig und bleibt eine empirisch zu beantwortende Frage. Eine empirische Untersuchung über die konjunkturellen Effekte öffentlicher Verbrauchs- und Investitionsausgaben wird in Kapitel 5 durchgeführt.

3.5 Staatsverschuldung und wirtschaftliche Entwicklung

Auch im Bereich der öffentlichen Verschuldung markierten die siebziger Jahre einen Wendepunkt in der wirtschaftswissenschaftlichen und wirtschaftspolitischen Diskussion. Die maßgeblichen Gründe dafür liegen in der starken Zunahme der öffentlichen Verschuldung. Zwar wurden auch vorher schon längere Phasen einer ausgeprägten öffentlichen Verschuldung beobachtet, jedoch ging dies früher in der Regel mit Kriegsphasen einher. Nach der Mitte der siebziger Jahre konnte jedoch ein deutlicher und vor allem persistenter Anstieg der öffentlichen Defizite auch in Friedenszeiten beobachtet werden. So betrugen die öffentlichen Defizite in den USA im Durchschnitt der Jahre 1970 bis 1974 rund 0,6 % und die Schuldenstandsquote knapp 40 % des Bruttoinlandsprodukts. In Deutschland waren die öffentlichen Haushalte im Durchschnitt dieses Zeitraums in etwa ausgeglichen, und die Schuldenstandsquote belief sich auf 18 %. Nach der ersten Ölpreiskrise änderte sich die Lage spürbar. Im Durchschnitt der Jahre 1975 bis 1979 erhöhte sich in Deutschland das Defizit auf 3,3 % des Bruttoinlandsprodukts, und die Schuldenstandsquote stieg auf knapp 30 %. In den USA blieb die öffentliche Verschuldung in diesem Zeitraum – abgesehen von einem kräftigen, aber nur temporären Anstieg in den Jahren 1975 und 1976 – noch moderat. In den achtziger Jahren nahm die öffentliche Verschuldung im Zuge von Steuersenkungen und einer Explosion der öffentlichen Ausgaben spürbar zu. Während jedoch in Deutschland nach einem Höchstwert der Defizitquote von 3,7 % im Jahr 1981 die öffentlichen Haushalte am Ende des Jahrzehnts wieder einen Überschuss auswiesen, nahmen die Defizite in den USA zu Beginn der achtziger Jahre bis auf 4,1 % des Bruttoinlandsprodukts im Jahr 1983 zu und blieben bis weit in die neunziger Jahre hoch. Die Schuldenstandsquote stieg daraufhin bis Mitte der neunziger Jahre auf 63 %. In Deutschland wurden ähnlich hohe Werte im Zuge der deutschen Vereinigung erreicht.

Die öffentlichen Defizite beeinflussen die wirtschaftliche Entwicklung in vielfältiger Weise, wobei bei einer ökonomischen Analyse zwischen der kurzen und der langen Frist unterschieden werden muss.[38] Während kurzfristig die konjunkturelle Wirkung und somit der Einfluss auf die verfügbaren Einkommen der privaten Haushalte und die Gewinne der Unternehmen im Vordergrund stehen, werden langfristig eher die Effekte auf die gesamtwirtschaftliche Ersparnis und damit auf den Aufbau des Kapitalbestands betrachtet. Auf kurze Frist dominiert daher eine Analyse der Nachfrageseite, langfristig dagegen die der Angebotsseite.

3.5.1 Öffentliche Defizite in der kurzen Frist

Die kurzfristige Betrachtung öffentlicher Defizite ist vor allem keynesianischer Natur. Eine Steuerreform, die zu sinkenden Steuereinnahmen führt, der aber keine Ausgabenkürzungen gegenüberstehen, erhöht die verfügbaren Einkommen der privaten Haushalte beziehungsweise die Gewinne der Unternehmen. Durch die Einkommens- beziehungsweise Vermögenseffekte steigt primär die aggregierte Nachfrage, entweder direkt durch eine Zunahme des privaten Verbrauchs oder indirekt durch steigende Investitionen, wenn die zusätzlich verfügbaren Einkommen nicht in vollem Umfang in den Konsum, sondern in die Ersparnis

---

[38] Ein Überblick über Theorien zur öffentlichen Verschuldung in kurz- und langfristiger Betrachtung findet sich beispielsweise bei Elmendorf und Mankiw (1999) sowie bei Richter und Wiegard (1993). Die weiteren Ausführungen beziehen sich im Wesentlichen auf Elmendorf und Mankiw (1999).

fließen und damit tendenziell zinssenkend wirken. Wenn sich die Volkswirtschaft in einer Unterbeschäftigungssituation befindet und daher Löhne und Preise auf die kurze Frist rigide sind oder wenn im privaten Sektor Informationsdefizite oder Unsicherheit auftreten, führt die steigende Nachfrage zu einer steigenden Kapitalauslastung und zu einem Aufbau der Produktionskapazitäten. Es wird mehr investiert und mehr Personal eingestellt.

Diese „conventional analysis" (Elmendorf und Mankiw, 1999) schlägt sich in negativen Multiplikatoren der Steuereinnahmen und positiven Multiplikatoren der autonomen Staatsausgaben nieder und ist fester Bestandteil der Lehrbuchliteratur zur Makroökonomie. Ein fester Bestandteil dieser Lehrbuchliteratur ist aber auch, dass der Staat auf die mittlere Frist – d.h. über den Konjunkturzyklus hinweg – die intertemporale Budgetrestriktion einhält, in schlechten Zeiten also ein Defizit zulässt, um der Konjunktur Impulse zu geben, in guten Zeiten aber die öffentlichen Haushalte wieder konsolidiert. Dies bedeutet folglich, dass Defizite nur in Perioden einer konjunkturellen Unterauslastung – also Phasen, in denen Löhne und Preise auch nach oben relativ rigide sind – auftreten. Wird die Volkswirtschaft dagegen auch bei Vollauslastung der Sachkapazitäten fiskalisch stimuliert, beziehungsweise weist die öffentliche Verschuldung langfristig ein persistentes Verhalten auf, so gelten die keynesianischen Prämissen rigider Löhne und Preise sowie unvollständiger Information des privaten Sektors nicht mehr. Die Welt ist dann weniger keynesianisch, sondern weist vielmehr neoklassische Züge auf. Fiskalische Impulse haben dann keine realwirtschaftlichen Nachfrageeffekte mehr, sondern wirken durch die Effekte auf das Angebot der Produktionsfaktoren. So kommen Wachstumsmodelle vom Solow-Typ und Modelle mit überlappenden Generationen – wobei letztere zudem intergenerative Umverteilungseffekte berücksichtigen – zu der Schlussfolgerung, dass eine persistente öffentliche Verschuldung das längerfristige Wachstum durch die Verdrängung privater Investitionen dämpft.[39]

3.5.2 Einige Überlegungen zur ricardianischen Äquivalenz

Aus einer sehr langfristigen Perspektive ist die Frage nach den Effekten von öffentlichen Defiziten eindeutig. Eine persistente Staatsverschuldung dämpft die Wachstumsperspektiven einer Volkswirtschaft. Kurzfristig scheint die Frage aus keynesianischer Sicht ebenso eindeutig. Bei unvollständiger Information im privaten Sektor und einer Unterauslastung des Sach- und Humankapitals kann eine kurzfristige Zunahme der öffentlichen Defizite den Konjunkturverlauf stabilisieren. Finanzpolitik ist hier definiert als intertemporale Reallokation von

[39] Eine Übersicht zu neueren Staatsschuldentheorien findet sich bei Richter und Wiegard (1993).

Steuern (Blanchard, 2000). Beide Sichtweisen sind jedoch nicht unumstritten. So geht die als *ricardianische Äquivalenz* bezeichnete Theorierichtung davon aus, dass der Zeitpunkt der Steuererhebung unerheblich für die wirtschaftliche Entwicklung sei. Die Finanzierung von öffentlichen Ausgaben durch Steuern oder durch Budgetdefizite sei vielmehr äquivalent (Elmendorf und Mankiw, 1999). Die Theorierichtung der *ricardianischen Äquivalenz* geht zurück auf David Ricardo, der diese theoretischen Argumente als Erster formulierte. In jüngerer Zeit wurden diese Thesen erneut von Robert Barro propagiert.[40]

Die Idee der *ricardianischen Äquivalenz* basiert auf der Überlegung, dass bei defizitfinanzierten Ausgabenprogrammen – und damit geringeren Steuern in der Gegenwart – wegen der intertemporalen Budgetrestriktion die Steuerlast in der Zukunft zunimmt. Der Gegenwartswert der Steuerlast ist folglich unabhängig vom zeitlichen Verlauf der Steuerbelastung. Längerfristig bedeuten Steuersenkungen, die mit einer Zunahme der öffentlichen Defizite einhergehen, keine geringere Steuerlast, sondern nur eine Verlagerung in die Zukunft. Die Theorie der *ricardianischen Äquivalenz* verknüpft nun die intertemporale Budgetrestriktion mit der permanenten Einkommenshypothese. Diese besagt, dass die Konsumentscheidung der privaten Haushalte nicht vom laufenden Einkommen, sondern vom permanenten Einkommen – das wiederum den Gegenwartswerten der zukünftigen verfügbaren Einkommen entspricht – abhängt. Ist folglich der Planungshorizont der privaten Haushalte ausreichend lang, so berücksichtigen sie eine zukünftig höhere Steuerlast als Folge einer Steuersenkung bereits in der Gegenwart. Bleibt die Steuerlast über den Lebenszyklus hinweg also unverändert, reagieren sie auf eine Steuersenkung nicht mit einer Zunahme des privaten Verbrauchs. Sie weiten vielmehr ihre Ersparnisse in Höhe der Steuersenkung aus, um die in der Zukunft höhere Steuerschuld zu finanzieren. Da in diesem Szenario eine defizitfinanzierte Steuersenkung zwar den zeitlichen Verlauf der Steuerlast, nicht aber deren Gegenwartswert ändert, bleibt die gesamtwirtschaftliche Ersparnis unverändert, und die defizitfinanzierte Steuersenkung hat keinerlei realwirtschaftliche Auswirkung.

Barro (1973) hat die Idee der *ricardianischen Äquivalenz* um einen neuen Aspekt erweitert. In seinem Modell entsprechen öffentliche Schuldtitel einer Forderung, also einem Vermögenstitel. Für die Steuerzahler sind sie jedoch eine Verbindlichkeit. Dem Vermögenszuwachs bei den Wertpapierbesitzern infolge einer

40 Die Überlegungen von David Ricardo zu diesem Thema finden sich in den Aufsätzen „*On the Principles of Political Economy and Taxation*“ sowie „*Funding System*“. Beide sind abgedruckt in Sraffa (1951). Diese Ideen wurden in Barro (1974) wieder aufgegriffen. Die folgenden Ausführungen basieren weitgehend auf Elmendorf und Mankiw (1999).

defizitfinanzierten Steuersenkung steht also ein Vermögensrückgang der Steuerzahler gegenüber. Insgesamt gesehen bleibt das Vermögen unverändert. Da aus gesamtwirtschaftlicher Sicht kein Vermögenszuwachs vorliegt, resultiert aus der Steuersenkung auch keine Zunahme des privaten Verbrauchs. Fiskalpolitik im Sinne einer intertemporalen Reallokation von Steuern hat dieser Theorierichtung zufolge keinerlei Auswirkung.

Es gibt jedoch eine Reihe von Argumenten, die die Bedeutung der *ricardianischen Äquivalenz* für die praktische Wirtschaftspolitik relativieren (vgl. Blanchard, 2000). Zum einen ist die Frage des „ausreichenden" Planungshorizonts von Bedeutung. Dieser ist vor allem durch die Lebenserwartung der Steuerzahler beschränkt. Die gegenwärtigen Steuerzahler sind möglicherweise nicht mehr am Leben, wenn der Staat die Steuern für die Rückzahlung der Defizite erhöht. Aber auch wenn die gegenwärtigen Steuerzahler zum Zeitpunkt der Rückzahlung noch leben, kann dieser Zeitpunkt so weit in der Zukunft liegen, dass die privaten Haushalte die höhere Steuerlast - beispielsweise wegen der grundsätzlichen Unsicherheit über die künftige Entwicklung - in der Gegenwart nicht berücksichtigen. Zum anderen schränken Unvollkommenheiten auf den Kapitalmärkten die Aussagen der *ricardianischen Äquivalenz* ein. Wenn die privaten Haushalte nicht friktionslos Kredite aufnehmen und vergeben können, so werden Änderungen der Steuerlast auch kurzfristig zu einer Reaktion des privaten Verbrauchs führen. Letztlich ist auch das Versicherungsargument von Steuern relevant. Wie im Abschnitt über die automatischen Stabilisatoren dargelegt, können einkommensabhängige Steuern die Unsicherheit über die künftig verfügbaren Einkommen verringern. In diesem Fall haben Änderungen der Steuerlast auch Auswirkungen auf den privaten Verbrauch.

Die beiden ersten Argumente sind vor allem für sehr langfristige Aspekte der öffentlichen Verschuldung - wie die Finanzierung eines Krieges oder die Umstellung eines Sozialversicherungssystems vom Umlageverfahren in ein kapitalgedecktes Verfahren - von Bedeutung. Im Falle von konjunkturellen Schwankungen ist der zu betrachtende Zeitraum allerdings wesentlich kürzer. Kreditfinanzierte Steuersenkungen werden daher mit höherer Wahrscheinlichkeit von einer entsprechenden Konsolidierung der öffentlichen Haushalte begleitet sein. In diesem Fall dürften die beiden letztgenannten Argumente von Bedeutung sein (Blanchard, 2000).

4 Eine Darstellung der Steuer- und Abgabensysteme in Deutschland und den USA

4.1 Einleitung

Dieses Kapitel ist inhaltlich zwischen der theoretischen und der empirischen Analyse über automatische Stabilisatoren, fiskalpolitische Schocks und Konjunktur einzuordnen. Das Ziel dieses Kapitels ist nicht, die Steuersysteme in der Bundesrepublik Deutschland und den USA unter den Gesichtspunkten der Theorie der optimalen Besteuerung oder die Finanzverfassung in beiden Staaten unter politökonomischen Aspekten zu untersuchen. Ziel ist es vielmehr, einen Überblick über die Steuersysteme und deren Entwicklung seit den frühen achtziger Jahren zu geben, um die empirischen Ergebnisse im Lichte der Theorie und der institutionellen Realität interpretieren zu können.

Das Kapitel ist daher wie folgt gegliedert: Nach einem kurzen Vergleich der Finanzverfassungen in den beiden Volkswirtschaften folgt ein Überblick über die strukturellen Grundzüge der Steuersysteme.[41] Die anschließende institutionelle Analyse gliedert sich grob in zwei Teile, wobei die beiden Volkswirtschaften jeweils getrennt untersucht werden. Der erste Teil beschreibt die verschiedenen Steuerarten und Abgaben. Er ist inhaltlich dem Themenbereich der automatischen Stabilisatoren zugeordnet. Bei der Analyse wurde zwar versucht, beide Steuersysteme unter denselben Aspekten zu betrachten und ähnlich zu gliedern. Dies war aufgrund institutioneller Unterschiede aber nicht immer möglich. Zudem standen für Deutschland mehr und detailliertere Informationen zur Verfügung. Der zweite Teil liefert einen Überblick über die Veränderungen der Steuersysteme und die verschiedenen Steuerreformen seit Anfang der achtziger Jahre. In diesem Teil wird auch die US-amerikanische Konsolidierungsstrategie in den späten achtziger und den neunziger Jahren beschrieben und der Strategie in Deutschland, die im Zusammenhang mit dem Vertrag von Maastricht zu sehen ist, gegenübergestellt. Beide Strategien unterscheiden sich fundamental. Der zweite Teil dient dazu, institutionelle Informationen für die empirische Untersuchung über die Wirkung fiskalpolitischer Schocks zu sammeln. Das Kapitel endet mit einer Bewertung.

---

41 Für einen Vergleich der Steuersysteme in verschiedenen Industrieländern und deren Veränderungen seit 1980 siehe Bach, Scheremet, Seidel und Teichmann (2001).

4.2 Überblick

Es gibt eine Reihe von Charakteristika, die beide Finanzverfassungen aufweisen.[42] In beiden Ländern spiegelt sich die föderale und bundesstaatliche Struktur auch in der Finanzverfassung wider. In beiden Ländern sind die direkten Steuern die wichtigsten Steuern, wobei der größte Teil des Steueraufkommens jeweils auf den Bund entfällt. Darüber hinaus gibt es allerdings mehr Unterschiede als Gemeinsamkeiten.

Die Unterschiede beginnen bereits bei den Grundzügen der Finanzverfassung. Während Deutschland in den Artikeln 104a bis 115 Grundgesetz (GG) eine umfangreiche und einheitlich gefasste Finanzverfassung formuliert hat, enthält die US-amerikanische Verfassung nur wenige unzusammenhängende und unsystematische Einzelbestimmungen über die Verteilung der Steuerhoheit auf Bund und Einzelstaaten (Kramer, 1990b). Daraus resultiert wohl der gewichtigste Unterschied des Finanzsystems beider Länder: In beiden Ländern ist die Steuerhoheit verschieden auf die Gebietskörperschaften verteilt. In Deutschland fallen Gesetzgebungs-, Ertrags- und Verwaltungshoheit auseinander und sind verschieden auf Bund, Länder und Gemeinden verteilt. In Deutschland liegt beispielsweise im Falle der Gewerbesteuer die Gesetzgebungskompetenz beim Bund, die Verwaltungskompetenz bei den Ländern und Gemeinden und die Ertragskompetenz weitgehend bei den Gemeinden. Ein solches Auseinanderfallen wäre aufgrund der strengeren föderalen Struktur in den USA nicht möglich (Kramer, 1990b). Hier verfügen vielmehr sowohl der Bund als auch die Einzelstaaten über eine Legislative, Exekutive und Judikative.

Um der Entstehung eines zu mächtigen Zentralstaats entgegenzuwirken, wurden die Einzelstaaten von der US-amerikanischen Verfassung mit umfangreichen Hoheitsrechten ausgestattet und gleichzeitig die Befugnisse des Bundes beschränkt.[43] Der Bund kann nur in Bereichen tätig werden, die ihm von der Verfassung ausdrücklich zugewiesen wurden. Gemäß dem 10. Zusatzartikel zur amerikanischen Verfassung sind alle Hoheitsrechte, die nicht explizit dem Bund übertragen wurden, den Einzelstaaten vorbehalten. Auf dem Gebiet der Steuern verleiht die Verfassung dem Bund und den Einzelstaaten Hoheitsrechte. Anders als in Deutschland werden die Steuern also von der jeweiligen Gebietskörperschaft eigenständig erhoben und stehen dieser ungeteilt zu, wobei die Gemeinden ihre Steuerhoheit von den Bundesstaaten übertragen bekommen.[44] Die Steuerho-

---

42 Vgl. Kramer (1990b).

43 Vgl. Riecker (1999) sowie Kramer (1990a).

44 Vgl. Kramer (1990b, S. 35) sowie Stotzky und Sunley (1994).

heit des Bundes ergibt sich aus Artikel I, Abschnitt 8 und dem 16. Zusatzartikel der US-Verfassung. Diese Struktur der Finanzverfassung hat eine Reihe von Konsequenzen. So gibt es nur eine mangelhafte Abstimmung zwischen Bund und Bundesstaaten einerseits sowie zwischen den Bundesstaaten andererseits. Manche Steuerarten werden deshalb sowohl vom Bund als auch von den Einzelstaaten erhoben. Eine Doppelbelastung ergibt sich insbesondere im Rahmen der Einkommensteuer, der Körperschaftsteuer, der Erbschaft- und Schenkungsteuer und bei einigen speziellen Verbrauchsteuern. Schließlich gibt es keine einheitliche Steuerbelastung, sondern sie kann von Bundesstaat zu Bundesstaat stark variieren.

Abbildung 4.1

Steuern und Sozialversicherungsbeiträge in den USA

– in Prozent des nominalen Bruttoinlandsprodukts –

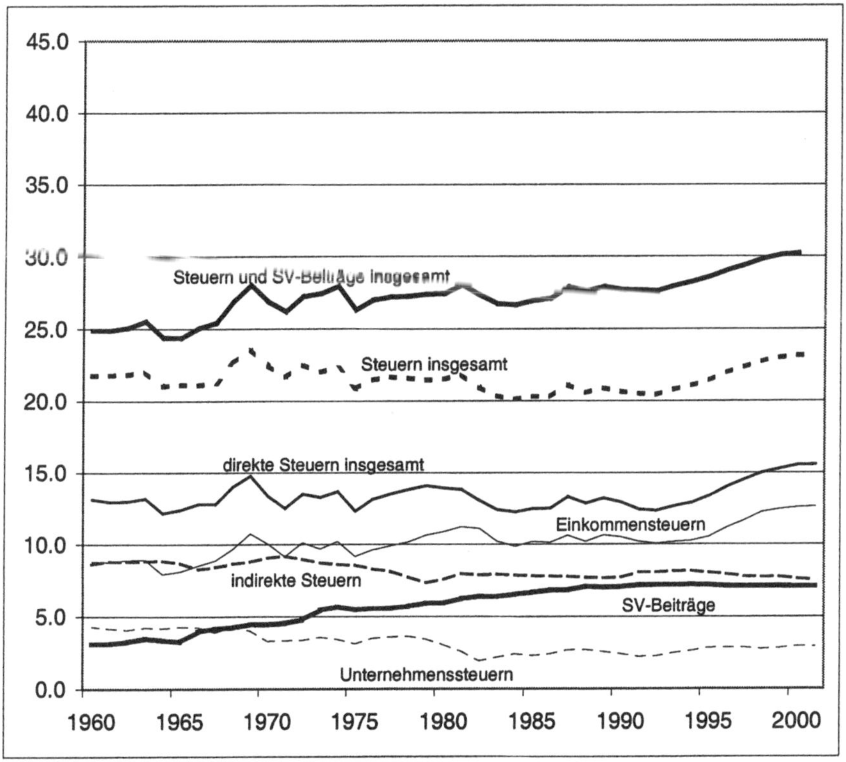

Quellen: OECD, Economic Outlook, eigene Berechnungen.

Abbildung 4.2

Steuern und Sozialversicherungsbeiträge in Deutschland

– in Prozent des nominalen Bruttoinlandsprodukts –

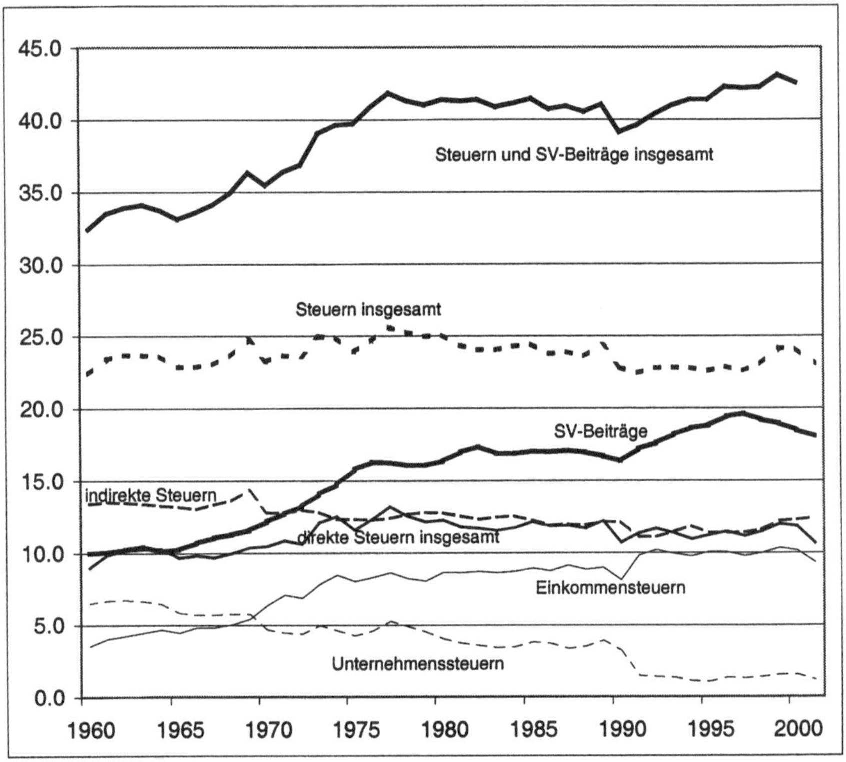

Quellen: OECD, Economic Outlook, eigene Berechnungen.

Bei einem direkten Vergleich der Steuer- und Abgabenquote schneidet Deutschland auf den ersten Blick relativ schlecht ab (Abbildung 4.1 und Abbildung 4.2). Der Anteil der Steuern und Abgaben betrug im Jahr 2000 reichlich 40 %. Die Abgabenlast hat sich zudem seit 1960 in zwei Schüben deutlich erhöht; das erste Mal zwischen 1965 und 1977 von knapp 35 % auf über 40 % und das zweite Mal Anfang der neunziger Jahre von rund 40 % auf knapp 45 %. Die Zunahme der gesamten Abgabenlast geht dabei allein auf höhere Beiträge zur Sozialversicherung zurück, deren Relation zum nominalen Bruttoinlandsprodukt sich von 1960 bis 2000 nahezu verdoppelt hat. Mit einer Abgabenquote von rund 30 % im Jahr 2000 ist die Abgabenbelastung in den USA im internationalen Vergleich dagegen sehr niedrig. Die US-amerikanische Finanzpolitik wird deshalb vielfach als

Vorbild gesehen. Ein direkter internationaler Vergleich der gesamtstaatlichen Tätigkeit ist allerdings mit großen Problemen behaftet. So resultiert die höhere Quote in Deutschland nicht in erster Linie aus einer stärkeren Inanspruchnahme volkswirtschaftlicher Ressourcen, sondern ist im Wesentlichen darauf zurückzuführen, dass die sozialen Systeme anders organisiert sind.[45] Während beispielsweise das Gesundheitswesen in den USA im Wesentlichen privatwirtschaftlich organisiert und gesetzlich nur ein geringer Teil geregelt ist, umfasst die gesetzliche Krankenversicherung in Deutschland den weitaus größten Teil der Bevölkerung. Ähnliches gilt für die Rentenversicherung, die in den USA lediglich eine Grundsicherung darstellt. Allerdings sind die Sozialversicherungsbeiträge in Relation zum Bruttoinlandsprodukt auch in den USA im Beobachtungszeitraum kräftig angestiegen.

Rechnet man den Bereich der Sozialversicherung heraus, ergibt sich dann auch ein anderes Bild. Die Steuerquote betrug in Deutschland im Jahr 2000 rund 24 % und ist damit nicht wesentlich höher als in den USA (23 %). Allerdings darf bei einem ähnlichen Niveau der Steuerquote in zwei Ländern nicht gefolgert werden, dass auch die Zusatzlast der Besteuerung in beiden Ländern gleich ist. Gehen von einem progressiven Steuersystem allokationsverzerrende Wirkungen aus, werden die Individuen versuchen, die Steuerlast zu umgehen, indem sie mit einem geringeren Arbeitsangebot auf die hohe Steuerlast reagieren. In diesem Fall sinkt die Steuerquote. Die Steuerquote ist daher nicht als Indikator für die durchschnittliche Steuerbelastung und noch weniger als Indikator für die Grenzsteuerbelastung geeignet (Leibfritz, Thorton und Bibbee, 1997).

In beiden Ländern blieb die Steuerquote zwar über den langen Zeitraum von 1960 bis 2000 weitgehend konstant, in einzelnen Teilperioden sind aber dennoch Veränderungen zu beobachten. In den USA vollzog sich ein leichter Rückgang zu Beginn der achtziger Jahre, der allerdings im Zuge des langen und kräftigen Aufschwungs während der neunziger Jahre wieder mehr als ausgeglichen wurde. In Deutschland ging die Steuerbelastung seit Ende der siebziger Jahre ebenfalls etwas zurück. Ein etwas stärkerer Rückgang erfolgte zu Beginn der neunziger Jahre. Werden die einzelnen Steuern betrachtet, fällt auf, dass der Anteil der indirekten Steuern in Deutschland mit gut 12 % größer ist als in den USA mit knapp 8 %. Ähnliche Verläufe ergeben sich bei den direkten Steuern auf Einkommen der privaten Haushalte. In beiden Ländern nahm deren Bedeutung im Zeitablauf zu; in Deutschland ausgeprägter als in den USA. In Relation zum Bruttoinlandsprodukt war die Steuerbelastung der privaten Haushalte in den USA allerdings immer höher. Die Differenz der Einkommensteuerquoten in den

---

45 Vgl. dazu Vesper (1994).

beiden Ländern zu Beginn der sechziger Jahre von rund 5 Prozentpunkten ging auf etwa 2 ½ Prozentpunkte zurück. Ein sprunghafter Anstieg der Einkommensteuerquote erfolgte zu Beginn der neunziger Jahre im Zuge der deutschen Vereinigung. Die Steuerbelastung der privaten Haushalte in den USA ist aber nach wie vor etwas höher als in Deutschland. Spiegelbildlich zum Anstieg der Steuerbelastung der privaten Haushalte nahm die Steuerlast für die Unternehmen in beiden Ländern im betrachteten Zeitraum nahezu kontinuierlich ab; dieser Rückgang war wiederum in Deutschland stärker ausgeprägt. Hier war die Unternehmensbesteuerung insbesondere zu Beginn der neunziger Jahre stark rückläufig.

In beiden Ländern können somit folgende Tendenzen beobachtet werden: (i) Die Belastung mit Sozialversicherungsbeiträgen nahm in beiden Ländern spürbar zu; in Deutschland aber ausgeprägter als in den USA. (ii) Es gibt eine Verschiebung weg von der Unternehmensbesteuerung in Richtung einer stärkeren Besteuerung der Einkommen der privaten Haushalte. (iii) Die gesamt Abgabenquote ist in Deutschland deutlich höher; nicht jedoch die Steuerquote.

Bei der Entwicklung der *Staatsausgabenquote*[46] in Deutschland zeigt sich in den achtziger und neunziger Jahren ein unterschiedliches Bild. Anfang der achtziger Jahre lag sie bei etwa 50 %, verglichen mit den anderen OECD-Ländern ein relativ hoher Wert. Bis 1989 konnte die Quote auf einen Wert unter 46 % (1989) zurückgeführt werden. Dieser Trend wurde durch die Folgen der deutschen Vereinigung umgekehrt, mit der Folge, dass die Staatsausgabenquote in der ersten Hälfte der neunziger Jahre kräftig, auf über 50 %, gestiegen war. Im Zusammenhang mit dem Erreichen der Maastricht Kriterien sank die Quote in den Jahren danach deutlich; im Jahr 2000 lag der Wert etwas unter 48 %.

4.3 Deutschland

4.3.1 Grundzüge des Steuer- und Abgabensystems

In Deutschland werden die Einkommen, der Verbrauch sowie die Käufe von Gütern und Dienstleistungen besteuert.[47] Neben den Steuern, deren Einnahmen den Gebietskörperschaften (Bund, Länder und Gemeinden) direkt zufließen, sind die größten Steuern, z.B. Einkommensteuer und Steuern vom Umsatz, so ge-

46 Summe der Ausgaben in Prozent des nominalen Bruttoinlandsprodukts.

47 Die Untersuchung des deutschen Steuersystems stützt sich weitgehend auf: Bundesministerium für Finanzen, Finanzbericht, verschiedene Ausgaben. Für eine ausführlichere Beschreibung des deutschen Steuersystems und dessen Entwicklung siehe Bach, Scheremet, Seidel und Teichmann (2001).

nannte gemeinschaftliche Steuern, die nach bestimmten Schlüsseln auf die einzelnen Haushaltsebenen verteilt werden.[48] Alles in allem stehen dem Bund knapp 42 ½ % zu, die Länder erhalten gut 40 ½ %, die kommunalen Haushalte 12 ½ % und der Haushalt der Europäischen Union erhält über den Bundeshaushalt gut 4 ½ % der Steuereinnahmen in Deutschland (1999).

Im gegenwärtig geltenden Steuersystem erbringen die zehn aufkommensstärksten Steuern gut 90 % des gesamten Steueraufkommens. Die ertragstärksten Steuern sind dabei die Steuern auf Umsatz und die Lohnsteuer mit einem Anteil von jeweils rund 30 %. Die Bedeutung dieser beiden Steuern hat zudem in den vergangenen Jahren zugenommen. In den neunziger Jahren ist die Zahl der Steuern deutlich reduziert worden; so wurden 1991 bzw. 1992 im Rahmen des Finanzmarktförderungsgesetzes die Börsenumsatz-, Gesellschafts- und Wechselsteuer aufgehoben. Von 1993 an sind zudem bestimmte sog. Bagatellsteuern (z.B. Zuckersteuer, Teesteuer, Salzsteuer, Leuchtmittelsteuer) entfallen.

Nahezu die Hälfte der Steuereinnahmen entfällt auf die direkten Steuern. Je nachdem wie die Gewerbesteuer zugeordnet wird, überwiegen mal die direkten, mal die indirekten Steuern. Die aufkommensstärksten indirekten Steuern waren zu Beginn der 80er Jahre die Steuern vom Umsatz, die Mineralölsteuer, die Tabaksteuer, die Branntweinsteuer, die Kaffeesteuer, die Zölle und die Versicherungsteuer. In den 80er Jahren hat sich der Anteil der indirekten Steuern uneinheitlich entwickelt, insgesamt hat es aber eine leichte Zunahme im Gewicht gegeben. In den 90er Jahren war das Tempo der Zunahme deutlich stärker, bis 1998 erhöhte sich die Quote der Verbrauchsteuern auf 49,3 %. Ausschlaggebend hierfür waren die zweimalige Anhebung des Normalsatzes bei den Steuern vom Umsatz (1993 und 1998) sowie zahlreiche Anhebungen der Steuersätze bei der Mineralölsteuer, verbunden mit Einkommensteuersenkungen (1996). Entsprechend rückläufig haben sich die direkten Steuern entwickelt. Deutlich zugenommen haben die Beiträge zur Sozialversicherung, insbesondere seit der deutschen Vereinigung. Betrug der Anteil an den gesamten Steuern und Abgaben 1980 noch 36,6 %, so waren es 1989 mit 37,5 % etwas mehr; bis 1998 ist diese Quote auf 42,7 % gestiegen.

---

48 So werden die Lohn- und Einkommensteuer als gemeinschaftliche Steuern mit 42,5/42,5/15 % auf Bund, Länder und Gemeinden aufgeteilt. Die Körperschaftsteuer und die nicht veranlagten Steuern vom Ertrag stehen Bund und Ländern zu, und zwar je zur Hälfte. Von den Steuern vom Umsatz erhält der Bund vorab 5,63 %; vom Rest erhalten die Gemeinden vorab 2,2 % und vom verbleibenden Rest gehen 50,25 % an den Bund und 49,75 % an die Länder.

Die *Besteuerung der Einkommen* natürlicher Personen erfolgt in Deutschland bisher (2000) nach einheitlichen Kriterien. Die sieben Einkunftsarten[49], die es im Einkommensteuerrecht gibt, werden zusammen veranlagt und nach einem einheitlichen Einkommensteuertarif versteuert. Die Summe der Einkünfte ergibt sich aus der Addition von positiven Ergebnissen und Verlusten bei den einzelnen Einkunftsarten. Die Steuer auf Löhne und Gehälter (Lohnsteuer), die Steuer auf Dividenden (25 % nicht veranlagte Steuern vom Ertrag) und die Einkommensteuer auf Zinserträge (30 % Zinsabschlag) wird an der Quelle erhoben (Quellenabzug), ist aber keine endgültige Steuer, sondern wird mit der Einkommensteuer verrechnet. Die Veranlagung aller Einkünfte eines Kalenderjahres wird im darauf folgenden Jahr durchgeführt.

Bereinigt man die Summe der Einkünfte insbesondere um die Sonderausgaben, die außergewöhnlichen Belastungen sowie andere Abzugsbeträge, dann kommt man zum zu versteuernden Einkommen – die Basis für die Anwendung des Einkommensteuertarifs.[50] Der Einkommensteuertarif ist im Wesentlichen nach zwei Kriterien aufgebaut: Er richtet sich einmal nach dem Finanzbedarf des Staates und zum anderen nach der Leistungsfähigkeit der Steuerpflichtigen. Von dem zu versteuernden Einkommen bleibt ein steuerlicher Grundfreibetrag unberücksichtigt, der im Jahr 2000 für Ledige 13 500 DM betrug; für Verheiratete ist es der doppelte Betrag. Bei dem Einkommensteuertarif handelt es sich um einen linear-progressiven Tarif mit zwei Progressionsbereichen. Der Eingangssteuersatz beträgt 22,9 % und steigt bis zu einem zu versteuernden Einkommen von 17 495 DM für Ledige linear auf 25 %. In der zweiten Progressionszone steigt der Steuersatz dann linear an und erreicht bei einem zu versteuernden Einkommen von 114 695 DM den Spitzensteuersatz von 51 %. In der oberen Proportionalzone wird jede zusätzliche verdiente Mark mit 51 % besteuert.

---

49 Einkünfte aus Land- und Forstwirtschaft, aus Gewerbebetrieb, aus selbständiger Arbeit, aus nichtselbständiger Arbeit, aus Kapitalvermögen, aus Vermietung und Verpachtung sowie die sonstigen Einkünfte.

50 Sonderausgaben sind entweder unbeschränkt (z. B. Kirchensteuer) oder aber im Rahmen von Höchstbeträgen abziehbar. Kosten für die Weiterbildung im Beruf oder Aufwendungen für die eigene Berufsausbildung können bis zu einem festgesetzten Höchstbetrag geltend gemacht werden. Auch Ausgaben zur Förderung mildtätiger, kirchlicher oder gemeinnütziger Zwecke können Sonderausgaben sein, die bis zu einem Höchstbetrag von 5 % (10 % für besonders förderungswürdig Einrichtungen) des Gesamtbetrags der Einkünfte abzugsfähig sind. Aufwendungen für den Unterhalt von Kindern werden im Rahmen des Kinderleistungsausgleichs entweder durch Kinderfreibetrag (6 912 DM) oder durch Kindergeld (270 DM für das erste und zweite Kind) berücksichtigt. Bei der Einkommensteuer können auch Aufwendungen, die aus einer außergewöhnlichen Belastung resultieren, vom zu versteuernden Einkommen abgezogen werden, allerdings nur soweit sie eine zumutbare Eigenbelastung übersteigen.

Neben der Einkommensteuer für natürliche Personen gibt es eine Einkommensteuer für *Kapitalgesellschaften* – die Körperschaftsteuer. Seit 1977 wird eine steuerliche Doppelbelastung für Ausschüttungen dadurch vermieden, dass die Körperschaftsteuer auf ausgeschüttete Gewinne als Gutschrift bei der Einkommensteuerveranlagung geltend gemacht werden kann. Bei der Körperschaftsteuer gelten weitgehend die Grundsätze und Vorschriften des Einkommenssteuerrechts, so beispielsweise für die Gewinnermittlung, die Veranlagung und für die Entrichtung der Steuer. Besteuerungsgrundlage ist – wie bei der Einkommensteuer – das Einkommen, das die Körperschaft in einem Kalenderjahr erwirtschaftet hat. Nach dem für 2000 noch geltendem Recht beträgt die Körperschaftsteuer gegenwärtig grundsätzlich 40 %. Schüttet eine Kapitalgesellschaft einen Gewinn aus, dann ändert sich die nach dem Tarif ermittelte Körperschaftsteuer nach dem Anrechnungsverfahren. Mit der Anrechnung soll eine Doppelbelastung vermieden werden. Beim Anrechnungsverfahren unterscheidet man zwei Entlastungsmethoden, die auf der Ebene der Körperschaft und auf der Ebene des Anteilseigners wirken. Nach dem Körperschaftsteuergesetz ist das Unternehmen verpflichtet, in einer fortlaufenden Gliederungsrechnung nachzuweisen, ob und in welcher Höhe das für Dividenden verwendbare Eigenkapital mit Körperschaftsteuer belastet ist (Tarifbelastung). Im Falle der Ausschüttung wird diese Tarifbelastung über eine Minderung bzw. eine Erhöhung der Körperschaftsteuer auf eine einheitliche Ausschüttungsbelastung von 30 % verändert.

Auf der Ebene des Anteilseigners wird die mit der Ausschüttung verbundene Körperschaftsteuer auf die persönliche Einkommensteuerschuld des Dividendenempfängers angerechnet. Im Endergebnis wird der ausgeschüttete Gewinn nur mit der Einkommensteuer des Anteilseigners belastet. Zahlt der Steuerpflichtige keine Einkommensteuer, dann wird ihm die Körperschaftsteuer erstattet. Beträgt seine persönlicher Steuersatz beispielsweise 51 %, dann wird die Differenz im Wege der Einkommensteuerveranlagung als Nachzahlung erhoben.

Wesentliche Komponente der *Verbrauchsbesteuerung* sind in Deutschland die Steuern vom Umsatz, die inzwischen die größte Einzelsteuer geworden ist. Seit 1967 wird sie als Netto-Umsatzsteuer (Mehrwertsteuer) erhoben. Durch die Gewährung eines Vorsteuerabzugs wird erreicht, dass – anders als bei der Allphasen-Umsatzsteuer – eine Steuerkumulierung verhindert wird. Die Mehrwertsteuer soll zwar wirtschaftlich vom Konsumenten getragen werden, Steuerschuldner ist aber nicht der Konsument, sondern das Unternehmen, bei dem der Umsatz anfällt. Der Mehrwertsteuer unterliegen die Lieferungen und sonstigen Leistungen, der Eigenverbrauch und die Einfuhr (Einfuhrumsatzsteuern). In Deutschland gibt es zwei Steuersätze: den normalen Steuersatz von 16 %, der für die meisten Umsätze anzuwenden ist, und einen ermäßigten Steuersatz von 7 %, der im Wesentlichen für Nahrungsmittel, für Leistungen im Personenverkehr und für die Umsätze von Zeitungen, Büchern und bestimmten Kunstgegenständen gilt. Kleinunternehmer, deren Umsatz im vorangegangenen Kalenderjahr 32 500 DM nicht erreicht hat und im laufenden Kalenderjahr voraussichtlich unter 100 000 DM bleibt, sind von der Umsatzsteuer befreit. Damit innerhalb der EU das Bestimmungslandprinzip gewährleistet werden kann, erhalten alle Unternehmen, die am innergemeinschaftlichen Handel teilnehmen, eine Umsatzsteuer-Identifikationsnummer. Neben der Umsatzsteuer gibt es eine kleine Anzahl von speziellen Verbrauchsteuern, z. B. auf Mineralöle einschl. Strom, Tabakerzeugnisse, Alkohol und Kaffee. Die wichtigste ist dabei die auf Mineralöle, auf die gut 8 % der Steuereinnahmen entfallen.

Im Bereich der *Sozialversicherung* gibt es eine Reihe von Sozialbeiträgen, die dazu dienen, die Risiken im Alter, bei Krankheit und Arbeitslosigkeit abzusichern. Die Beiträge zu den verschiedenen Zweigen der Sozialversicherungen werden bisher jeweils zur Hälfte vom Arbeitgeber und vom Arbeitnehmer aufgebracht. Die Beitragssätze sind von Sozialversicherungsträger zu Sozialversicherungsträger verschieden, und es gelten Beitragsbemessungshöchstgrenzen. Im Jahre 1999 betrug die Höchstgrenze in der Renten-, Arbeitslosen- und Pflegeversicherung 102 000 DM (das ist das Doppelte des Durchschnittseinkommens), während sie bei der Krankenkasse 75 % dieses Betrages ausmachte, also 76 500 DM. In der Rentenversicherung betrug der Beitragssatz zurzeit 19,2 % und bei der Arbeitslosenversicherung 6,5 %. Im Bereich der Krankenversicherung gibt es in Deutschland eine Vielzahl von gesetzlichen und privaten Krankenkassen, die die Kosten für die stationäre und ambulante Krankenbehandlung übernehmen. Die Beitragssätze sind von Kasse zu Kasse sehr unterschiedlich, sie reichen von etwa 11,5 % bis 16 % des Einkommens, maximal bis zur Beitragsbemessungsgrenze; im Durchschnitt werden von den Krankenkassen etwa 13 ½ % verlangt. Hinzu kommt die Pflegeversicherung mit einem Satz von 1,7 %.

4.3.2 Die Entwicklung des Steuersystems in Deutschland

Zu Beginn der 80er Jahre ging es in Deutschland zunächst darum, die stark gestiegenen Defizite zurückzufahren und die steuerlichen Rahmenbedingungen für die Unternehmen zu verbessern.[51] In verschiedenen Steuer- und Ausgabenprogrammen wurden Ausgaben an die privaten Haushalte gekürzt, Steuern für die privaten Haushalte erhöht und die Unternehmen steuerlich entlastet. So sind im

[51] Für eine Übersicht über wichtige finanzpolitische Ereignisse zwischen 1970 und 1986 vergleiche Franz (1990), Tabelle 1, S. 23.

zweiten Haushaltsstrukturgesetz vom 22.12.1981 die Tabak-, die Schaumwein- und Branntweinsteuer erhöht worden. Vom 1.7.1983 an sind dann noch zur Konsolidierung der öffentlichen Haushalte die Umsatzsteuersätze erhöht worden, und zwar der Normalsatz von 13 % auf 14 % und der ermäßigte Satz von 6,5 % auf 7 %. Im Bereich der Unternehmen wurden die Abschreibungsbedingungen verbessert und zur Förderung der Investitionen im Rahmen des *Beschäftigungsförderungsgesetzes* (vom 3. 6. 1982) eine auf drei Jahre befristete Investitionszulage von 10 % von 1983 an eingeführt. Fortgeführt wurde diese finanzpolitische Strategie mit dem Gesetz zur Stärkung der Wettbewerbsfähigkeit der Wirtschaft und zur Einschränkung von steuerlichen Vorteilen (vom 22. 12. 1983). So wurde der Vermögensteuersatz für Körperschaften von 0,7 % auf 0,6 % gesenkt und die Abschreibungsmöglichkeiten nochmals verbessert. In der steuerpolitischen Strategie zu Beginn der 80er Jahre ging es weniger um eine allgemeine Senkung der nominalen Steuersätze, sondern vielmehr um eine Ausweitung bei den steuerlichen Abzügen bzw. Investitionszulagen.

Einkommensteuerreform 1986/88

Ab Mitte der 80er Jahre stand dann die Senkung der Einkommensteuersätze im Vordergrund. Mit einer durchgreifenden Senkung der Steuersätze versprach man sich eine Erhöhung der Leistungsbereitschaft der Bürger und damit eine Förderung des Wirtschaftswachstums. Mit der zweistufigen Steuerreform wurde der steuerliche Grundfreibetrag angehoben, von 4 212/8 424 DM (Ledige/Verheiratete) auf 4 536/9 072 DM. Zudem ist die Tarifprogression 1986 und 1988 gesenkt worden (Reduktionsvolumen über 14 Mrd. DM). Hinzu kamen in der Stufe 1986 noch einige familienpolitische Verbesserungen. So wurden die Kinderfreibeträge und der Haushaltsfreibetrag für Alleinerziehende angehoben.

Für die Unternehmen kam es im Rahmen des Gesetzes zu Verbesserungen der Abschreibungsbedingungen für Wirtschaftsgebäude und für moderne Heizungsanlagen zu einer weiteren Verbesserung der Abschreibungsbedingungen, vor allem für Wirtschaftsgebäude, für die die Abschreibungsdauer von 50 Jahren von 1986 an halbiert worden ist. Bereits in der ersten Stufe kam es zu Entlastungen bei der Lohn- und Einkommensteuer von knapp 10 Mrd. DM, im Jahre 1988 kam ein Entlastungsvolumen von jährlich über 13, 5 Mrd. DM hinzu.

Steuerreformgesetz 1990

Durch dieses Gesetz wurde die zweistufige Steuerreform von 1986/88 in einer dritten Stufe fortgesetzt. Mit der Umsetzung der Steuerreform wurde ein linearprogressiver Tarif eingeführt, der den bisherigen sog. Buckeltarif mit stark steigenden Grenzsteuersätzen in den unteren Bereichen ablöste. Der steuerliche Grundfreibetrag wurde auf 5 616 DM/11 232 DM angehoben, der Eingangssteuersatz von 22 % auf 19 % gesenkt, und der anschließende Progressionsbereich ist begradigt worden. Darüber hinaus kam es zu einer Senkung des Spitzensteuersatzes, von 56 % auf 53 %. Bei den familienpolitischen Maßnahmen kam es zu weiteren Verbesserungen. Auch bei der Besteuerung von Kapitalgesellschaften gab es Entlastungen. Der Körperschaftsteuersatz für einbehaltene Gewinne wurde von 56 % auf 50 % gesenkt.

Das Steuerreformgesetz war das erste Steuerpaket, mit dem eine neue Strategie in der Steuerpolitik eingeleitet worden ist. Unter dem Schlagwort „Vereinfachung des Steuerrechts und Verbreiterung der steuerlichen Bemessungsgrundlage" enthielt dieses Gesetz erstmals umfangreiche Maßnahmen, mit denen die Senkung der Steuersätze teilweise finanziert werden sollte. Diese steuerpolitische Strategie hat in den 90er Jahren noch an Bedeutung gewonnen. Von 1990 an wurden der Altersfreibetrag und der Freibetrag für freie Berufe abgeschafft, Lohnersatzleistungen sind in den Progressionsvorbehalt einbezogen worden. Zur Verbesserung der steuerlichen Erfassung von Kapitalerträgen ist eine auf die Einkommensteuer anrechenbare Kapitalertragsteuer in Höhe von 10 % der Kapitalerträge eingeführt worden.

Die dritte Stufe der Einkommensteuerreform hat die größten Mindereinnahmen für den Staat gebracht. Durch die Tarifreform 1990 gab es eine Entlastung für die Steuerzahler von brutto gut 37 Mrd. DM jährlich. Unter Berücksichtigung der Verbreiterung der Bemessungsgrundlagen, die zu Mehreinnahmen von 19 Mrd. DM führten, belief sich die Nettoentlastung auf etwa 18 Mrd. DM. Nimmt man alle drei Stufen der Einkommensteuerreform zusammen, dann gab es kräftige Entlastungen, vor allem für kleine und mittlere Einkommen. Im Vergleich zum Steuerrecht 1985 sind die Steuerpflichtigen im Bereich der unteren Proportionalzone um ein Drittel, in der Progressionszone um etwa ein Viertel und in der oberen Proportionalzone ebenfalls um etwa ein Viertel entlastet worden.

Nach dem Krieg hatte sich das Gewicht in der Besteuerung bis zum Beginn der achtziger Jahre deutlich in Richtung der direkten Steuern verschoben. Danach erfolgte allerdings eine Verschiebung in Richtung der indirekten Besteuerung. Mit der dreistufigen Steuerreform 1986/88/90 wurde ein erster Schritt in diese Richtung eingeleitet.

Verbrauchsteueränderungsgesetz von 1988

Parallel zum Steuerreformgesetz 1990 wurden die Weichen zu einer mehr ökologisch ausgerichteten Steuerpolitik gestellt. Mit dem Gesetz zur Änderung von Verbrauchsteuern wurden, beginnend 1989, mit einem Gesamtvolumen von 8,8 Mrd. DM, zunehmend auf 10,2 Mrd. DM im Jahre 1992 stufenweise Anpassungen bei der Mineralölsteuer, der Kfz-Steuer auf Diesel-Pkw, sowie der Tabaksteuer vorgenommen. Trotz der Erhöhung der Steuersätze bei den indirekten Steuern nahmen die verfügbaren Einkommen unter Berücksichtigung der Einkommensteuersenkungen 1986/88/90 dennoch deutlich zu. Neben der Stärkung der indirekten Besteuerung hatte die Anhebung der Verbrauchsteuersätze auch das Ziel einer Harmonisierung der indirekten Steuern in der europäischen Gemeinschaft.

Standortsicherungsgesetz 1994

Den Einstieg in eine grundlegende Reform der Besteuerung bildete das *Standortsicherungsgesetz 1994*. Im Rahmen dieses Gesetzes wurden die Körperschaftsteuersätze für einbehaltene Gewinne von 50 % auf 45 % und die für ausgeschüttete von bisher 36 % auf 30 % gesenkt. Damit auch ein Anreiz für Investitionen bei Steuerpflichtigen gegeben ist, die ihren Betrieb nicht als Kapitalgesellschaft organisiert haben, wurde zum Veranlagungszeitraum 1994 die Grenzsteuerbelastung für gewerbliche Einkünfte von 53 % auf 47 % gesenkt. Die Senkung der Steuersätze wurde zum Teil durch die Beseitigung von Steuervergünstigungen finanziert, vor allem durch Verschlechterungen bei den Abschreibungsbedingungen. Zur Förderung der wirtschaftlichen Aktivität in den neuen Bundesländern sind gleichzeitig steuerliche Maßnahmen im Fördergebietsgesetz verlängert beziehungsweise verbessert worden.

Jahressteuergesetz 1996 und Reform der Unternehmensbesteuerung

Die grundlegende Reform der Einkommensteuer begann mit dem *Jahressteuergesetz 1996*. Ausschlaggebend dafür waren Urteile des Bundesverfassungsgerichts zum Kinderfreibetrag und zum steuerlichen Existenzminimum. Mit diesem Gesetz wurde der Familienleistungsausgleich neu geregelt. Der bisherige Kinderfreibetrag in Höhe von 4 104 DM und das bisherige Kindergeld wurden abgeschafft und statt dessen eine Kindergeldoption eingeführt. Der Steuerpflichtige kann seitdem entweder für ein Kindergeld oder für einen steuerlichen Kinderfreibetrag optieren. Im Zuge der Einkommensteuertarifreform wurde der Grundfreibetrag deutlich von 5 616 DM auf 12 095 DM und danach in jährlichen Schritten bis 13 500 DM angehoben.

Im Jahre 1997 wurde die Vermögenssteuer abgeschafft, und im Rahmen der Reform der Unternehmensbesteuerung fiel auch die Gewerbekapitalsteuer weg. Die Mindereinnahmen aus der Streichung der Gewerbekapitalsteuer wurden dabei durch Beseitigung weiterer Steuervergünstigungen überkompensiert.

Maßnahmen im Zusammenhang mit der deutschen Vereinigung

Zu Beginn der neunziger Jahre stand nicht nur die Ausgabenpolitik, sondern auch die Steuerpolitik im Zeichen der finanziellen Bewältigung der Lasten aus der deutschen Vereinigung. Steuersystematische Veränderungen – die Reform der direkten Steuern – mussten hinter der Vereinigungsaufgabe zurücktreten. Eine Zeit lang wurde von der Regierung der Eindruck erweckt, dass die Einheit auch ohne Steuererhöhungen zu finanzieren sei. Als aber die Defizite in den öffentlichen Haushalten rapide stiegen, sind von 1991 an Steuern und Sozialabgaben sukzessive erhöht worden. Parallel dazu wurden die Steuervergünstigungen für Ostdeutschland ausgeweitet; so gab es neben den Investitionszulagen auch Sonderabschreibungen, mit denen die Investitionen in den neuen Ländern angeregt werden sollten.

Die Einbindung Ostdeutschlands in das Sozialversicherungssystem verursachte hohe Kosten, die nur über eine kräftige Anhebung der Sozialversicherungsbeiträge zu finanzieren waren. So wurde von April 1991 an der Beitragssatz zur Arbeitslosenversicherung von 4,3 % auf 6,8 % angehoben. Zwei Jahre später wurde er dann allerdings wieder auf 6,5 % gesenkt. Die Rentenversicherungsbeiträge wurden bis 1997 schrittweise – von 17,7 % auf 20,3 % – angehoben. Mit der Aufstockung des Bundeszuschusses an die Rentenversicherung konnte im Jahre 1998 ein weiteres Ansteigen der Sozialbeitragslast verhindert werden. Finanziert wurde dies durch eine Anhebung des Normalsatzes der Mehrwertsteuer – von 15 % auf 16 %. Im Jahre 1999 ist dann der Beitragssatz auf 19,3 % gesenkt worden. Möglich wurde dies durch eine weitere Aufstockung des Bundeszuschusses, die mit den Mehreinnahmen aus der ökologischen Steuerreform finanziert wird.

Auch bei den Steuern gab es im Zuge der deutschen Vereinigung eine Reihe von Erhöhungen. Mitte 1991 ist zunächst der auf ein Jahr befristete Solidaritätszuschlag in Höhe von 7,5 % der Einkommen- und Körperschaftsteuer eingeführt worden. Seit 1995 wird er in Höhe von zunächst 7,5 % erneut erhoben. Der Zu-

Tab. 4.1

Wichtige finanzpolitische Ereignisse in Deutschland

Zweites Haushaltsstrukturgesetz 1981

- Erhöhung der Tabak-, der Schaumwein- und der Branntweinsteuer
- Erhöhung der Umsatzsteuersätze: Normalsatz von 13 % auf 14 % und ermäßigter Satz von 6,5 % auf 7 % zum 1.7.83

Beschäftigungsförderungsgesetz 1982

- Verbesserung der Abschreibungsbedingungen
- Drei Jahre befristete Investitionszulage in Höhe von 10 %

Gesetz zur Stärkung der Wettbewerbsfähigkeit der Wirtschaft und zur Einschränkung von steuerlichen Vorteilen (vom 22. 12. 1983)

- Senkung Vermögensteuersatz für Körperschaften von 0,7 % auf 0,6 %
- Verbesserung Abschreibungsbedingungen

Einkommensteuerreform 1986/88

- Anhebung Grundfreibetrag von 4 212/8 424 DM (Ledige/Verheiratete) auf 4 536/9 072 DM
- Senkung der Tarifprogression (Volumen 14 Mrd. DM)
- Anhebung Kinderfreibeträge und Haushaltsfreibetrag für Alleinerziehende
- Verbesserung Abschreibungsbedingungen für Wirtschaftsgebäude (von 50 auf 25 Jahre) und moderne Heizanlagen
- Entlastungen bei der Lohn- und Einkommensteuer: 1986 knapp 10 Mrd. DM und 1988 über 13, 5 Mrd. DM

Verbrauchsteueränderungsgesetz von 1988

- stufenweise (bis 1992) Erhöhung bei der Mineralölsteuer, der Kfz-Steuer auf Diesel Pkw, sowie der Tabaksteuer (Volumen bis 1992 10 Mrd. DM)

Steuerreformgesetz 1990 (Nettoentlastung 19 Mrd. DM)

- Einführung eines linear-progressiven Tarifs
- Anhebung Grundfreibetrag auf 5 616 DM/ 11 232 DM
- Senkung Eingangssteuersatz von 22 % auf 19 %
- Begradigung des oberen Progressionsbereich
- Senkung des Spitzensteuersatzes von 56 % auf 53 %
- Verbesserungen bei den familienpolitischen Maßnahmen
- Senkung Körperschaftsteuersatz für einbehaltenen Gewinne von 56 % auf 50 % gesenkt.
- Abschaffung von Altersfreibetrag und Freibetrag für freie Berufe
- Einbeziehung der Lohnersatzleistungen in den Progressionsvorbehalt
- Einführung einer auf die Einkommensteuer anrechenbare Kapitalertragsteuer in Höhe von 10 % der Kapitalerträge.

noch Tabelle 4.1

Standortsicherungsgesetz 1994 - Senkung Körperschaftsteuersätze für einbehaltene Gewinne von 50 % auf 45 % und für ausgeschüttete von bisher 36 % auf 30 % - Senkung Grenzsteuerbelastung für gewerbliche Einkünfte von 53 % auf 47 %, gegenfinanziert mit Abbau von Steuervergünstigungen, insbesondere Verschlechterungen bei den Abschreibungsbedingungen
Einführung der Pflegeversicherung 1995 - Beitragssatz in Höhe von 1 % (Erhöhung 1. Juni1996 auf 1,7 %)
Jahressteuergesetz 1996 und Reform der Unternehmensbesteuerung - Familienleistungsausgleich wird neu geregelt. Der bisherige Kinderfreibetrag in Höhe von 4 104 DM und das bisherige Kindergeld wird abgeschafft und statt dessen eine Kindergeldoption eingeführt. - Anhebung Grundfreibetrag von 5 616 DM auf 12 095 DM und danach in jährlichen Schritten bis 13 500 DM. - Abschaffung der Vermögenssteuer und Gewerbekapitalsteuer 1997 (Kompensation durch Beseitigung von Steuervergünstigungen)
Maßnahmen im Zusammenhang mit der deutschen Vereinigung - 1991: Einführung Solidaritätszuschlag auf ein Jahr befristet in Höhe von 7,5 % der Einkommen- und Körperschaftsteuer Anhebung der Sozialversicherungsbeiträge um insgesamt 1,5 %: Arbeitslosenversicherung von 4,3 % auf 6,8 % (Senkung zwei Jahre später auf 6,5 %) Rentenversicherung schrittweise von 17,7 % auf 20,3 % bis 1997 (Senkung 1999 auf 19,3 %) Erhöhung Mineralölsteuer Erhöhung Versicherungssteuer Erhöhung Kfz-Steuer (Diesel) - 1993: Erhöhung Mehrwertsteuer, ermäßigter Satz von 6 % auf 7 % und der Normalsatz von 14 % auf 15 %. Einschränkung der Leistung bei der Arbeitslosenversicherung - 1994: Erhöhung Mineralölsteuer Personalkosten im öffentlichen Dienst werden eingefroren. Senkung der Lohnersatzleistung bei der Arbeitslosenversicherung und Sozialhilfe - 1995: Wiedereinführung Solidaritätszuschlag in Höhe von 7,5 % der Einkommen- und Körperschaftsteuer (Senkung 1998 auf 5,5 %) - 1998: Anhebung des Normalsatzes der Mehrwertsteuer - von 15 % auf 16 %
Quellen: Bach, Scheremet, Seidel und Teichmann (2001), Bundesministerium der Finanzen (2001), Datensammlung.

schlag wurde dann am 1. Januar 1998 auf 5,5 % gesenkt. Darüber hinaus sind eine Reihe von indirekten Steuern zum Teil mehrmals heraufgesetzt worden. Die Mineralölsteuer wurde zweimal erhöht – zum 1.7.1991 und zum 1.1.1994. Auch die Sätze bei der Mehrwertsteuer wurden angehoben: am 1.1.1993 stieg der ermäßigte Satz von 6 % auf 7 % und der Normalsatz von 14 % auf 15 %.

Im Zuge der Konsolidierungsanstrengungen wurden zudem noch einige weitere Sparbeschlüsse gefasst, die zwar nicht das Steuersystem betrafen aber sich dennoch negativ auf die verfügbaren Einkommen der privaten Haushalte auswirkten. So wurden zum 1. Januar 1993 Leistungen bei der Arbeitslosenversicherung eingeschränkt. Am 1. Januar 1994 die Personalkosten im öffentlichen Dienst eingefroren und die Sätze für den Bezug von Arbeitslosengeld und Arbeitslosenhilfe sowie Leistungen der Sozialhilfe gesenkt. Die Lohnnebenkosten nahmen durch die Einführung der Pflegeversicherung zum 1. Januar 1995 um einen Prozentpunkt und am 1. Juni 1996 durch die Erhöhung des Beitragssatzes um weitere 0,7 Prozentpunkte zu (siehe Tab. 4.1).

4.3.3 Finanzpolitische Konsolidierungsstrategien in der EWU

Die mit der Einführung des EWS vorweggenommene Zentralisierung der Geldpolitik hat mit den Kriterien des Vertrages von Maastricht ihre Entsprechung in der Fiskalpolitik gefunden. Um das Oberziel Preisstabilität zu erreichen, wurden für die öffentlichen Haushalte Kriterien entwickelt, deren Einhaltung Vorbedingung für den Beitritt zum gemeinsamen Währungsraum waren. So durften die Haushaltsdefizite des Staates in Relation zum nominalen Bruttoinlandsprodukt in der Regel die Grenze von 3 % und die gesamte Staatsverschuldung die Grenze von 60 % nicht überschreiten. Im Vertrag von Dublin (Stabilitätspakt) wurden im Jahr 1996 dann Regeln für die Zeit nach der Währungsunion festgelegt. Dieser sah für die Defizitquote ebenfalls eine Grenze von 3 % vor, die nur in Ausnahmefällen überschritten werden durfte. Zwar wird diese Verpflichtung für den Fall einer schweren Rezession ausgesetzt, aber erst, wenn die gesamtwirtschaftliche Produktion in einem Jahr um mehr als 2 % zurückgeht oder das Land von einer schweren Naturkatastrophe getroffen wird. Jedoch ist die Vorbedingung eines Rückgangs des realen Bruttoinlandsprodukts von mehr als 2 % so restriktiv, dass in der Vergangenheit nie eine Überschreitung der Obergrenze zulässig gewesen wäre. In Deutschland hat es nach dem zweiten Weltkrieg einen solchen Einbruch nie gegeben. Allerdings wurde die Defizitquote in allen Rezessionen überschritten.[52] Um die Einhaltung dieser Grenzen zu gewährleisten, sieht der Vertrag je nach Ausmaß der Zielverfehlung Geldbußen in Höhe von 0,2 % bis

[52] 1975: 5,5 %, 1976: 3,3 %, 1981: 3,6 %, 1982: 3,2 %, 1993: 3,2 %, 1995: 3,2 %, 1996: 3,4 %.

0,5 % des Bruttoinlandsprodukts vor. Für Deutschland wäre dies im Jahr 2000 ein Betrag zwischen 8 und 20 Mrd. D-Mark gewesen.[53]

Für Phasen mit einer kräftigen Konjunkturentwicklung finden sich, abgesehen von der allgemeinen Zielvorstellung eines auf Dauer ausgeglichenen Haushalts, weder im Vertrag von Maastricht noch im Stabilitätspakt von Dublin Aussagen zu Ausgabenbeschränkungen. Damit reflektiert der institutionelle Rahmen der europäischen Währungsunion in der Tendenz eine Vorstellung von Finanzpolitik, die dieser – wenn überhaupt – lediglich eine begrenzte reale Wirksamkeit zubilligt und von ihr keinen Beitrag zur konjunkturellen Stabilisierung erwartet. Von Bedeutung ist aber insbesondere, dass das öffentliche Verschuldungsproblem nicht an seiner wirklichen Ursache angegangen wurde, nämlich der Neigung von Regierungen bei reichlich fließenden Steuereinnahmen zusätzliche Ausgabenprogramme zu beschließen.

4.4 USA

4.4.1 Grundzüge des Steuer- und Abgabensystems

Entsprechend des strengen föderalen Charakters der amerikanischen Verfassung hat jede Gebietskörperschaft die ungeteilte Gesetz-, Ertrags- und Verwaltungshoheit bezüglich der Steuererhebung. Dies erschwert die Analyse des US-amerikanischen Steuersystems in dem Sinne, dass die Steuern für die einzelnen Gebietskörperschaften getrennt untersucht werden müssen. Die wichtigsten Einkommensquellen des Bundes sind die Einkommen- und die Lohnsteuer, bei den Bundesstaaten sind es die Verbrauchs- und Einkommensteuern sowie die Grundsteuer (property tax) bei den Gemeinden.[54] Der relative Anteil der jeweiligen Steuern am gesamten Steueraufkommen ist in den einzelnen Bundesstaaten sehr unterschiedlich. Während einige Bundesstaaten eher an den Verbrauchsaus-

---

53 Bei einem Rückgang des Bruttoinlandsprodukts zwischen 0,75 % und 2 % liegt keine schwere Rezession vor. Hier können Ausnahmeregelungen getroffen werden. Der Rat der Finanzminister entscheidet mit 2/3 der gewichteten Stimmen (ohne die Stimme des betroffenen Landes). Für den Fall eines Rückgangs von weniger als 0,75 % haben sich die Teilnehmerländer verpflichtet, von Ausnahmeregelungen nicht Gebrauch zu machen. Die Geldbuße wird zunächst als unverzinsliche Einlage hinterlegt. Ist das Defizit nach zwei Jahren immer noch höher als die Grenze, wird die hinterlegte Summe endgültig in eine Finanzbuße umgewandelt. Sie fällt den Staaten zu, die keine übermäßigen Defizite aufweisen.

54 Stotzky und Sunley (1994).

gaben ansetzen, besteuern andere eher das Einkommen.[55] Insgesamt tragen bei Ländern und Gemeinden die persönliche Einkommensteuer zu 37,3 %, Unternehmenssteuern zu 4 %, Verbrauchsteuern zu 33,6 % und Grundsteuern – die allerdings vorwiegend auf der Ebene der Gemeinden erhoben werden – zu 26,1 % zum Abgabenaufkommen bei (Tab. 4.2). Auf Bundesebene ist die persönliche Einkommensteuer ebenfalls die bedeutendste Steuerquelle. Auf sie entfällt nahezu die Hälfte der Abgaben insgesamt. Der Anteil der Unternehmensteuern beträgt 11,7 % und der der Verbrauchsteuern 5,4 %. Die Beiträge zur Sozialversicherung haben einen Anteil von 34,8 % an den gesamten Abgaben des Bundes.

Tab. 4.2

Anteile einzelner Steuern am Gesamtsteueraufkommen der Gebietskörperschaften in den USA im Jahr 1999

	Grund-steuer	Verbrauchs-steuern	Einkommensteuer		Sonstige[1)]
			Personen	Unternehmen	
	in %				
Bund	-	5,4	48,1	11,7	34,8
Länder und Gemeinden	26,1	33,6	37,3	4,0	9,0
Nachrichtlich:					
Insgesamt in % vom Bruttoinlandsprodukt	2,6	5,2	12,4	2,8	7,1

1) Einschließlich Beiträge zur Sozialversicherung.
Quelle: Bureau of Economic Analysis.

Im Jahr 1999 erzielte der Staat insgesamt, einschließlich der Sozialversicherungsbeiträge laufende Einnahmen in Höhe von knapp 2 900 Mrd. US-Dollar. Die Abgabenquote in Relation zum nominalen Bruttoinlandsprodukt betrug damit rund 31 %. Rund die Hälfte davon (15,2 %) sind Einnahmen aus direkten Steuern. Die Quote bei den indirekten Steuern belief sich auf 7,8 % und bei den Beiträgen zur Sozialversicherung auf 7,1 %. Seit 1970 hat die Abgabenquote nur wenig zugenommen; damals betrug sie 26,9 %. Verschiebungen gab es allerdings bei den jeweiligen Anteilen der einzelnen Abgaben. So nahm der Anteil

55 So gibt es beispielsweise in Oregon keine Umsatzsteuer, und die Haupteinnahmequelle des Staates ist eine Einkommenssteuer mit ausgeprägter Progression. In Texas, Washington und Nevada dagegen gibt es keine Einkommensteuern, sondern rund 80 % der Steuereinnahmen werden durch Verbrauchsteuern (1998) erzielt.

der indirekten Steuern am gesamten Steueraufkommen von 1970 bis 1999 von 40,4 % auf 33,8 % ab und der der direkten Steuern von 59,6 % auf 66,2 % zu. Diese Zunahme beruhte dabei allein auf einem höheren Anteil der persönlichen Einkommensteuer (von 44,8 % auf 54,2 %). Der Anteil der direkten Unternehmenssteuern sank dagegen von 14,7 % auf 12 % ab.

4.4.2 Steuern und Abgaben des Bundes

In den USA unterliegen sämtliche natürliche und juristische Personen mit zu besteuerndem Einkommen einer Einkommensteuer. Die Einkommensteuer wird zwar in die persönliche Einkommensteuer für natürliche Personen und die Körperschaftsteuer für juristische Personen mit differierenden Steuersätzen unterschieden, es gibt aber kein eigenes Körperschaftsteuergesetz. Die Bundeseinkommensteuer ist eine einheitliche Steuer auf das Gesamteinkommen der Steuerinländer beziehungsweise auf die US-Einkünfte der Steuerausländer ohne Berücksichtigung der Steuerquelle. In einigen Fällen werden einem Steuerinländer auch Einkünfte steuerlich zugerechnet, die aus einer ausländischen Geschäftstätigkeit erwirtschaftet werden (vgl. Memel und Förster, 2000), wobei Steuerzahlungen im Ausland angerechnet werden. Diese Regelung wurde im Jahr 2000 durch den *Taxpayer Relief Act of 2000* modifiziert. Ausländische Einkünfte werden ab 2001 teilweise von der US-amerikanischen Besteuerung befreit. Das zu versteuernde Einkommen sowohl für die persönliche Einkommensteuer als auch für Körperschaftsteuer wird durch eine Reihe von bestimmten Abzugsposten, wie Sonderausgaben, außergewöhnliche Belastungen und Freistellungen reduziert.

Die *persönliche Einkommensteuer* ist nach dem Muster einer *comprehensive base* konzipiert. Das zu versteuernde Einkommen von natürlichen Personen umfasst Löhne und Gehälter, Zinsen, Dividenden, Spekulationsgewinne, Lotteriegewinne, Mieteinnahmen, Tantiemen, Pensionen, Unterhaltszahlungen sowie andere Einkommensarten. Veräußerungsgewinne unterliegen seit 1986 (*Tax Reform Act 1986, TRA 1986*) ebenfalls der Einkommensteuer, werden aber getrennt erfasst und besteuert. Die ursprüngliche Intention, reguläres Einkommen und Einnahmen aus Veräußerungen gleich zu besteuern, wurde in den verschiedenen Steuerreformen nach und nach wieder abgeschwächt, so dass derzeit Veräußerungsgewinne mit geringeren Sätzen besteuert werden. Seit 1997 (*Taxpayer Relief Act of 1997, TPRA 1997*) liegt der obere Grenzsteuersatz für Veräußerungsgewinne bei 20 %. Nicht der Einkommensteuer unterliegen Schenkungen, Erbschaften, Schadensersatzzahlungen beziehungsweise Schmerzensgelder sowie innerhalb bestimmter Grenzen Sachleistungen. Die Berechnung der Steuerbasis erfolgt nach dem Nettokonzept, das heißt Ausgaben, die zur Einkommenserzielung anfallen, werden von den Bruttoeinkommen als Werbungskosten abgezogen (*adjusted gross income*). Das so verringerte Bruttoeinkommen kann darüber hinaus noch durch weitere Abzugsmöglichkeiten, wie Spenden, private Hypothekenzinszahlungen, Krankheitskosten und Vermögensverluste durch höhere Gewalt, gekürzt werden und ergibt dann das steuerpflichtige Einkommen (*tax table income*). Nach Abzug von persönlichen Freibeträgen[56] (*exemptions*) erhält man das zu versteuernde Einkommen. Die Freibeträge werden jedoch mit steigendem Einkommen gekürzt, so dass die effektiven Grenzsteuersätze höher sind als die offiziellen (vgl. Memel und Förster, 2000). Der Tarif der Bundeseinkommensteuer umfasst seit 1993 (*Omnibus Budget Reconsiliation Act of 1993, OBRA 1993*) fünf Steuersätze - 15, 28, 31, 36 und 39,6 Prozent. Der höchste Grenzsteuersatz ergibt sich aus einem 10-prozentigen Aufschlag auf die Steuerschuld bei zu versteuernden Einkommen über 250 000 US-Dollar.

Bei abhängig Beschäftigten erfolgt die Steuerzahlung im Wege des Quellenabzugs. Selbständige schätzen ihre Einkommensteuer und zahlen die Steuer in Viermonatsraten. Um sicherzustellen, dass bei hohen Einkommen mit vielen Abschreibungsmöglichkeiten die Steuerzahlungen eine bestimmte Größenordnung nicht unterschreiten, wird in einer Nebenrechnung das zu versteuernde Einkommen nach einem alternativen Verfahren ermittelt (*Alternative Minimum Taxable Income, AMTI*). Die Einführung der AMTI 1986 hat die Komplexität des Steuersystems deutlich erhöht, da eine doppelte Ermittlung der Einkünfte nötig ist. Das regulär berechnete zu versteuernde Einkommen wird hierfür um den Betrag für besondere Steuervergünstigungen (einige degressive Abschreibungen, steuerfreie Zinserträge, bestimmte Buchverluste) erhöht und um bestimmte Freibeträge verringert. Auf den so ermittelten Betrag wird ein proportionaler Steuersatz angewendet, der seit 1993 28 % beträgt. Die alternative Mindeststeuer wird dann erhoben, wenn sie die normal berechnete Einkommensteuer übersteigt.

Bei der Veranlagung werden vier verschiedene Haushaltsgruppen unterschieden: Alleinstehende, gemeinsame und getrennte Veranlagung von Ehepaaren und Alleinerziehende. Die Einkommensstufen für die einzelnen Grenzsteuersätze unterscheiden sich dabei nach den einzelnen Gruppen. Zwar erlaubt das US-amerikanische Steuerrecht die gemeinsame Veranlagung von Ehegatten, ein Splittingvorteil ergibt sich aber nur dann, wenn die Einkommen der Ehepartner sehr unterschiedlich sind. Bei Ehepaaren, die ein ähnlich hohes Einkommen haben, führt die gemeinsame Veranlagung dagegen zu einer höheren Steuerschuld als eine getrennte Veranlagung. Seit 1989 werden die Steuertarifstufen

---

56 Bei der Bundessteuer können persönliche Freibeträge für den Steuerpflichtigen selbst, für Ehegatten bei Zusammenveranlagung und jeden Abhängigen geltend gemacht werden.

und die persönlichen Freibeträge jährlich an die Entwicklung des Verbraucherpreisindex angepasst. Realisierte Kapitalerträge werden zwar getrennt erfasst, unterliegen aber – mit Ausnahme von Erträgen aus langfristigen Anlagen, die mit einem reduzierten Satz von 28 % besteuert werden – in vollem Umfang der Einkommensteuer. Verluste aus Kapitalanlagen können gegenüber Gewinnen aus dieser Einkommensart voll, gegenüber dem üblichem Einkommen aber nur zum Teil, aufgerechnet werden.

Nach der Berechnung des zu versteuernden Einkommens können Steuerpflichtige verschiedene Steuergutschriften beantragen. Die wichtigste ist der *„earned-income credit"*. Es handelt sich dabei um eine Art negativer Einkommensteuer für Arbeitnehmer mit geringem Haushaltseinkommen. Er wurde eingeführt, um mit Transferzahlungen des Staates der Einkommensarmut der *„working poor"* entgegenzuwirken und einen Anreiz zur Aufnahme einer Arbeitnehmertätigkeit zu geben.

Die Körperschaftsteuer als Einkommen für *Kapitalgesellschaften* ist keine strikt an der Rechtsform orientierte Besteuerung von Kapitalgesellschaften. Der Bund hat für steuerliche Zwecke eigene Abgrenzungsmerkmale entwickelt, wobei die Rechtsform nicht unbedingt entscheidend ist. Merkmale für eine Kapitalgesellschaft sind: unbegrenzte Lebensdauer, Haftungsbegrenzung, freie Übertragbarkeit der Anteile, zentralisierte Leitung. Bei Vorliegen von mindestens drei dieser Merkmale gilt eine Gesellschaft als Kapitalgesellschaft, sonst als Personengesellschaft. Bestimmte Gesellschaften haben ein Wahlrecht. Bei Kapitalgesellschaften wird der Gewinn auf der Gesellschaftsebene, bei Personengesellschaften anteilig bei den Eignern besteuert. Die Körperschaftsteuer, die auf ausgeschüttete Gewinne zu leisten ist, wird nicht auf die Einkommensteuer der Anteilseigner angerechnet, so dass es zu einer Doppelbesteuerung des ausgeschütteten Gewinns kommt. Das Einkommen von US-Unternehmen unterliegt auf Bundesebene einer progressiven Körperschaftsteuer mit Grenzsteuersätzen in Höhe von 15 % auf Einkommen bis 50 000 US-Dollar, 25 % auf Einkommen von 50 000 bis 75 000 US-Dollar, 34 % auf Einkommen von 75 000 bis 10 Mill. US-Dollar und 35% auf Einkommen über 10 Mill. US-Dollar. Auf den 100 000 US-Dollar übersteigenden Teil des zu versteuernden Einkommens wird eine Zusatzsteuer von 5 % mit einem Höchstbetrag von 11 750 US-Dollar erhoben; auf den 15 Mill. US-Dollar übersteigenden Teil eine weitere Zusatzsteuer von 3 % mit einem Höchstbetrag von 100 000 US-Dollar. Kapitalgesellschaften unterliegen ebenso wie Einzelpersonen den Bestimmungen der Alternativen Mindeststeuer, um zu gewährleisten, dass alle Unternehmen Steuern bezahlen.

Dem Universalprinzip gemäß besteuert der Bund das gesamte Welteinkommen der US-Unternehmen.[57] Als Maßnahme zur Vermeidung der Doppelbesteuerung setzt der Bund grundsätzlich die Anrechnungsmethode ein *(foreign tax credit)*. Die Gewinnabgrenzung für international tätige Unternehmen richtet sich auf Bundesebene nach dem *Arm's Length*-Prinzip. Ausländische Unternehmen unterliegen mit dem in den USA erzielten Einkommen dem normalen Körperschaftsteuersatz, wenn dieses Einkommen in Zusammenhang mit einer wirtschaftlichen Tätigkeit erzielt wurde (*income which is effectively connected with the conduct of trade or business within the United States, Internal Revenue Code*).

Der Bund erhebt zwar keine eigene allgemeine Umsatzsteuer, es gibt aber eine Reihe von *Sonderumsatz-* beziehungsweise *Verbrauchsteuern*, die Umsatzsteuern ähnlich sind. Die wichtigsten Verbrauchsteuern sind: Alkohol- und Tabaksteuern, Mineralölsteuer sowie die Telefonsteuer.[58] In geringem Umfang erhebt der Bund auch Umweltsteuern. Eine allgemeine Vermögensteuer auf Bundesebene gibt es nicht, sondern es wird nur der Transfer von Vermögen durch eine Erbschafts- und Schenkungsabgabe besteuert. Bemessungsgrundlage ist dabei nicht die Einkommens- und Vermögenssituation des Erbenden, sondern es wird die Erbmasse ab einem Freibetrag von 6 000 000 US-Dollar mit Steuersätzen von 37 % bis 55 % besteuert.

Das *Sozialversicherungssystem* des Bundes in den USA umfasst im Wesentlichen drei Bereiche: die Renten- und Erwerbsunfähigkeitsrente (*old-age, survivors and disability insurance, OASDI*), die gesetzliche Krankenversicherung für Rentner (*hospital insurance, HI, Medicare*) sowie die Arbeitslosenversicherung (*unemployment insurance, UI*). Das umfangreichste Programm ist die OASDI. Es handelt sich hierbei um eine im Umlageverfahren organisierte Pflichtversicherung sowohl für abhängig Beschäftigte als auch für Selbständige. Sie wird durch Beiträge auf Arbeitseinkommen in Höhe von 12,4 % des Bruttoeinkommens finanziert, wobei nur Einkommen bis zu einer Beitragsbemessungsgrenze von 76 200 US-Dollar – das entspricht etwa dem 2,5-fachen des Durch-

---

57 Unter den Begriff des US-Unternehmens fallen nicht Unternehmen, die ihren statutarischen Sitz oder den Ort der Geschäftsleitung in den USA haben, sondern Unternehmen, die nach dem Recht eines Einzelstaates gegründet sind. Gemäß dieser so genannten Inkorporationstheorie ist in den Vereinigten Staaten im Gegensatz zu den meisten europäischen Ländern für das Bestehen der unbeschränkten Steuerpflicht nicht der statutarische Sitz oder der Ort der Geschäftsleitung maßgebend, sondern die Zugehörigkeit des Unternehmens zur amerikanischen Rechtsordnung (vgl. Riecker, 1999).

58 Die Telefonsteuer ist die ertragreichste der indirekten Steuern des Bundes. Aufgrund der weiten Verbreitung des Telefons in den USA sind von ihr zudem mehr Haushalte betroffen als von der Einkommensteuer.

schnittseinkommens – herangezogen werden. Die Grenze ist an die Entwicklung der Durchschnittseinkommen gekoppelt. Der Beitragssatz für die gesetzliche Krankenversicherung beträgt 2,9 %, wobei hier seit 1994 keine Beitragsbemessungsgrenze zur Anwendung kommt. Die Beitragsätze zur Sozialversicherung belaufen sich damit auf insgesamt 15,3 % der Bruttoeinkommen. Bei abhängig Beschäftigten tragen Arbeitnehmer und Arbeitgeber je den halben, Selbständige dagegen den vollen Beitragssatz.[59] Die Leistungen aus der Rentenversicherung bemessen sich an den in der Vergangenheit bezogenen Einkommen und entsprechen im Durchschnitt rund 42 % des letzten Einkommens. Das System enthält Elemente der Umverteilung, da das Rentenniveau von Beziehern niedrigerer Einkommen in Relation zu ihrem früheren Einkommen höher ist. Das Renteneintrittsalter beträgt 65 Jahre. Frühverrentung senkt, ein späterer Renteneintritt erhöht dagegen das relative Rentenniveau. Sowohl OASDI als auch HI sind als Grundsicherung konzipiert und werden durch private Vorsorge auf freiwilliger Basis ergänzt.

Die Beiträge zur Arbeitslosenversicherung werden von den Arbeitgebern allein getragen und belaufen sich auf derzeit 6,2 % des Bruttolohns bis zu einer Beitragsbemessungsgrenze von 7 000 US-Dollar im Jahr. Die Arbeitslosenversicherung des Bundes wird durch weitere Programme der Bundesstaaten ergänzt. Im Falle von zusätzlichen Programmen in den Bundesstaaten reduziert sich der Beitragsatz für die Bundesversicherung um 5,4 Prozentpunkte. Dies ist derzeit in allen Staaten der Fall, so dass der effektive Beitragsatz der Bundesversicherung nur 0,8 % beträgt. Die Beitragssätze und Beitragsbemessungsgrenzen in den einzelnen Bundesstaaten sind sehr unterschiedlich. Anspruchsberechtigte erhalten Lohnersatzleistungen für maximal 26 Wochen,[60] die sich am Einkommen in den beiden vorangegangen Quartalen orientieren. Die Arbeitslosenunterstützung beträgt 50 % bis 70 % des vorangegangenen wöchentlichen Bruttolohns bis zu einem bestimmten Höchstbetrag, der im Jahr 2000 bei 265 US-Dollar pro Woche liegt.

4.4.3 Steuern und Abgaben der Bundesstaaten und der Gemeinden

Die meisten Bundesstaaten erheben eigene Einkommensteuern (43 Bundesstaaten), Körperschaftsteuern (44 Bundesstaaten), Umsatzsteuern (45 Bundesstaaten)

---

[59] Bei Selbständigen werden allerdings nur 92,35 % (Bruttoeinkommen minus Arbeitgeberanteil) der Einkommen zur Beitragsberechnung herangezogen.

[60] Die Anspruchsberechtigung kann sich in Phasen (oder Regionen) mit hoher Arbeitslosigkeit verlängern.

und Erbschaft- bzw. Schenkungssteuern. In der Regel übernehmen die Bundesstaaten für die Einkommen- und Körperschaftsteuer die wesentlichen Regelungen der Bundesteuer im Hinblick auf die Bemessungsgrundlage. Die Steuersätze, Steuertarife und Abschreibungsregelungen variieren jedoch sehr stark zwischen den einzelnen Bundesstaaten. Das größte Problem bei der *Körperschaftsteuer* ist Verteilung und Zurechnung von Einkommen, die in verschiedenen Bundesstaaten erzielt werden. Der Schlüssel, nach dem die Einkommen verteilt werden, ist in den einzelnen Bundesstaaten nicht einheitlich, was die amerikanische Körperschaftsteuer kompliziert. In 16 Staaten können die Gemeinden zudem eigene Einkommen- und Körperschaftsteuern erheben. Die Steuern der Bundesstaaten können bei der Berechnung der Bundessteuern angerechnet werden, so dass die effektiven Steuersätze auf der Bundesebene geringer sind.

Die Umsatzsteuer ist als Endverbrauchersteuer konzipiert und wird auf Verkäufe von Waren und einigen Dienstleistungen erhoben, wobei nicht alle Bundesstaaten eine eigene Steuer erheben. Die Steuersätze variieren von 3 % bis 7 %; der Durchschnitt beträgt rund 5 %. In vielen Staaten werden Lebensmittel und Medikamente von der Besteuerung ausgenommen oder mit geringeren Sätzen besteuert. Viele Gemeinden erheben zusätzlich eigene Umsatzsteuern, so dass sich die Gesamtbelastung vereinzelt bis auf 9 % summiert.

Die wichtigste Vermögensteuer ist die Grundsteuer, die zudem die Haupteinnahmequelle der Gemeinden ist. Die Grundsteuer wird auf der Basis von Einheitswerten erhoben, wobei die Unterschiede zwischen Einheits- und Verkehrswert sich zwischen den einzelnen Gemeinden sehr stark unterscheiden können. Die effektiven Steuersätze liegen im Bereich von ein bis zwei Prozent. Die nominalen Steuersätze sind wegen möglicher Unterbewertung des Eigentums allerdings höher. Verschiedene Formen von Grundeigentum werden mit verschiedenen Sätzen besteuert, wobei Wohneigentum in der Regel geringer belastet wird als gewerbliches Eigentum. In einigen Gemeinden werden neben Grundstücken noch weitere Formen von Vermögen besteuert. Die Steuern der Gemeinden auf Vermögen können bei der Bundeseinkommensteuer angerechnet werden.

4.4.4 Die Entwicklung des Steuersystems in den USA

Die achtziger Jahre verliefen in Bezug auf das Steuersystem in den USA äußerst turbulent. In diesem Zeitraum wurden die Steuergesetze in sehr viel größerem Ausmaß revidiert, reformiert und umstrukturiert als in einem anderen Zeitraum seit der Einführung der Einkommensteuer auf der Bundesebene im Jahre 1913 (Pollack, 1994). Nach den kräftigen Steuersenkungen im Rahmen des *Economic Recovery Tax Act of 1981* (*ETRA 81*) folgte eine fundamentale Reform des Steuersystems 1986 (*Tax Reform Act of 1986, TRA 86*). Da zusätzlich zu den Steuersenkungen die öffentlichen Ausgaben insbesondere im Verteidigungsbereich erheblich ausgeweitet wurden, stieg das gesamtstaatliche Defizit in der Abgrenzung der volkswirtschaftlichen Gesamtrechung bis Mitte der achtziger Jahre dramatisch auf über 5 % des nominalen Bruttoinlandsprodukts an. Bei den anhaltend hohen Defiziten und der drohenden hohen Belastung durch künftige Zinszahlungen gewann das Ziel eines ausgeglichenen öffentlichen Budgets auf der wirtschaftspolitischen Agenda rasch an Priorität. Dies schlug sich bis weit in die neunziger Jahre in den verschiedenen Programmen zur Haushaltskonsolidierung (*Omnibus Budget Reconciliation Act, OBRA*) für den Bundeshaushalt nieder. Damit einher ging auch eine Reihe von Steuererhöhungen, die die früheren Steuersenkungen zum Teil wieder rückgängig machten (für einen Überblick über die finanzpolitischen Entscheidungen seit 1980 siehe Tab. 4.3). Allerdings wurde die Konsolidierung nicht ohne Rücksicht auf die konjunkturelle Situation durchgeführt. Im Gefolge der Rezession zu Beginn der neunziger Jahre nahmen die Defizite wieder zu und die Defizitquote stieg auf über 5 ½ %. Erst im Lauf der langanhaltenden Aufschwungentwicklung seit 1992 nahmen die Defizite in der Abgrenzung der volkswirtschaftlichen Gesamtrechnung kontinuierlich ab und seit 1998 weist das Budget einen Überschuss aus. Der Aufschwung der neunziger Jahre ist allerdings nur schwer mit einer Verbesserung der Angebotsbedingungen durch Steuersenkungen zu erklären. Die Steuerreformen der frühen neunziger Jahre waren eher von Steuererhöhungen insbesondere im Bereich der oberen Einkommen und der Unternehmenssteuern geprägt. Erst der *Tax Relief Act of 1997* sah wieder Steuersenkungen vor, deren Entlastungseffekte allerdings deutlich geringer waren als die Belastungen zuvor. Im Folgenden werden die temporäre Steuersenkung im Jahr 1975 sowie die wichtigsten Steuerreformen seit 1980 und die späteren Strategien zur Haushaltskonsolidierung ausführlicher betrachtet.

Tax Reduction Act of 1975

Nach dem die US-amerikanische Konjunktur am Jahresende 1974 rezessive Tendenzen aufwies, beschloss die amerikanische Regierung zu Beginn des Jahres 1975 im Rahmen des *Tax Reduction Act of 1975* eine temporäre Steuersenkung im zweiten Quartal. Es handelte sich hierbei im wesentlichen um eine Rückzahlung von 10 % der Steuerzahlungen (persönliche Einkommensteuer) aus dem Jahr 1974, begrenzt auf eine Summe von maximal 200 US-Dollar sowie eine Steuergutschrift für jeden Steuerzahler und jeden Angehörigen in Höhe von 30 US-Dollar. Hinzu kamen noch eine Reihe von steuerlichen Maßnahmen zur Förderung der Investitionen, die jedoch zum Teil bis Ende 1976 wirksam wa-

Tabelle 4.3

Wichtige finanzpolitische Ereignisse in den USA

Gesetze - Wichtigste Maßnahmen	Veränderung der Steuereinnahmen im Durchschnitt der ersten 4 Jahre in % gegenüber Ausgangssituation	in % des BIP
Economic Recovery Tax Act of 1981 - Schrittweise Senkung der Steuersätze um 23 % gegenüber den ursprünglichen Sätzen im Bereich der persönlichen Einkommensteuer (1981: 1 ¼ %; 1982: 10 %; 1983: 19 %; 1984: 23 %) - Senkung des Spitzensteuersatzes von 70 % auf 50 % - Indexierung individueller Einkommensparameter (z.B. Steuertarifstufen, Freibeträge) ab 1985 - Steuererleichterung für doppelverdienende Ehepaare (Steuerfreibetrag in Höhe von 10 % des Haushaltseinkommen bis maximal 3000 US-$) - Stufenweise Erhöhung der Freibeträge bei der Erbschaftssteuer von 175 625 $-US auf 600 000 $-US - Erhöhung der Freibeträge für Mitarbeiterbeteiligungen (Employee Stock Ownership Plan, E-SOP) - Ersatz des Sparer-Freibetrags in Höhe von 200 US-$ durch einen Freibetrag von 15 % bis maximal 900 US-$ - Einführung der Abzugsfähigkeit von Vorsorgeaufwendungen im Rahmen der privaten Rentenversicherung (Individual Retirement Accounts, IRA) - Einführung eines beschleunigten Abschreibungsverfahrens (*Accelerated Cost Recovery System, ACRS*) mit Abschreibungsdauern von 3 Jahren für Anlagen bis 15 Jahre für Gebäude.	-13,3	-2,89
Tax Equity and Fiscal Responsibility Act of 1982 - teilweise Rücknahme der Erhöhung von Sonderabschreibungsmöglichkeiten - Abbau von Investitionsförderung - Einführung einer Zinsabschlagssteuer in Höhe von 10 % auf Dividenden und Zinseinnahmen - Erhöhung der Beitragsbemessungsgrenze der Arbeitsenversicherung	5,7	0,98

noch Tabelle 4.3

Gesetze - Wichtigste Maßnahmen	Veränderung der Steuereinnahmen im Durchschnitt der ersten 4 Jahre in % gegenüber Ausgangssituation	in % des BIP
Highway Revenue Act of 1981 - Temporäre Erhöhung der Benzinsteuer	0,5	0,09
Social Security Amendments of 1983 - Ausweitung der Sozialversicherungspflicht auf alle Beschäftigten im öffentlichen Dienst und in privaten Organisationen ohne Erwerbszweck - Verbesserung von Leistungen - Vorziehen von geplanten Erhöhungen der Sozialversicherungsbeiträge - Erhöhung der SV-Beiträge für Selbständige - Einführung der teilweisen Besteuerung von Renten - Erhöhung des Bonus für späteren Renteneintritt - Erhöhung des Renteneintrittsalter in zwei Stufen auf 67 Jahre (bis 2027) - Erhöhung der Abzüge für Frühverrentung	1,2	0,21
Deficit Reduction Act of 1984 - Verringerung des Splittingvorteils für Ehegatten - Temporäre Erhöhung der Telefonsteuer (bis 1987) - Erhöhung der Abschreibungsdauer für Gebäude von 15 auf 18 Jahre - Abschaffung einiger Ausnahmeregelungen	2,1	0,39
Consolidated Omnibus Budget Reconiliation Act of 1985 - Dauerhafte Erhöhung der Tabaksteuer um 8 auf 16 cents pro Packung - Ausweitung des Krankenversicherungsschutzes	0,3	0,05

noch Tabelle 4.3

Gesetze - Wichtigste Maßnahmen	Veränderung der Steuereinnahmen im Durchschnitt der ersten 4 Jahre	
	in % gegenüber Ausgangssituation	in % des BIP
Tax Reform Act of 1986 - Verringerung der Steuersätze der persönlichen Einkommensteuer; Spitzensteuersatz 28 % - Verringerung der Steuersätze der Körperschaftsteuer; Spitzensteuersatz 34 % - Abschaffung der Steuergutschrift des Bundes für bestimmte Investitionen - Erhöhung der Grundfreibeträge bei gleichzeitiger Einführung einer progressiven Komponente durch schrittweise Reduzierung der Freibeträge mit steigendem Einkommen - Beschränkung der Abzugsmöglichkeiten für private Schuldzinsen - Rücknahme der Steuererleichterung für doppelverdienende Ehepaare - Beschränkung des Verlustausgleichs aus „passiver" Geschäftstätigkeit (Veräußerungsgewinne) mit Gewinnen aus regulärer Geschäftstätigkeit. - Begrenzung der Abzugsfähigkeit von Vorsorgeaufwendungen im Rahmen der privaten Rentenversicherung für Bezieher mittlerer und hoher Einkommen. - Neuregelung (Vereinfachung) der alternativen Mindeststeuer für Unternehmen - Festlegung kurzer Übergangsfristen (2 Jahre)	0,1	0,01
Omnibus Budget Reconciliation Act of 1987 - Verlängerung der erhöhten Telefonsteuer (bis 1990) - Stopfen von Steuerschlupflöchern bei Steuererleichterungen bei Mitarbeiterbeteiligungen (employee stock ownerships plan, ESOP)	1,4	0,26
Omnibus Budget Reconciliation Act of 1989 - Veränderung der steuerlichen Regelungen für Mitarbeiterbeteiligungen (ESOP) - Einführung einer Verbrauchsteuer auf Chemikalien, die die Ozonschicht gefährden - Vereinfachung des Berechnungsverfahrens der alternativen Mindeststeuer für Unternehmen	0,4	0,07

noch Tabelle 4.3

Gesetze - Wichtigste Maßnahmen	Veränderung der Steuereinnahmen im Durchschnitt der ersten 4 Jahre	
	in % gegenüber Ausgangssituation	in % des BIP
Omnibus Budget Reconciliation Act of 1990 - Erhöhung der Beitragsbemessungsgrenze für die Krankenversicherung (Medicare, HI) von 53 000 US-$ auf 125 000 S-$ - Verlängerung und Erhöhung der Benzinsteuer von 9 auf 14 cents je Gallone (bis September 1995) - Einführung eines neuen Spitzensteuersatzes von 31 % bei gleichzeitiger Beibehaltung des Spitzensteuersatzes für Veräußerungsgewinne von 28 % - Festsetzung der höheren Telefonsteuer auf unbestimmte Zeit - Zeitweilige Beschränkung der Anrechnung von Werbungskosten (bis 1995) - Verlängerung und Erhöhung der Flugticketsteuer (bis 1995) - Erhöhung der Stufen für Steuerrückerstattungen im Tarifbereich der negativen Einkommensteuer (earned income tax credit), entspricht einer Erhöhung der effektiven Grenzsteuersätze in diesem Bereich	2,7	0,50

noch Tabelle 4.3

Gesetze - Wichtigste Maßnahmen	Veränderung der Steuereinnahmen im Durchschnitt der ersten 4 Jahre	
	in % gegenüber Ausgangssituation	in % des BIP
Omnibus Budget Reconciliation Act of 1993 - Einführung von zwei neuen Tarifstufen im Bereich der individuellen Einkommensteuer von 36 % und 39,6 % bei Beibehaltung des Spitzensteuersatzes für Veräußerungsgewinne von 28 % - Abschaffung der Beitragsbemessungsgrenze für die gesetzliche Krankenversicherung (Medicare, HI) - Einführung einer Dieselsteuer von 4,3 US-Cents je Gallone - Erhöhung des der Besteuerung unterliegenden Anteils von Renten - Umwandlung der zeitweiligen in eine dauerhafte Verringerung der Anrechnung von Werbungskosten bei Einzelnachweis - Das Auslaufen von Freibeträgen für höhere Einkommen wurde auf Dauer festgeschrieben - Einführung von zwei Stufen bei der alternativen Mindeststeuer von 26 % und 28 % - Ausweitung der negativen Einkommenssteuer (earned income tax credit) - Erhöhung des Spitzensteuersatzes bei der Körperschaftsteuer von 34 % auf 35 %	3,5	0,63
Small Business Job Protection Act of 1996 - Steuererleichterungen für kleine und mittlere Betriebe	0,0	0,0

noch Tabelle 4.3

Gesetze - Wichtigste Maßnahmen	Veränderung der Steuereinnahmen im Durchschnitt der ersten 4 Jahre	
	in % gegenüber Ausgangssituation	in % des BIP
Tax Relief Act of 1997 - Einführung einer Steuergutschrift von 500 US-$ für jedes Kind - Einführung einer Steuergutschrift für Hochschulausbildung (HOPE Tax Credit und Lifetime Learning Tax Credit) - Reform der Flugticketsteuer - Stufenweise Erhöhung der Freibeträge bei Erbschaft- und Schenkungsteuer von 600 000 US-$ auf 1 Million US-$ - Reduzierung des Spitzensteuersatzes für Veräußerungsgewinne von 28 % auf 20 % - Einführung einer neuen Form der Altersicherung, deren Erträge von der Steuer freigestellt werden (Roth Individual Retirement Plans, IRA) - Erhöhung der Einkommensgrenze bis zu deren Höhe Beiträge für die reguläre Rentenversicherung (IRA) steuerabzugsfähig sind - Anpassung der Abschreibungfristen bei der Alternativen Minimum Steuer an die normalen Regelungen - Stufenweise Erhöhung der Tabaksteuer um 15 cents pro Packung	-0,7	-0,14
- Taxpayer Relief Act of 2000 - Reform der internationalen Besteuerung (teilweise Steuerbefreiung für ausländische Einkünfte) - Erhöhung der Abzugsmöglichkeit von Kantinenverpflegung in Unternehmen von 50 % auf 70 % - Einführung des Abzugs von Krankenversicherungsbeiträgen in Höhe von 100 % für Selbständige und für Beschäftigte deren Beiträge nicht vom Arbeitgeber getragen werden		
Quellen: Tempalski (1998), Social Security Online, http://199.173.224.3/history/history.html.		

ren.[61] Die Steuereinnahmen bei der persönlichen Einkommenssteuer gingen daraufhin von rund 40 Mrd. US-Dollar auf knapp 31 Mrd. US-Dollar zurück. Diese temporäre Steuersenkung von knapp 10 Mrd. US-Dollar entsprach einem Steuerimpuls von 0,6 % vom Bruttoinlandsprodukt im Jahr 1975 beziehungsweise 2½ % vom Bruttoinlandsprodukt im betreffenden Quartal. Da der überwiegende Teil dieser Steuersenkung nur im zweiten Quartal wirksam wurde, stiegen die Steuereinnahmen im Folgequartal wieder auf 156 Mrd. US-Dollar an.

Economic Recovery Tax Act of 1981

Im *Economic Recovery Tax Act of 1981 (ERTA 81)* spiegelt sich die von Präsident Reagan im Wahlkampf des Jahres 1980 propagierte Vision einer angebotsorientierten Wirtschaftspolitik wider. Es waren Steuerentlastungen von knapp 900 Mrd. US-Dollar über einen Zeitraum von sechs Jahren vorgesehen. Im Mittelpunkt der Steuerreform standen eine lineare Senkung der Steuersätze in mehreren Schritten um insgesamt 25 %, Steueranreize für Ersparnisbildung und Investitionen sowie ein beschleunigtes Abschreibungsverfahren für Investitionen. Die deutlich verringerten Abschreibungsdauern für Investitionen konnten sogar zu negativen effektiven Steuersätzen führen

Deficit Reduction Act of 1984

Ein Teil der im *Economic Recovery Tax Act of 1981* durchgeführten Steuersenkungen wurde allerdings bereits im Jahr 1984 durch den *Deficit Reduction Act* wieder rückgängig gemacht. So wurden die Freibeträge bei der zwei Jahre zuvor eingeführten Steuer auf Zinseinnahmen abgeschafft, das Ehegattensplitting eingeschränkt, die Erhebung der Telefonsteuer verlängert und die Abschreibungsdauer für Grundstücke ausgedehnt.

Tax Reform Act of 1986

Mit dem *Tax Reform Act of 1986* vollzog die US-amerikanische Steuergesetzgebung einen Richtungswechsel gegenüber der Besteuerung der privaten Individuen und Körperschaften. Im Zuge dieser Steuerreform wurden die Steuersätze dramatisch gekürzt. Der Spitzensteuersatz der privaten Einkommensteuer wurde von 50 % auf 28 % und der der Körperschaftsteuer von 46 % auf 34 % reduziert. Zum ersten Mal in der Geschichte der US-amerikanischen Steuergesetzgebung war damit der Spitzensteuersatz für die Körperschaftsteuer höher als der für die

[61] Vgl. Tempalski (1998).

Einkommensteuer. Neu war zudem die Gleichbehandlung von regulären Einkommen und von Veräußerungsgewinnen (*capital gains*), die nun der vollen Besteuerung mit demselben Steuersatz wie für die Einkommen unterlagen.

Die Senkung der Steuersätze ging einher mit einer Verbreiterung der Steuerbasis. So wurden die Aufwendungen für die Altersvorsorge nur noch bis zu einer bestimmten Einkommensgrenze bei der Berechnung des zu versteuernden Einkommens berücksichtigt, die Abschreibungsdauer für Grundstücke verlängert, das Ehegattensplitting und Investitionszuschüsse abgeschafft. Zudem wurde eine alternative Mindeststeuer sowohl für Individualeinkommen als auch für Unternehmen fest im Steuersystem etabliert. Zudem hat man die Freibeträge kräftig erhöht und Ausnahmeregelungen reduziert, so dass die Steuerberechnung für Individuen mit relativ einfachen Steuerfällen sehr viel weniger kompliziert wurde als zuvor. Allerdings liefen viele dieser Freibeträge und Steuerabzugsmöglichkeiten mit steigenden Einkommen aus, so dass die effektiven Grenzsteuersätze höher und damit der Progressionsgrad ausgeprägter war, als es gemäß den offiziellen Grenzsteuersätzen erschien.

Die Steuerreform war zwar insgesamt aufkommensneutral konzipiert, sie führte jedoch zu einer Umverteilung der Steuerlast von den privaten Haushalten zu den Unternehmen. So wurden die Steuerentlastung für die privaten Haushalte bis zum Jahr 1992 im Vergleich zum vorherigen Steuerrecht auf rund 122 Mrd. US-Dollar oder 5 % vom nominalen Bruttoinlandsprodukt geschätzt (Stotzky und Sunley, 1994). Dem stand aber eine höhere Steuerlast von rund 120 Mrd. US-Dollar der Unternehmen gegenüber. Insgesamt ergab sich – Schätzungen (Tempalski, 1998) zufolge – ein geringe Mehrbelastung. Ein weiteres Ziel neben der Verringerung der Grenzsteuersätze war die Vereinfachung des Steuersystems. Allerdings wurde die Steuerberechnung nur für diejenigen Steuerzahler mit unkomplizierten Steuerfällen vereinfacht. Demgegenüber nahm die Komplexität insbesondere der Unternehmensbesteuerung zu (Stotzky und Sunley, 1994).

Omnibus Budget Reconciliation Act of 1990

Die Diskussion über die Konsolidierung der öffentlichen Haushalte gegen Ende der achtziger Jahre führte im Sommer 1990 zur Verabschiedung des *Omnibus Budget Reconciliation Act of 1990 (OBRA 90)*. Es handelt sich bei dem OBRA 90 nicht um eine wirkliche Steuerreform, sondern es wurden vielmehr eine Reihe von Steuererhöhungen beschlossen. Insgesamt betrugen – Schätzungen zufolge – die Steuermehreinnahmen im Durchschnitt der ersten vier Jahre rund 2,5 % gegenüber den bisherigen Regelungen. Dies entspricht rund 0,5 Prozentpunkten des Bruttoinlandsprodukts (Tempalski, 1998). Neben den Steuerrechtsänderungen wurde im Rahmen des OBRA 90 auch eine neue Strategie der Haushaltskonsolidierung verabschiedet.

Die größten Einnahmeneffekte resultierten aus einer Erhöhung der Tabak- und Alkoholsteuer, einer Reform der Besteuerung von Versicherungsunternehmen und einer Anhebung der Beitragsbemessungsgrenze der gesetzlichen Krankenversicherungen von 53 000 US-Dollar auf 125 000 US-Dollar. Zudem wurden ein neuer Spitzensteuersatz von 31 % eingeführt und die Einkommensgrenzen herabgesetzt, von denen an Freibeträge nicht mehr steuermindernd abgezogen werden können. Am unteren Ende der Einkommensskala wurde einerseits die Steuergutschrift für Geringverdiener erhöht, auf der anderen Seite aber auch die Einkommensgrenzen nach oben verschoben. Alles zusammen erhöhte die Komplexität der negativen Einkommensteuer (*Earned Income Tax Credit*) deutlich.

Omnibus Budget Reconciliation Act of 1993

Im Jahr 1993, dem ersten Jahr der neuen Regierung unter Präsident Clinton, verabschiedete das Parlament mit dem *Omnibus Budget Reconciliation Act of 1993 (OBRA 93)* die umfangreichste Steuerrechtsänderung seit 1986. Geplant war, das Defizit des Bundes gegenüber den früheren Haushaltsansätzen über einen Zeitraum von 5 Jahren um 500 Mrd. US-Dollar zu verringern. Etwa die Hälfte davon sollten durch Steuererhöhungen – insbesondere im oberen Bereich der Einkommensskala – erzielt werden. Der *OBRA 93* umfasste Steuererhöhungen für Unternehmen, vorwiegend für international operierende Unternehmen, und einige Steuerentlastungen im unteren Einkommensbereich. Nicht umgesetzt wurden die ursprünglichen Pläne von Präsident Clinton, eine umfassende Öko-Steuer einzuführen.

Im Rahmen des *OBRA 93* wurden zwei zusätzliche Steuerstufen von 36 % und 39,6 % geschaffen, wobei es sich bei der oberen Stufe um einen Aufschlag für zu versteuernde Einkommen von über 250 000 US-Dollar handelte. Dieser Aufschlag galt jedoch nur für reguläre Einkommen und nicht für Veräußerungsgewinne. Diese wurden wie bisher mit einem Spitzensteuersatz von 28 % besteuert. Die Schere zwischen der Besteuerung von regulärem Einkommen und Veräußerungsgewinnen nahm damit zu und bedeutete ein weiteres Abrücken von der Steuerreform 1986, die unter anderem die Gleichbehandlung unterschiedlicher Einkommensquellen zum Ziel hatte. Die Differenzierung der Sätze eröffnete zudem neue Möglichkeiten der Steuervermeidung. Um Missbrauch zu verhindern, wurden daher gleichzeitig einige Maßnahmen verabschiedet, die die Umwandlung von regulärem Einkommen in Veräußerungsgewinne verhindern sollten. Indirekte Steuererhöhungen resultierten daraus, dass das im *OBRA 90* nur für einen begrenzten Zeitraum verabschiedete Auslaufen von Freibeträgen für höhere Einkommen dauerhaft festgeschrieben wurde. Des Weiteren wurde die Beitragsbemessungsgrenze im Bereich der gesetzlichen Krankenversicherung abgeschafft. Die effektiven Grenzsteuersätze gingen deshalb noch über den neuen Spitzensteuersatz hinaus. Im Bereich der Unternehmenssteuer wurde der Spitzensteuersatz von 34 % auf 35 % erhöht. Insgesamt wurden durch die Steuerreform 1993 die Bezieher höherer Einkommen belastet und die geringer Einkommen entlastet sowie der Progressionsgrad des Steuersystems erhöht.

Tax Relief Act of 1997

Im *Tax Relief Act of 1997 (TRA 97)* wurden das erste Mal seit 1980 wieder Steuersenkungen in größerem Umfang beschlossen. Es waren Entlastungen von 1997 bis 2002 in Höhe von 152 Mrd. US-Dollar vorgesehen. Die Steuerreform umfasst insgesamt rund 100 verschiedene Steuersenkungen, wobei sich der Großteil der Entlastungen auf fünf Punkte konzentriert. Für die Steuerzahler im mittleren Einkommensbereich wurde eine Steuergutschrift für Kinder eingeführt und die Möglichkeiten ausgeweitet, Beiträge für die private Altersvorsorge von der Steuer abzusetzen. Das wichtigste Reformwerk war aber, Anreize für die Berufsausbildung in das Steuersystem zu integrieren. Für die ersten beiden Jahre einer weiterführenden Ausbildung wird für jeden Schüler/Studenten (gilt für den Steuerzahler selbst und die zum Haushalt gehörenden Personen) eine Steuergutschrift von bis 1500 US-Dollar gewährt (*HOPE Credit*). Ab dem Jahr 2001 ist die Steuergutschrift mit der Inflationsentwicklung indexiert. Die Gutschrift läuft allerdings für Bezieher höherer Einkommen (zwischen 40 000 und 50 000 US-Dollar) aus. Weitere Steuergutschriften gibt es für Weiterbildung (*Lifetime Learning Credit*). Ein weiterer zentraler Bestandteil der Steuerreform von 1997 ist die Senkung der Grenzsteuersätze auf Veräußerungsgewinne von 28 % auf 20 %. Die gesamte Entlastung gegenüber der vorhergehenden Regelung wird im Durchschnitt der ersten vier Jahre auf 0,7 % geschätzt. Dies entspricht etwa 0,14 % des Bruttoinlandsprodukts (Tempalski, 1997).

4.4.5 Finanzpolitische Konsolidierungsstrategien in den USA

Bis Mitte der achtziger Jahre gab es auf der Bundesebene keinerlei Regeln bezüglich einer Beschränkung der öffentlichen Neuverschuldung. Derartige Regelungen wurden zuvor nur auf der Ebene der Bundesstaaten angewendet. Hier ist in den meisten Bundesstaaten der Zwang eines ausgeglichenen Haushalts bereits in den Verfassungen verankert. Lediglich Vermont sieht keinen formalen Budgetausgleich vor. Allerdings variieren die gesetzlichen Regelungen sehr stark zwischen den einzelnen Staaten. So müssen in der Mehrzahl der Bundesstaaten die Parlamente zwar einen ausgeglichenen Haushalt verabschieden, es gibt aber nicht in allen Bundesstaaten einen Zwang zum jährlichen Budgetausgleich, sondern die Regierungen in etwa der Hälfte der Bundesstaaten können Kredite zur Budgetdeckung aufnehmen, wenn die tatsächlichen Einnahmen und Ausgaben von der geplanten Entwicklung abweichen,[62] so dass die bei der Aufstellung des Haushalts vorgesehenen Ausgaben realisiert werden können. Die Haushalte in diesen Bundesstaaten müssen folglich nur auf die mittlere Frist ausgeglichen sein. Demgegenüber sehen die Verfassungen in 24 Bundesstaaten einen jährlichen Budgetausgleich vor. Jedoch auch hier unterliegt nicht der gesamte Haushalt dem Zwang zum Budgetausgleich, sondern es betrifft oftmals nur die laufenden Regierungsgeschäfte (*general fund, state operating budget*). Spezielle Programme, wie Infrastrukturmaßnahmen können dagegen durch Aufnahme langfristiger Kredite finanziert werden.

Im Zuge der Steuersenkungen bei gleichzeitiger Ausweitung der öffentlichen Ausgaben zu Beginn der achtziger Jahre nahmen die Defizite des US-amerikanischen Bundeshaushaltes dramatisch zu. In der einsetzenden wirtschaftspolitischen Diskussion rückten daraufhin Pläne, mit verbindlichen Regelungen einen ausgeglichenen Haushalt zu garantieren, auch auf Bundesebene mehr und mehr in den Vordergrund (Horn und Scheremet, 1999). Bereits im Jahr 1982 wurde im Senat mit einer Zweidrittelmehrheit ein Verfassungszusatz verabschiedet, der – mit wenigen Ausnahmen – einen jährlichen Ausgleich für den Bundeshaushalt vorsah. Dieser Verfassungszusatz fand jedoch im Repräsentantenhaus nicht die erforderliche Zweidrittelmehrheit. Da die Haushaltssituation des Bundes immer prekärer wurde, – im Jahr 1985 musste die Neuverschuldung zusätzlich erhöht werden, um die gestiegene Zinslast zu decken – blieb das Ziel, die Verschuldung des Bundes zu begrenzen weiter auf der politischen Agenda. Im Verlauf der Debatte brachten die Senatoren Phil Gramm, Ernest Hollings und Warren Rudman einen Gesetzesentwurf ein, der mittels einer gesetzlichen Festlegung von Vorgaben für das Defizit innerhalb von sechs Jahren (1985-1991) einen schrittweisen Ausgleich des Bundeshaushaltes vorsah (Gramm-Rudman-Hollings-Gesetz). Der Finanzpolitik wurden Regelbindungen auferlegt, die die Glaubwürdigkeit der Konsolidierungsbemühungen unterstreichen sollten. Die Vorgaben richteten sich ausschließlich auf das laufende Defizit des Bundeshaushalts; die öffentlichen Investitionen und andere vermögenswirksame Transaktionen waren also ausgeklammert. Die Vorgaben waren Zielgrößen für die absolute Höhe des Fehlbetrags. Wenn diese Grenzen in den Budgetprojektionen um mehr

[62] Und zwar in Höhe der Differenz zwischen Planzahlen und tatsächlicher Entwicklung.

als 10 Mrd. Dollar überschritten wurden, sollte es automatisch zu entsprechenden allgemeinen Ausgabenkürzungen (sequester) kommen.[63]

Durch dieses Gesetz sollte Druck ausgeübt werden, die Ausgabensteigerungen zu begrenzen. Denn die Regierung musste ausgabenwirksame Maßnahmen vor dem Hintergrund der Defizitprojektionen rechtfertigen. Trotz reduzierter Fehlbeträge im Bundeshaushalt wurde letztlich das Ziel, das Budget des Bundes auszugleichen, jedoch verfehlt.

Ein grundsätzlicher Mangel dieses Gesetzes bestand in der unzureichenden Berücksichtigung der konjunkturellen Situation. Die Konjunktur spielte nur insofern eine Rolle, als der Budgetplanung eine Wachstumsprognose zugrunde lag. Mithin konnte mit der Unterstellung einer günstigeren konjunkturellen Entwicklung auch eine günstigere Budgetprognose erstellt werden. Auf diese Weise war es möglich, Ausgabenkürzungen zu Beginn des Haushaltsjahres zu umgehen. Tatsächlich waren die Prognosen über die Entwicklung des Budgetdefizits in der Regel viel zu optimistisch.[64] Das Gesetz enthielt auch keine Vorkehrungen für den Fall einer nachlassenden Konjunktur. Im Falle einer zyklischen Abflachung der Konjunktur hätte der Zwang zur Rückführung der Ausgaben und somit zu einer prozyklischen Budgetgestaltung bestanden. Dieses Konzept ist jedoch nicht mit letzter Konsequenz verfolgt worden. Mit der Konjunkturabschwächung, die gegen Ende der achtziger Jahre einsetzte, stieg folglich der Fehlbetrag im Bundeshaushalt wieder.

Im Herbst 1990 wurde mit dem „*Omnibus Budget Reconciliation Act of 1990*" eine neue Strategie für den Budgetausgleich eingeschlagen. Das Augenmerk lag nun auf einer strikten Kontrolle der Ausgaben, ohne dass ein konkretes Defizitziel gesetzt wurde.[65] Dieses Gesetz unterscheidet zwischen diskretionären Ausgaben, die der Höhe nach jährlich neu geplant werden, wie den Verteidigungsausgaben, und gesetzlich festgelegten (mandatory) Ausgaben, wie für das *Medicare Programm* zur Unterstützung der Krankenversicherung älterer Menschen.

Durch dieses neue Gesetz wird eine Obergrenze lediglich für die realen diskretionären Ausgaben vorgegeben, differenziert nach verschiedenen Kategorien. Werden die Obergrenzen überschritten, ohne dass die Finanzierung z.B. durch Steuererhöhungen oder Kürzungen an anderer Stelle des Hauhalts gewährleistet ist, müssen die Ausgaben automatisch niedriger angesetzt bzw. gekürzt werden

---

63 Eine ausführliche Beschreibung findet sich in OECD (1988), und Poterba (1996).

64 Siehe den Vergleich zwischen Prognosen und ex post Zahlen in OECD (1991).

65 Siehe OECD (1991).

und zwar in jenen Ausgabenkategorien, in denen die Grenzen nicht eingehalten werden. Für Ausgaben, die gesetzlich festgelegt sind, gibt es bei diesem Gesetz allerdings keine Beschränkungen. Erst wenn Gesetzesänderungen vorgenommen werden, gelten die gleichen Regeln wie für diskretionäre Ausgaben. Jede derartige Ausgabensteigerung muss finanziert sein, darf also das Defizit nicht erhöhen oder den Überschuss verringern.

Dieses neue Konzept unterscheidet sich in einem wesentlichen Punkt vom vorangegangenen Gesetz. In einer konjunkturellen Schwächephase darf das öffentliche Hauhaltsdefizit durchaus größer werden, soweit es aus der Wirkung der automatischen Stabilisatoren resultiert. In einer Hochkonjunkturphase muss das Defizit schrumpfen, da die günstige Einnahmesituation nicht für zusätzliche Ausgaben, sondern allein zur Konsolidierung genutzt werden darf. Mithin impliziert diese Strategie ein im Konjunkturverlauf atmendes Defizit, das durch seine antizyklische Ausrichtung zudem auf Stabilisierung angelegt ist.

Als Folge dieses Gesetzes wurden primär die realen diskretionären Ausgaben im Laufe der neunziger Jahre nur schwach ausgeweitet. Die gesetzlich zwingenden Ausgaben nahmen dagegen stärker zu. So sind beispielsweise die Transferzahlungen im Rahmen des Medicare Programms aufgrund der alternden Bevölkerung und der steigenden Gesundheitskosten noch kräftig gestiegen. Insgesamt ging die Ausgabenquote, gemessen am Bruttoinlandsprodukt, freilich deutlich zurück. Bemerkenswert ist, dass dieser Beitrag zur Konsolidierung nicht durch eine Rückführung der Transferzahlung, z.B. durch Kürzung von gesetzlichen Ansprüchen erreicht wurde, sondern durch eine Begrenzung der konsumtiven Ausgaben und steigende Einnahmen im Aufschwung.

4.5 Schlussfolgerungen

Wie im theoretischen Kapitel dargelegt, wirkt ein Steuersystem über die einkommensabhängigen Steuern als automatischer Stabilisator. Ein institutioneller Vergleich der Steuersysteme in Deutschland und in den USA unter dem Aspekt der automatischen Stabilisatoren gestaltet sich jedoch äußerst schwierig, da es in den USA aufgrund der föderalen Finanzverfassung kein einheitliches Steuersystem gibt. Deshalb sind auch der Steuertarif und die Grenzsteuersätze in Deutschland sowie das Steuersystem des Bundes in den USA nicht miteinander vergleichbar. Zudem besteht weder in Deutschland noch in den USA das Steuersystem nur aus einer einkommensabhängigen Steuer, sondern in beiden Ländern wird eine Vielzahl von indirekten Steuern, von persönlichen Einkommensteuern und Unternehmenssteuern erhoben. Außerdem sind auch die Beiträge zur Sozialversicherung Teil des gesamten Steuer- und Abgabensystems. Schließlich wirkt das Transfersystem des Staates ebenfalls als automatischer Stabilisator.

Aus der theoretischen und institutionellen Analyse können aber dennoch einige Hypothesen formuliert werden, die im anschließenden Kapitel empirisch überprüft werden sollen. Verschiedene Steuerarten wirken mit unterschiedlicher Intensität als automatische Stabilisatoren. Damit eine Steuer als konjunktureller Stabilisator wirken kann, muss zum einen die Bemessungsgrundlage im Konjunkturzyklus schwanken. Da die Verbrauchsausgaben nur wenig konjunkturreagibel sind, ist eine Steuer auf Einkommen (der privaten Haushalte oder der Unternehmen) sehr viel besser als automatischer Stabilisator geeignet. Die Einkommensteuer wirkt dabei umso mehr als Stabilisator, je höher die (Grenz-) Steuersätze, beziehungsweise je ausgeprägter die Progression des Steuertarifs ist. Es ist daher zu vermuten, dass ein Steuersystem umso eher konjunkturstabilisierend wirkt, je höher der Anteil der direkten Steuern mit progressivem Tarif am gesamten Steueraufkommen ist.

Ein Vergleich der Steuerquoten in den USA und in Deutschland zeigt (siehe Abbildung 4.1 und Abbildung 4.2, dass in den USA sowohl der Anteil der indirekten Steuern als auch der der Sozialversicherungsbeiträge geringer ist als in Deutschland. Die Beiträge zur Sozialversicherung sind zwar auch einkommensabhängig, der Tarif ist aber in beiden Ländern nicht progressiv, sondern – je nach Ausgestaltung – bis zu einer Beitragsbemessungsgrenze proportional, und darüber degressiv. In den USA gibt es seit 1994 für den Bereich der Krankenversicherung keine Beitragsbemessungsgrenze mehr. Die Beitragssätze zur Arbeitslosenversicherung des Bundes und die Beitragsbemessungsgrenze sind so niedrig, dass sie quantitativ nicht von Bedeutung sind. Die Beitragsbemessungsgrenze der OASDI in den USA beträgt rund das 2,5-fache des Durchschnittseinkommens gegenüber dem 2-fachen bei der Rentenversicherung in Deutschland. In beiden Volkswirtschaften wird die Beitragsbemessungsgrenze jährlich an die Entwicklung der Durchschnittseinkommen gekoppelt. Durch den Wegfall der Beitragsbemessungsgrenze bei der Krankenversicherung und der höheren Grenze bei der OASDI ist der Tarifverlauf in den USA weniger degressiv gestaltet als in Deutschland.

Ein Vergleich der direkten Steuern bezüglich des Progressionsgrades ist wegen der Vielfalt der US-amerikanischen Tarife nur schwer möglich. Zwar sind die Spitzensteuersätze in den USA deutlich niedriger als in Deutschland und der Tarifverlauf sowie die Höhe der Freibeträge werden jährlich entsprechend der Inflationsrate angepasst, jedoch wird die Progression in den USA dadurch verstärkt, dass Abzugsmöglichkeiten und Freibeträge mit steigenden Einkommen allmählich auslaufen. Aus der institutionellen Analyse lassen sich somit noch keine generellen Aussagen über die Wirkung der Steuer- und Abgabensysteme im Vergleich ableiten. Der höhere Anteil der Steuern mit progressivem Tarif könnte allerdings für eine größere Elastizität der Steuern und Abgaben in den USA sprechen. Da dieser Anteil in Deutschland zudem abgenommen hat, dürfte die Elastizität in Deutschland abgenommen haben.

Bezüglich von Ausmaß und Richtung der fiskalischen Schocks in Deutschland und den USA unterscheiden sich die achtziger und neunziger Jahre. Während die achtziger Jahre in den USA durch Steuersenkungen geprägt waren, dominierten in den neunziger Jahren Steuererhöhungen. Diese waren auch Reflex der hohen und persistenten US-amerikanischen Defizite, die insbesondere in den achtziger Jahren entstanden. In Deutschland war die Entwicklung wechselhafter. Zu Beginn der achtziger Jahre ging es in Deutschland darum, die während der Rezession entstandenen Defizite zurückzufahren. In der zweiten Hälfte stand dagegen die Senkung der Einkommensteuersätze im Vordergrund. Nach der deutschen Vereinigung wiederum ging es erneut um eine rasche Konsolidierung der öffentlichen Haushalte und der Sozialversicherungen, die mit Steuererhöhungen und mit Ausgabenkürzungen erreicht werden sollten. Bereits in den Jahren 1994 und 1996 wurden jedoch erneut Steuersenkungen beschlossen, die allerdings zum Teil aufkommensneutral gegenfinanziert wurden. Die Finanzpolitik war damit durch eine ausgeprägte „*stop-and-go*“ Politik gekennzeichnet.

5 Eine empirische Analyse der Finanzpolitik in Deutschland und in den USA

5.1 Überblick über die Literatur

Im Vergleich zu der sehr umfassenden empirischen Literatur über die Wirkung der Geldpolitik auf die wirtschaftliche Entwicklung ist die Zahl der empirischen Untersuchungen zur Wirkung der Fiskalpolitik eher gering. Dies mag insbesondere daran liegen, dass die Fiskalpolitik nicht durch einige wenige Aktionsparameter – wie Zinsen oder Geldmengen im Falle der Geldpolitik – darzustellen ist. Zwar können die öffentlichen Haushalte auch über ein einziges Aggregat, nämlich die Höhe des öffentlichen Defizits beziehungsweise dessen Veränderungen, abgebildet werden, jedoch besteht dieses Gesamtaggregat aus einer Vielzahl von ökonomischen Variablen sowohl auf der Einnahmen- als auch auf der Ausgabenseite, die über verschiedene Kanäle und damit unterschiedlich auf die Realwirtschaft wirken.[66]

Rotemburg und Woodford (1992) gehörten zu den ersten, die die Wirkung steigender Staatsausgaben in einem vektorautoregressivem System geschätzt haben. Die strukturellen Innovationen wurden dabei mit einer Choleski-Zerlegung identifiziert. Als Indikator für steigende Staatsausgaben verwenden Rotemburg und Woodford (1992) die Ausgaben im Verteidigungshaushalt. Bei der Analyse der Entwicklung dieser Größe identifizieren sie drei Perioden stark steigender Verteidigungsausgaben, die mit dem Koreakrieg, dem Vietnamkrieg und der Expansion des Verteidigungshaushaltes unter Präsident Reagan einhergehen. Alle drei Ereignisse sind vor allem außenpolitisch motiviert und können deshalb als exogene Schocks behandelt werden, die mit anderen Schocks im System nicht korreliert sind. Die Schocks bei den Verteidigungsausgaben werden allerdings nicht modelliert, sondern gehen als Dummy-Variable in die Schätzgleichung ein. Die empirischen Resultate korrespondieren mit dem theoretischen Modell (vgl. Abschnitt 3.4). Das Bruttosozialprodukt und die Reallöhne reagieren positiv auf steigende Verteidigungsausgaben. Ähnliche Resultate erzielen Devereux, Head und Lapham (1996) mit einem Modell monopolistischer Konkurrenz und mit steigenden Skalenerträgen. Insbesondere die Modellierung mit steigenden Skalenerträgen kann bei steigenden Staatsausgaben zu höherer Produktivität, höheren Reallöhnen und steigendem privaten Verbrauch führen. Modelle dieser Art

---

[66] So senken beispielsweise sowohl Steuererhöhungen als auch Ausgabenkürzungen – für sich genommen – das öffentliche Defizit; beide haben jedoch sehr unterschiedliche Wirkungen auf die Volkswirtschaft (Blanchard und Perotti, 1999 sowie Fatás und Mihov, 2000).

können zudem den positiven Zusammenhang zwischen öffentlichen Ausgaben und dem Solow-Residuum erklären, den beispielsweise Evans (1992) durch Granger-Kausalitäts-Tests ermittelt hat.

Dem Befund einer positiven Korrelation von öffentlichen Ausgaben sowie Reallöhnen, Produktivität und Arbeitsvolumen wird allerdings von Ramey und Shapiro (1997) widersprochen. Laut ihren empirischen Ergebnissen sind der private Verbrauch, die Reallöhne im privaten Sektor und die Produktivität im verarbeitenden Gewerbe in Anschluss an Phasen, die durch eine außergewöhnliche Expansion der Verteidigungsausgaben geprägt waren, gesunken.[67] Unter Verwendung einer univariaten Schätzgleichung untersuchen Ramey und Shapiro (1997) im empirischen Teil ihrer Arbeit die Wirkungen expansiver Verteidigungsausgaben auf verschiedene makroökonomische Variablen, wobei die jeweiligen Phasen steigender Verteidigungsausgaben über Dummy-Variable in die Schätzungen eingehen. Gemäß den Ergebnissen von Ramey und Shapiro (1997) nimmt zwar das Bruttoinlandsprodukt insgesamt temporär zu, die Produktion im privaten Sektor fällt jedoch nach anfänglich positiven Abweichungen gegenüber dem Referenzpfad hinter diesen zurück, um nach etwa fünf Jahren wieder auf ihn zurückzukehren. Ähnlich verläuft – allerdings etwas glatter– die Entwicklung beim privaten Verbrauch. Parallel zur gesamtwirtschaftlichen Produktion steigen die Realzinsen anfangs und gehen nach fünf Jahren wieder auf das Ausgangsniveau zurück. Nahezu spiegelbildlich ist die Entwicklung der realen Produktlöhne im verarbeitenden Gewerbe, die realen Konsumlöhne bleiben dagegen weitgehend unverändert.

Einen etwas anderen Ansatz zur Identifikation der Wirkung expansiver öffentlicher Ausgaben wählen Edelberg, Eichenbaum und Fischer (1998). Im Gegensatz zu Ramey und Shapiro (1997) schätzen sie keine Einzelgleichungen, sondern konstruieren ein VAR-System mit fünf endogenen Variablen und den von Ramey und Shapiro ermittelten Dummy-Variablen für die jeweiligen „Ramey- und Shapiro-Episoden" als exogene Variable. Die Variablen des Systems sind das reale Bruttoinlandsprodukt, die kurzfristigen Zinsen, der Preisindex für Rohöl, die realen Verteidigungsausgaben sowie in jeweils unterschiedlichen Spezifikationen eine Reihe von weiteren Variablen, deren Antwortverhalten auf einen von den Verteidigungsausgaben ausgehenden Impuls untersucht werden soll. Die wesentlichen Ergebnisse der Impuls-Antwort-Analyse sind dabei: Nach einem Anstieg der Verteidigungsausgaben folgt eine deutliche – buckelförmige – Expansion der gesamtwirtschaftlichen Produktion und der Beschäftigung. Der An-

---

67 Diese Phasen waren der Zweite Weltkrieg, der Koreakrieg, der Vietnamkrieg und die Aufrüstung zu Beginn der achtziger Jahre. In der nachfolgenden Literatur werden diese Phasen üblicherweise als „Ramey- und Shapiro-Episoden" bezeichnet.

stieg des Bruttoinlandsprodukts ist begleitet von einer kräftigen Aufstockung der Ausrüstungsinvestitionen und – mit einer gewissen Verzögerung – von einem Rückgang der Reallöhne, des privaten Verbrauchs sowie der Bauinvestitionen.

Eine ähnliche ökonometrische Spezifikation wie Edelberg, Eichenbaum und Fischer (1998) wählen Burnside, Eichenbaum und Fischer (2000). Allerdings nehmen sie eine Reihe von wesentlichen Modifikationen sowohl im Falle der theoretischen Annahmen als auch der ökonometrischen Spezifikation vor. So rücken sie von der Annahme ab, eine Expansion im Bereich der Verteidigungsausgaben werde von einer nicht allokationsverzerrenden Kopf-Steuer finanziert. Das VAR-System wird deshalb um den durchschnittlichen Grenzsteuersatz der Einkommensteuer erweitert.[68] Damit können Rückkopplungen von der Ausgabenseite auf die Einnahmenseite der öffentlichen Haushalte berücksichtigt werden. Eines der wesentlichen Ergebnisse ist, dass die Entwicklung der öffentlichen Ausgaben, des Arbeitsvolumens, der Steuersätze und der Reallöhne nach Steuern positiv miteinander korreliert sind. Alle weisen im Gefolge einer Expansion der Verteidigungsausgaben einen buckelförmigen Verlauf auf, allerdings mit persistentem Verhalten. Die negative Korrelation zwischen dem rückläufigen Reallohn nach Steuern und dem zunehmenden Arbeitsvolumen stehe jedoch im Widerspruch zu den theoretischen Implikationen einer Reihe von Modell-Typen, sowohl neoklassischer (Real-Business-Cycle-Modelle) als auch Neu-Keynesianischer Prägung. Burnside, Eichenbaum und Fischer (2000) liefern jedoch keine theoretische Erklärung, sondern enden mit der Frage: „What causes agents to work hard when real wages are low and both government purchases and taxes are high?"[69]

Im Falle einer Ausweitung der Verteidigungsausgaben handelt es sich um rein exogene Schocks. Die Gründe für eine derartige Erhöhung der öffentlichen Ausgaben sind allein politischer Natur. Fiskalische Schocks, die auf Veränderungen des Verteidigungshaushaltes zurückzuführen sind, sind nicht mit konjunkturellen Schocks korreliert. Sie sind deshalb von einer expansiven Fiskalpolitik, die in keynesianischer Tradition konjunkturpolitisch motiviert ist, zu unterscheiden. Angesichts der sehr unterschiedlichen Ergebnisse, die die verschiedenen Untersuchungen zur Wirkung expansiver Ausgabenprogramme liefern, ist es fraglich, ob mittels einer expansiven Ausgabenpolitik eine Konjunkturstabilisierung mög-

68 Diese Zeitreihe ist ein gewichteter Durchschnitt über mehrere Grenzsteuersätze, wobei die Gewichte gleich den Anteilen der Bruttoeinkommen sind, die den jeweiligen Grenzsteuersätzen entsprechen. Bei einem progressiven Steuersystem und einer positiven Inflationsrate können die durchschnittlichen Grenzsteuersätze steigen, selbst wenn die jeweiligen Grenzsteuersätze und die Stufen unverändert bleiben (Stephenson 1998).

69 Burnside, Eichenbaum und Fischer (2000, Seite 31).

lich ist. Allerdings scheinen Ausgabenprogramme im Bereich des öffentlichen Verbrauchs zur Stabilisierung der Konjunktur in den Industrieländern nicht weit verbreitet zu sein. Zumindest für die G-7-Länder ist kein Zusammenhang zwischen der Entwicklung des öffentlichen Verbrauchs und der des Bruttoinlandsprodukts zu entdecken (vgl. Fiorito und Kollintzas (1994), Fiorito (1997) sowie Talvi und Végh, 2000).

Eine andere Gruppe von Veröffentlichungen untersucht die Frage, ob und unter welchen theoretischen Annahmen die öffentlichen Haushalte zur Glättung des Konjunkturverlaufs beitragen können. Hier ist insbesondere die Rolle der automatischen Stabilisatoren im Bereich des Steuer- und Transfersystems von Bedeutung. In einer umfangreichen theoretischen und empirischen Untersuchung mit Hilfe des gesamtwirtschaftlichen Prognosemodells der US-amerikanischen Zentralbank über die Rolle der Finanzpolitik bei der Konjunkturstabilisierung in den USA kommen Cohen und Follette (2000) zu dem Schluss, dass die im US-amerikanischen Finanzsystem angelegten automatischen Stabilisatoren auf kurze Frist in gewissem Umfang dazu beigetragen haben, die Wirkung von Nachfrageschocks abzumildern. Die Stabilisierung erfolgte dabei insbesondere über eine Verstetigung der Nachfrage der privaten Haushalte. Zur Abfederung von Angebotsschocks tragen sie jedoch nur wenig bei. Dabei scheint die Größe des öffentlichen Sektors – gemessen an der Ausgabenquote – von besonderer Bedeutung zu sein. So finden beispielsweise Fatás und Mihov (2001) in einer empirischen Studie einen negativen Zusammenhang zwischen der Höhe der Ausgabenquote in einer Volkswirtschaft und der Varianz des Konjunkturzyklus, gemessen an der Standardabweichung der Wachstumsrate des Bruttoinlandsprodukts. Die Studie umfasst einen internationalen Teil, mit einem Panel von 20 OECD-Ländern für den Zeitraum von 1960 bis 1997 und einen intra-nationalen Teil mit einem Panel der US-Bundesstaaten im Zeitraum von 1963 bis 1990. Ihren Ergebnissen zufolge wirken insbesondere die persönliche Einkommensteuer und das Transfersystem als Stabilisierungsinstrument.

Allerdings sind bei der Analyse der Entwicklung der Steuereinnahmen und der Transferausgaben fiskalische Schocks – also diskretionäre Veränderungen der Steuersätze bzw. der Sozialleistungen – nur schwer von der Reaktion dieser Größen infolge des Wirkens der automatischen Stabilisatoren zu unterscheiden. Wird zwischen der Entwicklung der Steuereinnahmen insgesamt und der Entwicklung der Steuersätze diskriminiert, so scheint die Fiskalpolitik in den Industrieländern nicht nur durch die automatischen Stabilisatoren, sondern auch durch die Variation der Steuersätze antizyklisch zu reagieren (vgl. Talvi und Végh, 2000[70]).

Dies gilt allerdings nicht notwendigerweise für Deutschland. Hier scheint die Finanzpolitik insbesondere in den neunziger Jahren tendenziell eher prozyklisch reagiert zu haben. In einer Untersuchung über die Effektivität der automatischen Stabilisatoren in Deutschland überprüfen Leibfritz et al. (1999) unter Verwendung einer vom ifo Institut entwickelten Methode zur empirischen Abschätzung der automatischen Stabilisatoren, ob und wie stark in der Vergangenheit diese automatische Stabilisierungswirkung in Deutschland durch diskretionäre Maßnahmen konterkariert worden ist. Aus konjunkturpolitischer Sicht ist die deutsche Finanzpolitik der letzten 20 Jahre dieser Studie zufolge eher negativ zu beurteilen. Anstatt Konjunkturschwankungen tendenziell zu verringern, hat der Staat sie häufig verschärft. Zu ähnlichen Ergebnissen kommen Scheremet (1999) sowie Horn und Scheremet (1999). Um die konjunkturelle Wirkung der Finanzpolitik zu untersuchen, werden in diesen Studien positive und negative Nachfrageimpulse dem Konjunkturverlauf – dargestellt durch die Schwankungen des Auslastungsgrades – gegenübergestellt. Zur Berechnung der Nachfrageimpulse werden dabei die im Vorjahr realisierten Einnahmen und Ausgaben der Gebietskörperschaften und der Sozialversicherung mit der Wachstumsrate des Produktionspotentials fortgeschrieben. Diese Werte repräsentieren gleichsam die konjunkturneutrale Referenzlinie. Positive Nachfrageimpulse ergeben sich dann, wenn die tatsächlichen Einnahmen geringer beziehungsweise die Ausgaben größer sind als die mit dem Produktionspotential fortgeschriebenen. Der Saldo der Übertragungen mit dem Ausland sowie Zinszahlungen für in der Vergangenheit aufgelaufene Defizite werden dabei nicht berücksichtigt. Als nachfragerelevant werden im Rahmen dieses Konzeptes nicht nur diskretionäre Änderungen im Staatshaushalt, sondern auch konjunkturbedingte Schwankungen der automatischen Stabilisatoren eingestuft.[71]

In den USA haben gemäß diesen Berechnungen die Nachfrageimpulse des Staates und der Auslastungsgrad ein gegensätzliches zeitliches Muster. War das Produktionspotential unterausgelastet, dann standen dem positive Nachfrageimpulse

---

70 Allerdings ist die Unterscheidung zwischen der Wirkung der automatischen Stabilisatoren und einer aktiven Steuerung durch Variation der Steuersätze bei Talvi und Végh (2000) nicht eindeutig. Sie untersuchen im Wesentlichen die Variation der Inflationssteuer. Tatsächlich steigen die durchschnittlichen Steuersätze in Boomphasen und sinken in der Rezession (Cooley und Hansen, 1995). Dies kann jedoch bereits ohne eine diskretionäre Veränderung der Steuersätze geschehen, wenn bei einem progressiven Einkommensteuertarif durch allgemein hohe Einkommenssteigerungen mehr Steuerzahler in den Bereich höherer Steuersätze rutschen (vgl. Fußnote 68).

71 Vgl. Arbeitskreis Konjunktur (1998) sowie Vesper und Zwiener (1982a und 1982b).

des Staates gegenüber. Erholte sich die Konjunktur, so wurden die positiven Impulse schwächer oder kehrten sich sogar ins Negative um. Der negative Zusammenhang zeigt sich auch in einer einfachen Korrelation zwischen den berechneten Nachfrageimpulsen und dem Auslastungsgrad. Die Finanzpolitik in den USA scheint diesen Ergebnissen zufolge alles in allem antizyklisch gewesen zu sein. In Deutschland dagegen scheint die Finanzpolitik Ende der siebziger Jahre einen Politikwechsel vollzogen zu haben. War zuvor – wie in den USA – ein negativer Zusammenhang zwischen finanzpolitischen Impulsen und der Konjunktur zu beobachten, ist die Finanzpolitik in Deutschland seitdem offenbar eher prozyklisch angelegt.

Eine ökonometrische Erfassung der konjunkturellen Wirkungen von beiden Seiten der öffentlichen Haushalte erfolgte erstmalig durch Blanchard und Perotti (1999). Sie verwenden in einer Studie für die USA einen strukturellen VAR-Ansatz mit drei Variablen: den Nettosteuern,[72] den öffentlichen Ausgaben (Verbrauch und Investitionen) und dem realen Bruttoinlandsprodukt. Sie sprechen sich für die Verwendung eines strukturellen VAR-Systems bei derartigen Analysen aus, da fiskalpolitische Variablen zwar zum einen durch die Konjunktur, zum anderen aber auch in nicht unerheblichem Umfang durch diskretionäre Entscheidungen geprägt sind. Diese diskretionären Entscheidungen gehen jedoch durch die langen Verzögerungen im Gesetzgebungsverfahren nicht auf die konjunkturelle Situation im laufenden Quartal zurück, sondern sind – falls sie konjunkturpolitisch motiviert sind – eine Reaktion auf einen konjunkturellen Schock in einem früheren Quartal. Bei der Verwendung von Quartalsdaten kann somit zwischen exogenen Schocks (diskretionären Entscheidungen der Finanzpolitik) und der endogenen Entwicklung (zeitgleiche Reaktion der im Finanzsystem eingebauten automatischen Stabilisatoren) unterschieden werden. Bei der Verwendung eines strukturellen VAR können zudem die Wechselwirkungen zwischen Ausgaben und Einnahmen analysiert werden.

Blanchard und Perotti (1999) finden einerseits einen positiven Zusammenhang zwischen öffentlichen Ausgaben sowie andererseits einen negativen zwischen Nettosteuern und der gesamtwirtschaftlichen Produktion. Dabei ist die Wirkung auf das Bruttoinlandsprodukt durch eine Variation der Nettosteuern größer als durch eine Variation der Ausgaben. Die Disaggregation der Komponenten des Bruttoinlandsprodukts zeigt, dass von Ausgabenschocks der private Verbrauch zwar positiv beeinflusst wird, die private Investitionstätigkeit jedoch negativ. Blanchard und Perotti unterscheiden allerdings nicht zwischen Ausgaben für den öffentlichen Verbrauch und für öffentliche Investitionen, sondern verwenden

72 Steuereinnahmen abzüglich Transferausgaben.

lediglich das Aggregat. Es ist jedoch zu vermuten, dass Verbrauchs- und Investitionsausgaben unterschiedliche Wirkung auf die gesamtwirtschaftliche Produktion entfalten. Während steigende Investitionsausgaben direkt nachfragewirksam sind, hängt der Nachfrageimpuls bei den Verbrauchsausgaben von der Struktur der zusätzlichen Ausgaben ab. Die öffentlichen Verbrauchsausgaben umfassen Personalausgaben und Sachausgaben. Höhere Ausgaben beim öffentlichen Verbrauch können daher drei Ursachen haben: erstens steigende Personalausgaben durch mehr Beschäftigung, zweitens steigende Personalausgaben durch höhere Löhne und drittens zusätzliche Sachausgaben. Zwar sind vermehrte Sachausgaben ebenfalls direkt nachfragewirksam, nicht jedoch notwendigerweise steigende Personalausgaben. Werden die Löhne erhöht, nehmen zuerst die verfügbaren Einkommen zu; ob dies auch in zusätzlichen Konsum mündet, hängt von der Entwicklung der Sparquote ab. Eine Aufstockung des Personalbestandes wird nur dann direkt zu einer höheren Nachfrage der privaten Haushalte führen, wenn die Neueingestellten zuvor nicht erwerbstätig waren. Insgesamt dürfte daher der Multiplikatoreffekt bei öffentlichen Investitionen größer sein als bei den öffentlichen Verbrauchsausgaben.

Der Studie von Blanchard und Perrotti (1999) sehr ähnlich ist eine Untersuchung von Fatás und Mihov (2000). Im Zentrum der Studie stehen die realwirtschaftlichen Effekte von Veränderungen der öffentlichen Ausgaben. Sie beschränken sich auf diesen Teilaspekt, da alternative Theorien zu sehr unterschiedlichen Implikationen einer expansiven Ausgabenpolitik gelangen. Dieser Teilbereich der Diskussion über die Wirkung der Fiskalpolitik unterscheidet sich damit von der über die Wirkungen von Veränderungen der Steuerbelastung. Sie schätzen ebenfalls ein strukturelles vektorautoregressives System für die USA mit einer Reihe von makroökonomischen Variablen (Produktion im privaten Sektor, BIP-Deflator, kurzfristige Zinsen) und fiskalischen Variablen (Nettosteuern und öffentliche Ausgaben). Wie bei Blanchard und Perrotti (1999) werden die öffentlichen Ausgaben kurzfristig nicht vom Konjunkturverlauf determiniert. Fatás und Mihov (2000) verwenden jedoch bei der Schätzung des strukturellen VAR zusätzlich Zeitreihen, die Informationen über die erwarteten Veränderungen der Fiskalpolitik widerspiegeln. Damit soll insbesondere dem Vorwurf vorgebeugt werden, ein strukturelles VAR-System sei nicht das geeignete Verfahren, um die Wechselwirkung von realwirtschaftlichen und fiskalpolitischen Variablen zu schätzen, da – anders als bei der Geldpolitik – fiskalpolitische Entscheidungen oftmals lange im Voraus diskutiert und angekündigt werden. Die in einem strukturellen VAR identifizierten strukturellen Schocks seien deshalb nicht als unerwartete Schocks interpretierbar.

In der Impuls-Antwort-Analyse reagiert die Produktion im privaten Sektor deutlich positiv sowohl auf einen expansiven Steuer- als auch auf einen Ausgabenschock. Die Preiseffekte sind gering. Bei einer Aufspaltung des Bruttoinlandsprodukts in einzelne Komponenten zeigt sich ein dauerhafter Anstieg des privaten Verbrauchs. Die Investitionen steigen zwar mit einer Verzögerung von eineinhalb Jahren ebenfalls, gehen aber nach drei Jahren wieder auf die trendmäßige Entwicklung zurück. Fatás und Mihov (2000) finden bei einer Disaggregation der einzelnen Komponenten der öffentlichen Ausgaben einen starken Einfluss der Ausgaben für Löhne und Gehälter der im öffentlichen Dienst Beschäftigten sowohl auf den gesamtwirtschaftlichen Konsum als auch auf die privaten Investitionen. Die Güterkäufe des Staates stimulieren den privaten Verbrauch, nicht aber die privaten Investitionen. Die öffentlichen Investitionen haben keine signifikante Auswirkung auf makroökonomische Variablen. Gemäß den Ergebnissen von Fatás und Mihov (2000) geht der gewichtigste Impuls der staatlichen Ausgaben von der Beschäftigung im öffentlichen Sektor aus. Sie schließen daraus, dass eine Reallokation der öffentlichen Ausgaben in Richtung einer steigenden Beschäftigung im öffentlichen Dienst expansive Effekte hätte. Dieses Ergebnis steht allerdings in Widerspruch zu dem als Benchmark kalibrierten Real-Bussiness-Cycle-Modell.

Der überwiegende Teil der Literatur zum Zusammenhang von öffentlichen Haushalten und wirtschaftlicher Entwicklung beschäftigt sich mit den USA. Allerdings rückten die finanzpolitischen Kriterien für die Teilnahme an der Europäischen Wirtschafts- und Währungsunion die Rolle der Finanzpolitik auch in Europa wieder in den Vordergrund der wirtschaftspolitischen Diskussion. Während der Vertrag von Maastricht die "Eintrittsbedingungen" in eine Währungsunion festlegt, wendet sich die jüngste finanzpolitische Diskussion in Europa der Frage zu, welche Form die Harmonisierung der Fiskalpolitik nach dem Beginn einer Währungsunion annehmen sollte. Die mit der Einführung des EWS vorweggenommene Zentralisierung der Geldpolitik hat erst mit den Kriterien des Vertrages von Maastricht ihre Entsprechung in der Fiskalpolitik gefunden. Die finanzpolitische Diskussion um die Erfüllung dieser Kriterien wirft die grundsätzliche Frage auf, welche Rolle eine nationale Finanzpolitik in einer Währungsunion spielen kann und sollte. Dabei sollte zum einen geklärt werden, welchen Beitrag die Finanzpolitik zur Stabilisierung von wirtschaftlicher Aktivität grundsätzlich zu leisten vermag. Zum anderen wurde diskutiert, ob angesichts des Verlustes der geldpolitischen Instrumente zur Stabilisierung asymmetrischer Schocks diese Rolle der Finanzpolitik zuwachsen sollte.

Eine solche Rollenverteilung spiegelt sich aber im Vertrag von Maastricht nicht wider. Die Verhängung von Defizitschranken könnte für die EU insgesamt auch die Gefahr eines kontraproduktiven Policy Mix in sich bergen. So argumentieren Hughes-Hallett und McAdams (1996), dass die Erhöhung von Steuereinnahmen eher zur Erreichung des Defizitzieles geeignet sei als eine Kürzung der Ausgaben. Dies spräche dafür, dass eine Kombination aus expansiver Geldpolitik, die für gute Wachstumsbedingungen sorgt, und einer Politik, die Steuermehreinnahmen nicht zu zusätzlichen Ausgaben, sondern zur Konsolidierung nutzt, den größten Konsolidierungseffekt aufweisen würde. Dies entspräche einer Strategie, wie sie in den USA in den neunziger Jahren verfolgt wurde.

5.2 Finanzpolitik und Konjunktur in einem strukturellen vektorautoregressiven System

Die empirische Untersuchung der Finanzpolitik in Deutschland und den USA hat drei Ziele: Zum einen soll untersucht werden, wie stark das Steuer- und Abgabensystem auf konjunkturelle Schocks reagiert und zum anderen ob dadurch die Konjunktur stabilisiert werden kann. Als theoretische Basis dienen die Überlegungen von Cohen und Follette (2000), in deren Modell eine einkommensabhängige Steuer als automatischer Stabilisator fungiert. Wird die Volkswirtschaft von einem positiven (negativen) Nachfrageschock getroffen, so dass die gesamtwirtschaftliche Expansion von der trendmäßigen Wachstumsrate nach oben (nach unten) abweicht, kann durch eine einkommensabhängige Steuer die wirtschaftliche Entwicklung geglättet werden. Dies bedeutet jedoch nicht notwendigerweise, dass mit einer antizyklischen Politik eine aktivistische Rolle des Staates im Sinne einer diskretionären Veränderung der Steuersätze beziehungsweise der Finanzierung von zusätzlichen Ausgabenprogrammen verbunden ist.[73] Die Finanzpolitik wirkt auch dann bereits antizyklisch, wenn die im Steuer- und Ausgabensystem eingebauten automatischen Stabilisatoren auf der Einnahmen- und Ausgabenseite im Konjunkturverlauf zu einem „atmenden“ Haushalt führen, der Saldo von Einnahmen und Ausgaben somit in einer Rezession ab- und im Boom dagegen zunimmt. In einer Boomphase ist dann bei einer antizyklischen Finanzpolitik entweder durch diskretionäre Maßnahmen oder durch die automatischen Stabilisatoren auf der Einnahmenseite ein überproportionaler und auf der Ausgabenseite ein unterproportionaler Anstieg zu beobachten. Diese negativen Impulse können sich wiederum dämpfend auf die konjunkturelle Entwicklung auswirken und damit die Varianz der Konjunktur glätten. Dabei werden an dieser Stelle mögliche allokationsverzerrende Wirkungen des Steuer- und Ausgabensystems vernachlässigt. Ebenso wenig sollen langfristige Aspekte des Umfangs der staat-

[73] Diese Sichtweise ist daher durchaus mit einer konjunkturneutralen Steuerpolitik im Sinne von Barro (1979) kompatibel, wonach sich die Finanzpolitik im Verlauf des Konjunkturzyklus passiv verhalten und nur auf unerwartete Schocks aktivistisch reagieren soll.

lichen Verschuldung auf das Wachstum untersucht werden. Im Vordergrund steht vielmehr die Reaktion der öffentlichen Haushalte auf konjunkturelle Schwankungen und mögliche Rückwirkungen auf die Konjunktur.

Ein weiteres Ziel ist die Untersuchung der Wirkung von diskretionären Maßnahmen, und zwar auf der Einnahmen- als auch auf der Ausgabenseite. Insbesondere soll untersucht werden, ob in Deutschland im Zuge der Vereinigung von der Finanzpolitik eher destabilisierende Effekte auf die konjunkturelle Entwicklung in den neunziger Jahren ausgegangen sind.

5.2.1 Die Schätzgleichungen und die Identifikationsstrategie

Grundlage der empirischen Untersuchung ist ein strukturelles vektorautoregressives System. Ein VAR-System entspricht einem Mehrgleichungsmodell in reduzierter Form. Ein mehrgleichungsmodell hat die strukturelle Form:

$$(5.1) \qquad \boldsymbol{\Phi} \mathbf{x}_t = \boldsymbol{\Gamma}_1(\mathrm{L})\, \mathbf{x}_{t-1} + \overline{\Gamma}(\mathrm{L})\, \mathrm{z} + \mathbf{v}_t ,$$

wobei $\boldsymbol{\Phi}$ eine n x n-Matrix mit 1 auf der Hauptdiagonalen ist und die zeitgleichen Beziehungen zwischen den endogenen Variablen darstellt. $\boldsymbol{\Gamma}_1(\mathrm{L})$ ist das Matrixpolynom im Lag-Operator ($\Gamma_1(\mathrm{L}) := \Gamma_0 + \Gamma_1 \mathrm{L} + \ldots + \Gamma_{p-1}\mathrm{L}^{p-1}$). Der Lag-Operator ist definiert als $L^k g_t = g_{t-k}$, $k = \ldots,-1,0,1,\ldots$; z_t ist ein Vektor exogener Variablen, wie Absolutglied, Dummy-Variablen und einem Trend, und $A(L)$ beziehungsweise $C(L)$ sind wie oben die Matrixpolynome im Lag-Operator: $A(L) := A_1L + \ldots + A_pL^p$ und $C(L) := C_0 + C_1L + \ldots + C_qL^q$. Für die Residuen $\boldsymbol{v}_t$ gilt:

$$\mathrm{E}[\mathbf{v}_t] = \boldsymbol{0}$$

$$\mathrm{E}[\mathbf{v}_t \mathbf{v}_s'] = \begin{cases} \boldsymbol{\Theta} & \text{für } t = s \\ \mathbf{0} & \text{für } t \neq s \end{cases}$$

und $\operatorname{cov}(v_t^i, v_t^j) = 0$. Multiplizieren der Gleichung (5.1) von links mit $\boldsymbol{\Phi}^{-1}$ ergibt:

$$(5.2) \qquad \mathbf{x}_t = \boldsymbol{\Phi}^{-1} \boldsymbol{\Gamma}_1(\mathrm{L})\, \mathbf{x}_{t-1} + \boldsymbol{\Phi}^{-1} \overline{\Gamma}(\mathrm{L}) + \boldsymbol{\Phi}^{-1} \mathbf{v}_t .$$

Zur Vereinfachung sei:

$$\mathbf{\Phi}^{-1}\mathbf{\Gamma}_1(\mathrm{L}) = \mathbf{A}(\mathrm{L})$$
$$\mathbf{\Phi}^{-1}\overline{\mathbf{\Gamma}}(\mathrm{L}) = \mathbf{C}(\mathrm{L})$$
$$\mathbf{\Phi}^{-1}\mathbf{v}_t = \mathbf{u}_t$$

Gleichung (5.2) wird damit zu

$$\text{(5.3)} \qquad \boldsymbol{x}_t = \boldsymbol{A}(\mathrm{L})\boldsymbol{x}_{t-1} + \boldsymbol{C}(\mathrm{L})\boldsymbol{z}_t + \boldsymbol{u}_t\,.$$

Gleichung (5.3) ist die grundlegende VAR-Spezifikation auf der die hier verwendeten Schätzgleichungen basieren, wobei $\boldsymbol{x} \equiv [Y_t, NT_t, G_t]'$ ein (3x1)-Vektor – bestehend aus der Konjunkturvariablen (Y_t) einer Steuer- (NT_t) und einer Ausgabenvariablen (G_t) – ist.[74] Als Konjunkturvariable wird das reale Bruttoinlandsprodukt verwendet. Bei der Einnahmenvariablen handelt es sich um die Nettosteuern, d.h. sämtliche Steuereinnahmen abzüglich der Transfers des Staates an die privaten Haushalte. Die Ausgabenvariable umfasst damit nicht sämtliche Ausgaben, sondern nur den öffentlichen Verbrauch sowie die öffentlichen Investitionen.[75] Alle Zeitreihen gehen in logarithmischer Form in die Schätzung ein. Der Vektor $u_t = [u_t^Y, u_t^{NT}, u_t^G]'$ stellt die Residuen der reduzierten Form dar, mit:

$$E[u_t] = \mathbf{0}$$
$$E[u_t\, u_s'] = \begin{cases} \mathbf{\Sigma} & \text{für } t = s \\ \mathbf{0} & \text{für } t \neq s \end{cases}$$

Die zeitgleichen Beziehungen der endogenen Variablen sind in einem strukturellen VAR nicht explizit formuliert (Amisano und Giannini, 1996), sondern verbergen sich vielmehr in der Korrelationsstruktur der Varianz-Kovarianz-Matrix Σ:

---

74 Die Auswahl der Variablen ähnelt damit der von Blanchard und Perotti (1999).

75 Bei den Einnahmen- und Ausgabenvariablen handelt es sich um nominale Werte. Bei einer Verwendung von realen Größen hätten die einzelnen Reihen mit jeweils eigenen Deflatoren bereinigt werden müssen. Für viele Reihen wie Steuern und Transfers gibt es jedoch keine eindeutig zugehörigen Deflatoren. Da sich zudem wirtschaftspolitische Entscheidungen auf nominale Größen beziehen, wurden für die Schätzungen deshalb die nominalen Größen verwendet.

$$\Sigma = \begin{bmatrix} var(u_t^Y) & cov(u_t^Y, u_t^{NT}) & cov(u_t^Y, u_t^G) \\ cov(u_t^{NT}, u_t^Y) & var(u_t^{NT}) & cov(u_t^{NT}, u_t^G) \\ cov(u_t^G, u_t^Y) & cov(u_t^G, u_t^{NT}) & var(u_t^G) \end{bmatrix}$$

Die Residuen der reduzierten Form in Gleichung (5.4) sind – falls die jeweiligen Kovarianzen nicht null sind – miteinander korreliert und stellen eine Linearkombination der jeweiligen strukturellen Schocks dar. Die sind daher ökonomisch schwer zu interpretieren.

Zur Identifikation der strukturellen Schocks wird die von Bernanke (1986) und Sims (1986) vorgeschlagene Methode verwendet, die das Faktorisierungsproblem mit Hilfe ökonomisch abgeleiteter Restriktionen löst. Eine umfassende Herleitung der Methodik wird bei Hamilton (1994) sowie Amisano und Giannini (1996) durchgeführt. Eine anwendungsorientierte Beschreibung liefert Enders (1995).

Die Beziehung zwischen den Residuen im Standard-VAR und den strukturellen Residuen ist gegeben durch:

(5.4) $$\mathbf{u}_t = \boldsymbol{B}\ \mathbf{v}_t$$

mit

$$\boldsymbol{\Phi}^{-1} = \mathbf{B}$$

$$E[\mathbf{v}_t] = 0$$

$$E[\mathbf{v}_t \mathbf{v}_s'] = \begin{cases} \boldsymbol{\Theta} & \text{für } t = s \\ \mathbf{0} & \text{für } t \neq s \end{cases}$$

und $cov(v_t^i, v_t^j) = 0$, $i,j = Y, NT, G$.

Die v_i, i = Y, NT, G bezeichnen die gegenseitig unkorrelierten strukturellen Innovationen. Diese gilt es zu identifizieren. Die Elemente von $\boldsymbol{B}$ stellen die zeitgleichen Beziehungen der beiden Typen von Innovationen dar, und $\boldsymbol{B}$ enthält die identifizierenden Restriktionen. Diese lauten ausgeschrieben:

$$
(5.5) \qquad
\begin{aligned}
u_t^Y &= v_t^Y + b_{12} v_t^{NT} + b_{13} v_t^G \\
u_t^{NT} &= b_{21} v_t^Y + v_t^{NT} + b_{23} v_t^G \\
u_t^G &= b_{31} v_t^Y + b_{32} v_t^{NT} + v_t^G
\end{aligned}
$$

Unerwartete Schocks in der ersten Gleichung von (5.5) – den Residuen der „Konjunkturgleichung"– können somit drei Ursachen haben:[76] (i) den zeitgleichen Effekt einer Innovation bei den Nettosteuern, gemessen durch $b_{12} v_t^{NT}$, (ii) den zeitgleichen Effekt eines Schocks bei den Ausgaben im Umfang von $b_{13} v_t^G$ oder (iii) einen konjunkturellen Schock v_t^Y. Bei den beiden anderen Gleichungen ist die Argumentation analog. Ein konjunktureller Schock führt in derselben Periode zu einem Effekt bei den Nettosteuern in Höhe von $b_{21} v_t^Y$. Der Koeffizient b_{21} gibt somit Auskunft über die unmittelbare Reaktion der Nettosteuern auf die Konjunktur und ist ein Maß für die Stärke der im Steuer- und Transfersystem eingebauten Stabilisatoren. Der Effekt $b_{23} v_t^G$ misst, in welchem Umfang Veränderungen der öffentlichen Ausgaben zu Veränderungen der Nettosteuern führen; er ist beispielsweise positiv, wenn Ausgabenprogramme unmittelbar mit höheren Steuern finanziert werden. In der Ausgabengleichung messen $b_{31} v_t^Y$ und $b_{32} v_t^{NT}$ die zeitgleichen Effekte von gesamtwirtschaftlicher Produktion und Nettosteuern auf die öffentlichen Ausgaben. Die strukturellen Schocks v_t^{NT} und v_t^G entsprechen dagegen fiskalpolitischen Impulsen, die nicht auf eine Veränderung der jeweils anderen Variablen zurückzuführen sind uns stellen somit unerwartete Schocks dar. Gegen die Interpretation der strukturellen Innovationen als unerwartete Schocks wenden Ramey und Shapiro (1997) allerdings ein, diskretionäre Entscheidungen der Finanzpolitik seien – anders als bei der Geldpolitik – in der Regel mit einem langen Vorlauf angekündigt, da sie umfassend bei der Erstellung der öffentlichen Haushalte diskutiert werden. Die Wirtschaftssubjekte kennen deshalb das fiskalische Programm und können sich bereits vorher darauf einstellen.

Um das strukturelle Modell aus einem geschätzten VAR identifizieren zu können, müssen mindestens $(n^2 - n)/2$ Restriktionen auf die Elemente der Matrix $\boldsymbol{B}$ gelegt werden, im Falle eines VAR mit drei Gleichungen folglich drei Restriktionen. Für die Auswahl der Restriktionen spielt nun die spezifische Konstruktion der verwendeten Zeitreihen und die Periodizität der Daten eine entscheidende Rolle.

---

[76] Vgl. Blanchard und Perotti (1999).

Die Entwicklung der Steuern und der Ausgaben kann – wie oben bereits erläutert – durch zwei verschieden Kanäle beeinflusst werden. Zum einen durch diskretionäre Entscheidungen wie eine Steuerreform zur Senkung der Steuertarife oder aber ein expansives Ausgabenprogramm beziehungsweise Ausgabenkürzungen. Zum anderen können bei einer Veränderung der konjunkturellen Situation die automatischen Stabilisatoren bereits innerhalb desselben Zeitraumes wirken. Die direkte Reagibilität in Bezug auf konjunkturelle Schwankungen ist bei Steuern sowie Transferzahlungen des Staates[77] sehr viel größer als bei öffentlichen Investitionen und beim öffentlichen Verbrauch, der im Wesentlichen Verteidigungs- und Personalausgaben umfasst. Für die Schätzungen wurden daher in Anlehnung an Blanchard und Perotti (1999) diejenigen Einnahmen- und Ausgabenströme zu einer Variablen zusammengefasst, bei denen eine relativ große Konjunkturreagibilität zu erwarten ist. Als Einnahmenvariable werden deshalb die Nettosteuern verwendet.

Demgegenüber besteht die Ausgabenvariable aus Komponenten der öffentlichen Ausgaben, deren Entwicklung überwiegend von diskretionären Entscheidungen abhängig sind. Über die Höhe der öffentlichen Investitionen und des öffentlichen Verbrauchs wird im Rahmen der Aufstellung des Haushaltes – also in der Regel jährlich – entschieden. Die Höhe dieser Ausgaben kann zwar prinzipiell konjunkturpolitisch motiviert sein, allerdings dürften Entscheidungen über diese Positionen erst mit einer gewissen Verzögerung getroffen werden. So stehen beispielsweise Informationen über die aktuelle konjunkturelle Lage frühestens am Ende eines Quartals zur Verfügung. Bis sich die Erkenntnis einer veränderten konjunkturellen Situation durchgesetzt hat und die entsprechenden Schritte im Gesetzgebungsverfahren eingeleitet beziehungsweise die Programme letztendlich umgesetzt werden, vergeht erneut einige Zeit. Bei der Verwendung von Quartalsdaten ist eine unmittelbare Reaktion der öffentlichen Ausgaben auf Innovationen in der Konjunkturgleichung innerhalb einer Periode sehr unwahrscheinlich. Unerwartete Konjunkturschocks sind für die Residuen der Ausgabengleichung folglich nicht relevant. Der Koeffizient b_{31} wird deshalb auf null restringiert.

---

77 Allerdings ist die Konjunkturreagibilität nicht bei allen Transferzahlungen des Staates gleich. So ist sie bei der Arbeitslosenversicherung besonders groß. Bei der Rentenversicherung dagegen hängen die Ausgabenströme sehr viel weniger von der Konjunktur ab. Ein gewisser Einfluss dürfte in Deutschland von der Tendenz ausgehen, in konjunkturellen Schwächephasen Arbeitnehmer vorzeitig zu verrenten.

Eine diskretionäre Steuersenkung oder -erhöhung wirkt sich nicht unmittelbar auf die gesamtwirtschaftliche Produktion aus, sondern mittelbar, entweder bei den privaten Haushalten über eine Veränderung der verfügbaren Einkommen beziehungsweise im Unternehmenssektor bei den Gewinnen. Wie schnell sich dies in mehr Konsum oder mehr Investitionen umsetzt, also produktionswirksam wird, ist unklar. Eine Hypothese ist, dass ein Nettosteuerschock in Anlehnung an die permanente Einkommenshypothese zunächst einen unmittelbaren Effekt auf die Ersparnis hat und sich erst mittelbar auf das System auswirkt. Deshalb gilt zunächst $b_{12}=0$.[78]

Veränderungen der öffentlichen Verbrauchs- oder Investitionsausgaben wirken dagegen unmittelbar auf die gesamtwirtschaftliche Produktion. Der entsprechende Koeffizient b_{13} wird daher nicht restringiert. Im Gegensatz zu den öffentlichen Ausgaben reagieren die Steuereinnahmen direkt auf eine Veränderung der Steuerbasis, beispielsweise infolge eines Rückgangs der Beschäftigung, beziehungsweise die Transfers steigen unmittelbar im Gefolge steigender Arbeitslosigkeit.[79] Der Koeffizient b_{21}, der ein Maß für die Höhe der automatischen Stabilisatoren darstellt, wird daher ebenfalls nicht restringiert. Unklar ist, ob – bei gleichzeitiger Veränderung der Einnahmen und Ausgaben – die Einnahmen unmittelbar auf eine Veränderung der Ausgaben reagieren oder umgekehrt. Es wurden deshalb zwei alternative Schätzungen durchgeführt. Im ersten Fall wird b_{23} frei gelassen und b_{32} auf null restringiert; im anderen Fall wird umgekehrt b_{32} frei gelassen und b_{23} auf null restringiert.

---

78 So führte beispielsweise eine einmalige Steuerentlastung in den USA im 2. Quartal 1975 zu einem Rückgang der Einkommensteuern um knapp 37 Mrd. US-Dollar, die daraus resultierende Zunahme der verfügbaren Einkommen aber nicht zu einer beschleunigten Expansion des privaten Verbrauchs, sondern zu einer Zunahme der Ersparnis um nahezu den gleichen Betrag. Die Sparquote stieg von 10 % im 1. Quartal 1975 auf 12,5 % im 2. Quartal. Im 3. Quartal ging die Sparquote wieder auf 10 % zurück und der Zuwachs beim realen privaten Verbrauch verdoppelte sich von 3.5 % auf 7 %. Offensichtlich reagieren die Wirtschaftssubjekte nicht bereits auf Ankündigungen sondern erst auf realisierte Veränderungen der verfügbaren Einkommen. Ähnliche Verzögerungen sind auch bei den verschiedenen Steuerreformen 1986, 1988 und 1990 in Deutschland zu beobachten. Die Kritik von Ramey und Shapiro (1997), dass Innovationen im Falle der Finanzpolitik nicht als unerwartete Schocks interpretiert werden können, wird deshalb im folgenden vernachlässigt.

79 Bei den Unternehmenssteuern ist der Zusammenhang allerdings weniger eng, da zum einen die laufenden Steuerzahlungen auf den geschätzten Gewinnen beziehungsweise Umsätzen basieren und zum anderen wegen der Möglichkeit von Gewinn- und Verlustvorträgen die Entwicklung von Gewinnen und Steuerzahlung stark auseinander klaffen kann.

Zur Identifikation der strukturellen Residuen wurden somit folgende drei Restriktionen auf die Koeffizienten der $\boldsymbol{B}$-Matrix gelegt, entweder

$$b_{12} = 0,\ b_{31} = 0,\ b_{32} = 0$$

oder

$$b_{12} = 0;\ b_{23} = 0,\ b_{31} = 0;$$

Das System ist somit eindeutig identifiziert.

5.2.2 Die Daten

Für die empirische Untersuchung werden Quartalsdaten aus der volkswirtschaftlichen Gesamtrechnung für den Zeitraum 1960 bis 1998 verwendet. Die Verwendung von Quartalsdaten ist dabei für die Identifikation der strukturellen Schocks – wie oben erläutert – von besonderer Bedeutung, da die identifizierenden Restriktionen nur in diesem Fall ökonomisch begründet werden können. Die Beschränkung auf den Zeitraum bis 1998 war aufgrund der Umstellung der VGR in Deutschland auf das neue Europäische System Volkswirtschaftlicher Gesamtrechnungen (ESVG 95) erforderlich. Infolge der Umstellung stehen konsistente Daten für Deutschland insgesamt nur ab 1991 zur Verfügung. Für die Schätzungen wurden deshalb lange Reihen der vierteljährlichen volkswirtschaftlichen Gesamtrechnung des Deutschen Instituts für Wirtschaftsforschung (DIW) für Westdeutschland von 1960 bis 1994 und für Deutschland insgesamt von 1989 bis 1998 nach ESVG 79 verwendet. Sämtliche Reihen wurden mit dem Berliner Verfahren (BV4) saisonbereinigt. Die Zeitreihen für die USA sind Daten der volkswirtschaftlichen Gesamtrechnung der USA, die im „Survey of Current Business" veröffentlicht werden. Die Daten stehen bereits in saisonbereinigter Form (Census X-11) zur Verfügung.[80]

Ein besonderes Problem bei empirischen Untersuchungen mit deutschen Daten stellt der Gebietssprung im Zuge der deutschen Vereinigung dar. Dieser Bruch in den Zeitreihen wurde in den Schätzungen über zwei verschiedene Varianten berücksichtigt. In der ersten Variante wurde der Gebietssprung mit Hilfe von Dummy-Variablen modelliert. In der zweiten Variante wurden die saisonbereinigten Daten für Westdeutschland vom 1. Quartal 1995 an mit der gesamtdeut-

---

80 Ausführliche Erläuterungen zur Datenbasis, den Berechnungen der einzelnen Zeitreihen und der Berücksichtigung der deutschen Vereinigung finden sich in Anhang A.1.

schen Entwicklung fortgeschrieben. Dieser Zeitpunkt wurde für die Verknüpfung deshalb gewählt, da sich die westdeutsche und die gesamtdeutsche Entwicklung danach weitgehend gleichen. In den Jahren von 1991 bis 1994 waren die Wachstumsraten dagegen sehr unterschiedlich, weil die gesamtdeutsche Entwicklung stark vom Transformationsprozess in Ostdeutschland beeinflusst wurde. Da sich das Saisonmuster der west- und gesamtdeutschen Zeitreihen unterscheidet, erfolgte die Saisonbereinigung ebenfalls für beide Gebietsstände getrennt. Alle Zeitreihen gehen jeweils in Logarithmen in die Schätzungen ein.

Als Konjunkturvariable wird der Logarithmus des realen Bruttoinlandsprodukts (*Y*) verwendet. Die Steuervariable ist definiert als Summe aller Steuern und Beiträge zur Sozialversicherung abzüglich der Transfers des Staates an die privaten Haushalte. Es handelt sich folglich um eine Nettogröße (*NT*). Die Ausgabenvariable (*G*) umfasst den staatlichen Konsum, die Bruttoinvestitionen sowie staatliche Subventionen. Um nur die im Inland nachfragewirksamen Ausgabenströme zu erfassen, wurden die Übertragungen des Staates an die übrige Welt und die Zinszahlungen für öffentliche Schulden nicht berücksichtigt. Im Zuge der deutschen Vereinigung stiegen jedoch gerade die „Übertragungen in die übrige Welt" sprunghaft an, da in der VGR für Westdeutschland Transfers des Staates nach Ostdeutschland teilweise in diesem Aggregat verbucht werden. Um die diskretionäre Erhöhung der Staatstätigkeit im Zusammenhang mit der deutschen Vereinigung zu erfassen, wurden für Deutschland zusätzlich für die Jahre 1990 bis 1994 die Übertragungen von West- nach Ostdeutschland zu den westdeutschen Gesamtausgaben addiert (Variante 2). Dies beruht auf der Annahme, dass die in den ersten Jahren nach der deutschen Vereinigung geleisteten Transfers nach Ostdeutschland aufgrund der geringen Wettbewerbsfähigkeit der ostdeutschen Wirtschaft vorwiegend in Westdeutschland nachfragewirksam wurden.[81] In Variante 1 sind die „Übertragungen an die übrige Welt" nicht berücksichtigt. Die Vernachlässigung der Zinszahlungen des Staates und der Übertragungen an die übrige Welt bei der Berechnung der Nettosteuern und der öffentlichen Ausgaben führt dazu, dass die Nettosteuern höher sein können als die öffentlichen Ausgaben, obwohl der Staat insgesamt ein Defizit aufweist. Einen visuellen Eindruck der Daten liefert Abbildung 5.1.

---

81 Vgl. Scheremet und Zwiener (1996).

Abbildung 5.1

Reales Bruttoinlandsprodukt, Nettosteuern und öffentliche Ausgaben[1)]in Deutschland und den USA

Deutschland

Ab 1. Quartal 1991: Gesamtdeutschland

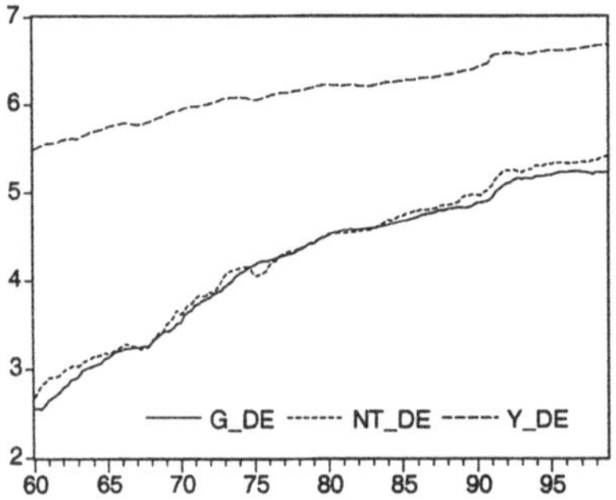

Westdeutschland ab 1994 mit gesamtdeutscher Entwicklung fortgeschrieben

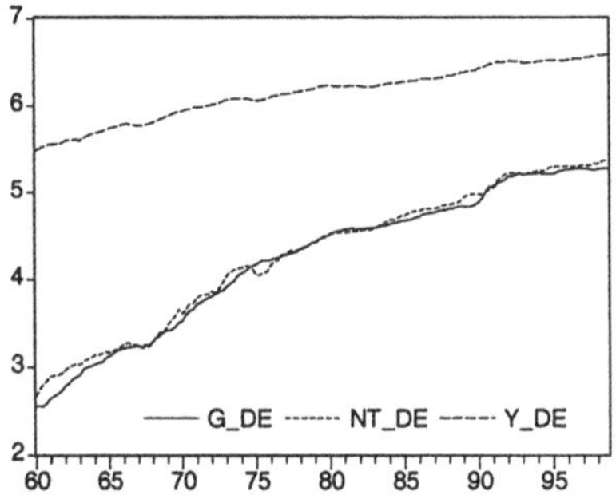

USA

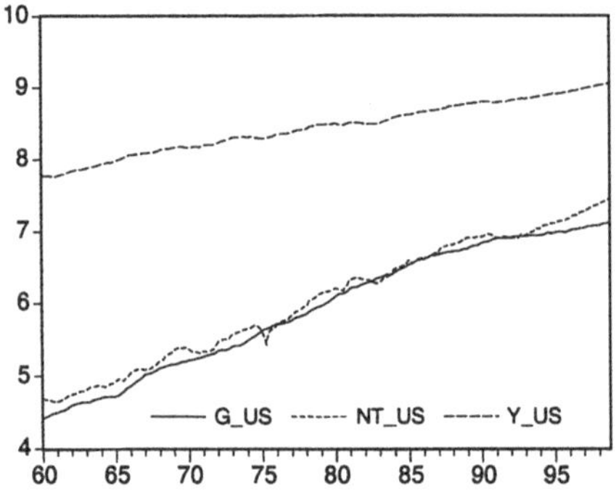

1) Alle Variablen in Logarithmen.

Quellen: Bureau of Economic Analysis, VGR des DIW, eigene Berechnungen.

5.2.3 Die empirischen Ergebnisse

Die Schätzung des vektorautoregressiven Systems wurde jeweils für Deutschland und die USA mit drei verschiedenen Datensätzen durchgeführt. Die Analyse basiert auf den Schätzungen in Niveaus der Variablen. Für die Bestimmung der zeitgleichen Effekte, die Impuls-Antwort-Analyse und die Untersuchung zu den

Auswirkungen der diskretionären Maßnahmen wurden für Deutschland die Daten der Variante 2 zugrunde gelegt, d.h. bis 1994 beziehen sich die Daten auf Westdeutschland, und von 1995 an wurden diese mit der gesamtdeutschen Entwicklung fortgeschrieben. Die Variante 2 wurde gewählt, da anderenfalls in der Analyse der diskretionären Maßnahmen eine Unterscheidung zwischen Gebietssprung-Dummy 1991 und der Dummy-Variablen für einen fiskalischen Schock zu diesem Zeitpunkt nicht möglich gewesen wäre.

Um zu prüfen, ob die Ergebnisse sensitiv auf unterschiedliche Annahmen bezüglich der Stationarität reagieren, wurden zusätzliche VAR unter Verwendung von trendbereinigten Daten und in ersten Differenzen geschätzt. Die zusätzlichen Schätzungen mit trendbereinigten Daten (Hodrick-Prescott-Filter) erfolgten unter anderem deshalb, weil im Rahmen dieser Arbeit das besondere Interesse an der Interdependenz von gesamtwirtschaftlicher Produktion und dem Steuer- und Abgabensystem im Konjunkturverlauf liegt. Vorab wurden deshalb mit dem Hodrick-Prescott-Filter die zyklischen Komponenten der Variablen berechnet und die so berechneten fiskalischen Variablen der konjunkturellen Entwicklung gegenübergestellt.[82]

Da es sich beim Hodrick-Prescott-Filter um einen zweiseitigen Filter handelt, sind mit einer derartigen Filterung eine Reihe von Problemen verbunden. Deshalb werden die trendbereinigten Daten nur für eine deskriptive Analyse des Zusammenhangs von fiskalischen Schocks und Konjunktur verwendet und außerdem um zu testen, wie robust die Ergebnisse der Schätzungen des strukturellen VAR's in den Niveaus sind.

5.2.3.1 Zeitreiheneigenschaften und Kointegration

In einem ersten Schritt wurde der Integrationsgrad der verwendeten Daten ermittelt. Für die USA und die Variante 2 der deutschen Daten (Westdeutschland mit gesamtdeutscher Entwicklung fortgeschrieben) erfolgte dies mit Hilfe des Augmented-Dickey-Fuller-Tests (Dickey und Fuller, 1979). Die Einheitswurzeltests auf Integration vom Grade 1 erfolgten an Hand der Gleichung

$$\Delta x_t = \alpha_0 + \alpha_1 \text{ Trend} + \gamma x_{t-1} + \sum_{i=1}^{p} \beta_i \Delta x_{t-1} + \varepsilon_t ,$$

82 Als Parameter wurde der Wert 1 600 verwendet (vgl. Anhang A.2).

wobei die Nullhypothese $\gamma = 0$ getestet wurde.[83] Da alle Zeitreihen offensichtlich einem deterministischen Trend folgen, muss in der Testgleichung ebenfalls ein Trendenthalten sein. Der Test auf einen Integrationsgrad von 2 wurde analog dazu in zweiten Differenzen und ohne Trend durchgeführt. Die Testergebnisse sind im oberen Teil von Tabelle 5.1 zusammengefasst. Bei den Tests auf Integration der Ordnung 1 konnte die Nullhypothese bei einer Irrtumswahrscheinlichkeit von mindestens 10 % in keinem Fall und bei den Tests auf Integration der Ordnung 2 bei einer Irrtumswahrscheinlichkeit von 1 %nicht abgelehnt werden. In den weiteren Untersuchungen wird daher für die untersuchten Zeitreihen ein Integrationsgrad der Ordnung 1 angenommen.

Wie Perron (1989) gezeigt hat, können jedoch Einheitswurzeltests für Daten mit Strukturbrüchen zu falschen Ergebnissen bezüglich des Integrationsgrades einer Zeitreihe führen, da die reguläre Dickey-Fuller-Regression den Strukturbruch nicht berücksichtigt und somit fehlspezifiziert ist.[84] Die in der Variante 1 (bis 1990 Westdeutschland, ab 1991 Gesamtdeutschland) berechneten Zeitreihen wurden daher mit dem von Perron (1989) entwickelten Test auf Instationarität durchgeführt. Perron (1989) unterscheidet dabei drei Fälle: Modell A beschreibt den Fall eines Strukturbruchs im Absolutglied (Niveausprung, Steigung des Trends bleibt unverändert), Modell B nur einen Strukturbruch im Trend und Modell C eine Kombination von beiden. Die Tests haben gezeigt, dass alle drei Zeitreihen einen Strukturbruch sowohl im Absolutglied als auch im Trend aufweisen. Der Perron-Test wurde daher unter Verwendung von Modell C durchgeführt. Der Test basiert auf einem zweistufigen Verfahren (Hassler 2001b). In einem ersten Schritt wird die zu untersuchende Zeitreihe um alle deterministischen Komponenten bereinigt, im vorliegenden Fall um den Strukturbruch 1991 und den gebrochenen Trend:

$$x_t = a_0 + a_1 \cdot DU_t(\lambda) + a_2 \cdot \text{Trend} + a_3 \cdot DU_t(\lambda) \cdot \text{Trend} + \tilde{x}_t \,, \tag{5.6}$$

[83] Die Tests wurden mit dem Programmpaket Eviews 3.1 durchgeführt.

[84] Wenn in einer Zeitreihe Strukturbrüche auftreten, kann die Nullhypothese, dass die Zeitreihe I(1) ist oftmals nicht abgelehnt werden. Perron (1989) hat in Simulationen gezeigt, dass die Hypothese einer Einheitswurzel in den Daten mit bekanntem Zeitpunkt des Strukturbruchs immer häufiger nicht abgelehnt werden kann, wenn der Bruch signifikant ist (*spurios unit root*). Für neuere Entwicklungen zu (Co-) Integration mit Strukturbrüchen vgl. Hassler (2001b).

Tabelle 5.1

Test auf Integrationsgrad der Zeitreihen

Augmented-Dickey-Fuller-Test (ADF)

Testgleichungen:

I(1): $\Delta x_t = \alpha_0 + \alpha_1\, Trend + \gamma x_{t-1} + \sum_{i=1}^{p} \beta_i \Delta x_{t-1} + \varepsilon_t$

I(2): $\Delta^2 x_t = \alpha_0 + \gamma \Delta x_{t-1} + \sum_{i=1}^{p} \beta_i \Delta^2 x_{t-1} + \varepsilon_t$

$x = Y, NT, G$

	Test auf I(1) Konstante und Trend		Test auf I(2) Konstante	
Variable[1)]	p	ADF[2)]	p	ADF[2)]
Y_US	2	-2,80	1	-6,63
Y_DE(2)	5	-2,44	4	-4,12
NT_US	2	-2,85	1	-8,20
NT_DE(2)	5	-1,00	5	-5,14
G_US	3	-0,01	3	-4,61
G_DE(2)	4	-0,71	3	-4,03

Perron-Test

Testgleichungen:[3)]

$x_t = a_0 + a_1 \cdot DU_t(\lambda) + a_2 \cdot Trend + a_3 \cdot DU_t(\lambda) \cdot Trend + \tilde{x}_t$,

$t = 1,...,T, x = Y, NT, G$

$\Delta\tilde{x}_t = b_0 \tilde{x}_{t-1} + \sum_{i=1}^{k} b_i \Delta\tilde{x}_{t-i} + \sum_{i=1}^{k} g_i \Delta d_{t-i}(\lambda) + \varepsilon_t$

$T_{<1991:1} = 115$, $T_{gesamt} = 147 \rightarrow \lambda \cong 0{,}8$

	Test auf I(1)		Test auf I(2)	
	k	ADF	i	ADF[2)]
Y_DE(1)	4	-1,99	3	-7,70
NT_DE(1)	4	-1,27	4	-5,41
G_DE(1)	4	-0,35	3	-3,77

1) Die Ziffern in Klammer bezeichnen die jeweils verwendeten Varianten der Zeitreihen für Deutschland, siehe Text für Erläuterung.

2) Kritische Werte MacKinnon nach (1991) bei 1%(5%,10%)-Signifikanzniveau: Konstante und Trend: -4.02 (-3,43, 3,14); Konstante: -3,47(-2,88, 2,58).

3) Vgl. Hassler (2001); Kritische Werte für Modell C nach Perron (1989) bei 1%(5%, 10%)-Signifikanzniveau: -4,70 (-4,04, -3,69).

mit $t = 1,...,T$. DU_t ist eine Stufen-Dummy, die den Wert 1 annimmt, wenn $t > T_B$ und sonst null ist; T_B bezeichnet dabei den Zeitpunkt des Strukturbruchs und λ das Verhältnis von T_B zu T. In einem zweiten Schritt werden die Residuen $\tilde{x}_t$ aus (5.6) mit dem Augmented-Dickey-Fuller-Test auf eine Einheitswurzel getestet. Gemäß Perron und Vogelsang (1992, 1993) müssen in der Testgleichung noch verzögerte Werte von $\Delta D(\lambda) = D_t(\lambda) - D_{t-1}(\lambda)$ hinzugefügt werden. Der modifizierte Augmented-Dickey-Fuller-Test lautet damit:

$$\Delta\tilde{x}_t = b_0\tilde{x}_{t-1} + \sum_{i=1}^{k} b_i \Delta\tilde{x}_{t-i} + \sum_{i=1}^{k} g_i \Delta D_{t-i}(\lambda) + \varepsilon_t$$

Kritische Werte für den Test auf $b_0 = 0$ sind in Perron (1989) tabelliert. Der Test wurde für alle Zeitreihen der Variante 1 durchgeführt (x_t = *Y_DE, NT_DE, G_DE).* Die Testergebnisse sind in Tabelle 5.1 zusammengefasst. Der Perron-Test liefert das Ergebnis, dass für die getesteten Zeitreihen mit Strukturbruch im Trend die Nullhypothese einer Einheitswurzel nicht verworfen werden kann.

Um vorab zu klären, ob den Koeffizienten in der Schätzung des strukturellen VAR Restriktionen auferlegt werden müssen, werden die Zeitreihen auf Kointegration gestestet. Die Hypothese auf Kointegration ergibt sich aus den Überlegungen bezüglich einer nachhaltigen Finanzpolitik. Diese erfordert, dass die Ausgaben des Staates langfristig durch die Einnahmen gedeckt sind und das öffentliches Defizit deshalb eine stationäre Zeitreihe ist. Bei einer Finanzpolitik, die langfristig – beispielsweise über den Konjunkturzyklus hinweg – ein ausgeglichenes Budget aufweist, müssten somit die Variablen kointegriert sein, und als Linearkombination ergäbe sich ein Defizit, das stationär ist.

Wie bereits beim Einheitswurzeltest wurden für Deutschland die Daten mit Strukturbruch (Variante 1) mit einem anderen Verfahren getestet. Gemäß dem Johansen-Kointegrations-Test (Johansen, 1991 und 1995) kann für Deutschland bei Verwendung der Daten der Variante 2, ebenso wie für die USA, die Null-Hypothese der Nicht-Kointegration von realem Bruttoinlandsprodukt, Nettosteuern und öffentlichen Ausgaben nicht verworfen werden (Tabelle 5.2). Für den Test auf Kointegration der deutschen Reihen mit Strukturbruch wurde zusätzlich das Verfahren nach Hassler (2001b) angewendet. Er schlägt für derartige Zeitreihen einen zwei-stufigen Dickey-Fuller-Test mit den in MacKinnon (1991) tabellierten kritischen Werten vor, wobei für die Wahl der kritischen Werte die

Tabelle 5.2

Test auf Kointegration von Y, NT und G

Johansen-Test
Testannahme: Linearer deterministischer Trend in den Zeitreihen

	Rang	Eigenwerte	Likelihood Ratio[1)]	Kointegration
USA	0	0,097	21,86	Nein
	1	0,027	5,67	
Deutschland	0	0,124	28,03	Nein
Variante 2	1	0,039	8,03	
Deutschland	0	0,089	18,44	Nein
Variante 1[2)]	1	0,025	4,22	

Zwei-stufiger Augmented-Dickey-Fuller-Test[3)]

Deutschland Variante 1	Testgleichungen: $Y_t = \alpha_0 + \alpha_1 NT_t + \alpha_2 G_t + \alpha_3\, Trend + \alpha_4\, DU_t(\lambda) + \varepsilon_t$ $\Delta\varepsilon_t = \gamma x_{t-1} + \sum_{i=1}^{p} \beta_i \Delta\varepsilon_{t-i} + \tilde{\varepsilon}_t$ $DU_t(\lambda)$ = 1 für T>1990:4, sonst 0 ADF-Test: t_γ: -2,1 Kritischer Wert[4)] bei 1% (5%) Signifikanzniveau: -4,96 (-4,3)

1) Die kritischen Werte bei einer Irrtumswahrscheinlichkeit von 1% sind: 35,65 für r = 0 und 20,04, für r =1, bei 5% entsprechend: 29,68 und 15,41.
2) Beim Johansen-Test wurde für die Zeitreihen der Variante 1 (Daten mit Sprung 1991) eine Stufendummy mitgeschätzt.
3) Vgl. Hassler (2001b).
4) Asymptotische kritische Werte für 4 stochastische Regressoren aus McKinnon (1991).

Anzahl der stochastischen Regressoren um die Anzahl der Strukturbruch-Dummies in der Kointegrationsregression erhöht wird.[85] Sowohl der Johansen-Test als auch der zweistufige Dickey-Fuller-Test lehnen die Nullhypothese der Nicht-Kointegration der Zeitreihen nicht ab. Da – wie oben erläutert – für die weitere Analyse für Deutschland die Daten der Variante 2 (Westdeutschland mit

85 Nach Hansen (1992) hängt die asymptotische Verteilung der kritischen Werte sowohl von Trends der Regressoren als auch von der Methode der Trendbereinigung ab. Es müssten deshalb die kritischen Werte für *n-1* stochastische Regressoren verwendet werden. Da aber laut Hassler (2001b) der Fehler „für die Praxis (...) vernachlässigbar" sei, wird hier trotz eines linearen Trends auf die Verwendung der korrekten Quantile verzichtet.

gesamtdeutscher Entwicklung ab 1995 fortgeschrieben) verwendet werden, wird für die weitere Analyse keine explizite Kointegration berücksichtigt. durch die Verwendung der Niveauwerte werden möglich Kointegrationsbeziehungen auch nicht explizit ausgeschlossen.

5.2.3.2 Zyklische Komponenten der fiskalischen Variablen und Konjunktur

Um einen ersten Eindruck über die Finanzpolitik im Konjunkturverlauf in Deutschland und in den USA zu bekommen, sollen vorab die zyklischen Komponenten der fiskalischen Variablen und der Konjunkturvariablen einander gegenübergestellt werden. Die zyklische Komponente wird mittels einer Hodrick-Prescott-Filterung ermittelt. Die Entwicklung dieser Zeitreihen zeigt Abbildung 5.2. Da die Zerlegung mit logarithmierten Werten durchgeführt wurde, kann die Abweichung der gesamtwirtschaftlichen Produktion von der permanenten Komponente als Auslastungsgrad interpretiert werden. Bei den Steuern- und Ausgabenimpulsen ist zusätzlich die Konjunkturvariable abgebildet.

Die über die Hodrick-Prescott-Filterung ermittelten konjunkturellen Schwankungen sind in Deutschland und in den USA etwa gleich stark. Die Standardabweichung beträgt 0.016 beziehungsweise 0.017. Am Ende der achtziger und in den frühen neunziger Jahren wird die zeitlich verschobene Konjunktur in Deutschland und den USA deutlich. Allerdings ist die nach diesem Bild sehr schwache Entwicklung in Deutschland am Ende der achtziger Jahre im Wesentlichen auf den durch den Hodrick-Prescott-Filter gemessenen Anstieg des Trendwachstums im Zuge der deutschen Vereinigung zurückzuführen. Die Wachstumsraten des Bruttoinlandsprodukts waren in den Jahren 1988 und 1989 höher als Mitte der achtziger Jahre. Nach der konjunkturellen Eintrübung 1995, von der beide Volkswirtschaften betroffen waren, verlief die Entwicklung wieder gleichförmiger. Allerdings erholte sich die US-amerikanische Wirtschaft sehr viel schneller als die deutsche.

Für die Berechnung der zyklischen Komponenten der staatlichen Einnahmen und Ausgaben steht eine Reihe von Verfahren zur Verfügung.[86] Neben den Berechnungen der OECD zu den strukturellen Defiziten sind dies im Wesentlichen das Impulskonzept des Sachverständigenrates und des DIW sowie eine Konjunkturbereinigung des öffentlichen Budgetdefizits (Deutsche Bundesbank 2000). Diese

[86] Vgl. Deutsche Bundesbank (2000).

Abbildung 5.2

Konjunktur, Steuern und Ausgaben[1) in den USA und in Deutschland

USA | Deutschland

Konjunktur

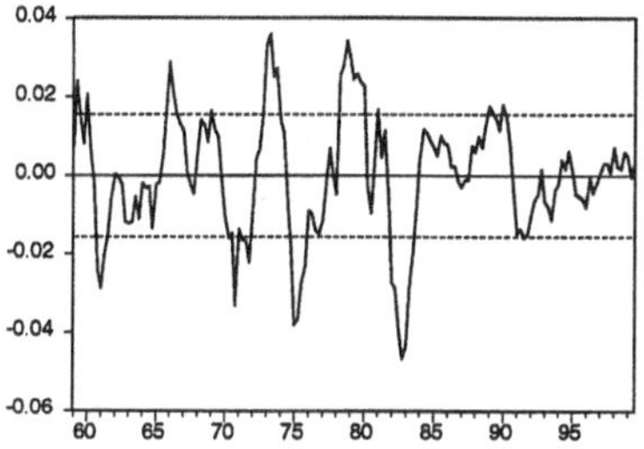

... Standardabweichung = 0.0156

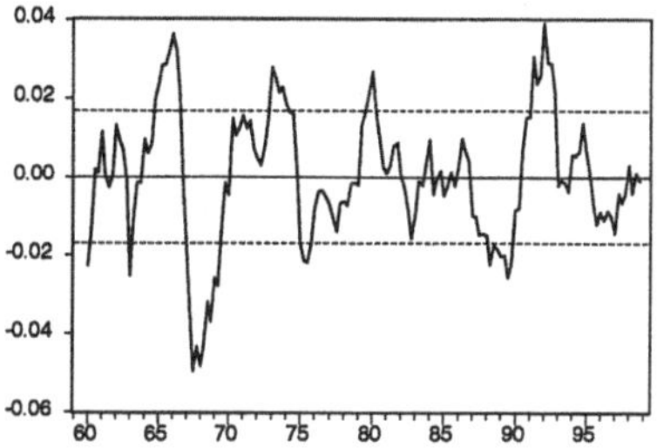

... Standardabweichung = 0.0169

Nettosteuern und Konjunktur

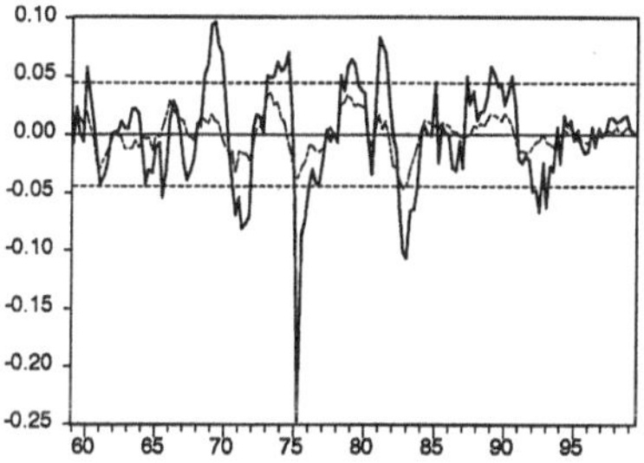

... Standardabweichung = 0.0442

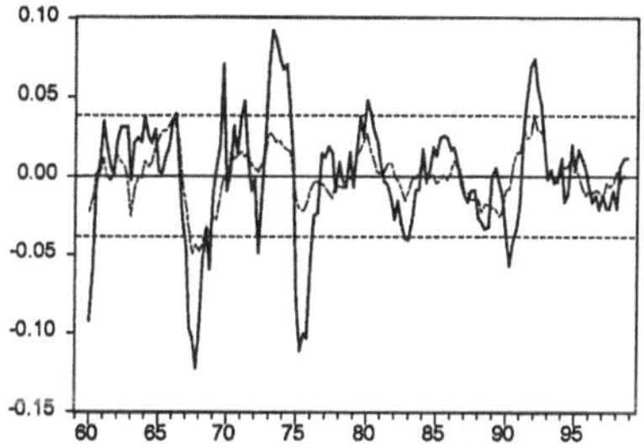

... Standardabweichung = 0.0385

Öffentliche Ausgaben und Konjunktur

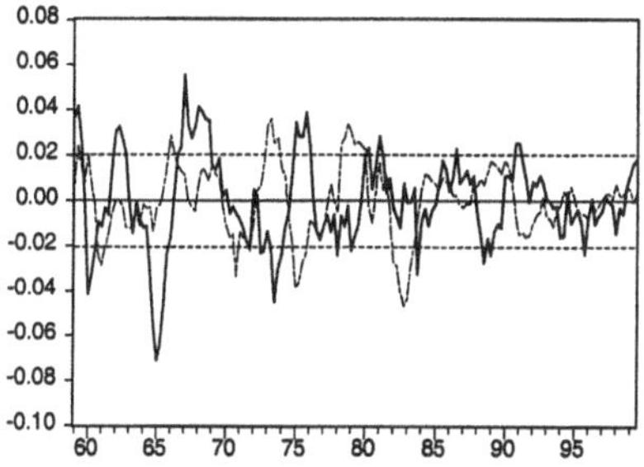

... Standardabweichung = 0.0204

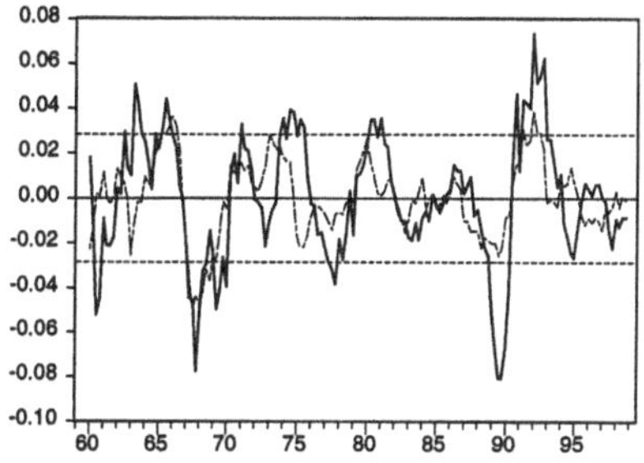

... Standardabweichung = 0.0284

1) Jeweils Abweichungen vom Trend (Hodrick-Prescott-Filter).
Quellen: Bureau of Economic Analysis, VGR des DIW, eigene Berechnungen.

Methoden basieren aber auf der Bereinigung von Jahresdaten. Da hier jedoch Quartalsdaten verwendet werden, wurde nicht auf bestehende Konzepte zurückgegriffen, sondern die Trendbereinigung mit der gleichen Methode durchgeführt wie beim Bruttoinlandsprodukt.

Positive Werte der Nettosteuern (*NT*) bedeuten, dass die aktuellen Nettosteuereinnahmen höher sind als die der trendmäßigen Entwicklung. Von den Steuern geht in diesem Fall ein Entzugseffekt aus, da Kaufkraft dem privaten Sektor entzogen wird. Im Gegensatz dazu bedeuten positive Werte bei den öffentlichen Ausgaben eine Expansion. Bezüglich der Variation der Nettosteuern erscheinen die Schwankungen auf den ersten Blick in den USA ausgeprägter. Dies ist jedoch in erster Linie auf die temporäre Steuersenkung im Jahr 1975 zurückzuführen. Nimmt man das Jahr 1975 aus der Berechnung der Standardabweichung heraus, ist diese in den USA nur noch geringfügig größer. Sowohl in den USA als auch in Deutschland folgen die Einnahmen der konjunkturellen Entwicklung sehr viel enger als die Ausgaben. Dies liegt in erster Linie daran, dass bei diesem Aggregat vor allem Größen zusammengefasst wurden, bei denen die automatischen Stabilisatoren von Bedeutung sind. Allerdings scheinen in Deutschland die Ausgaben prozyklisch zu verlaufen.

Die Kombination beider Effekte ergibt den Gesamteffekt,

$$FS_{IMP} = G - NT,$$

wobei berücksichtigt werden muss, dass sich im Fall von *NT* eine positive Wirkung bei negativen Werten ergibt.

Die Entwicklung der Summe der zyklischen Komponenten der fiskalischen Variablen im Konjunkturverlauf in Deutschland und in den USA zeigt Abbildung 5.3. Fiskalische Variable und Konjunktur scheinen in den USA ein gegensätzliches zeitliches Muster zu haben. Konjunkturellen Schwächephasen stehen positive Abweichungen der fiskalischen Variablen vom Trend gegenüber. Erholte sich die Konjunktur, so werden die Abweichungen schwächer oder kehren sich sogar ins Negative um. Insbesondere in der Rezession Mitte der siebziger Jahre wird dies deutlich, als die US-amerikanische Finanzpolitik durch eine massive temporäre Steuersenkung im 2. Quartal 1975 die privaten Haushalte um fast 44 Mrd. US-Dollar entlastete. Zwar gab es danach keine vergleichbare Steuersenkung mehr, jedoch scheint die US-amerikanische Finanzpolitik zumindest indirekt auf eine veränderte konjunkturelle Situation zu reagieren. So führte im Jahr 1989 bereits eine leichte konjunkturelle Abschwächung zu negativen Ab-

Abbildung 5.3

Konjunktur und fiskalische Impulse[1)]

in den USA

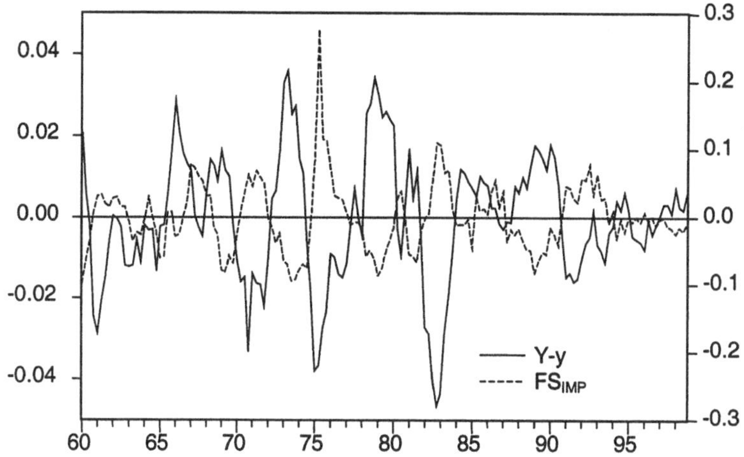

und in Deutschland

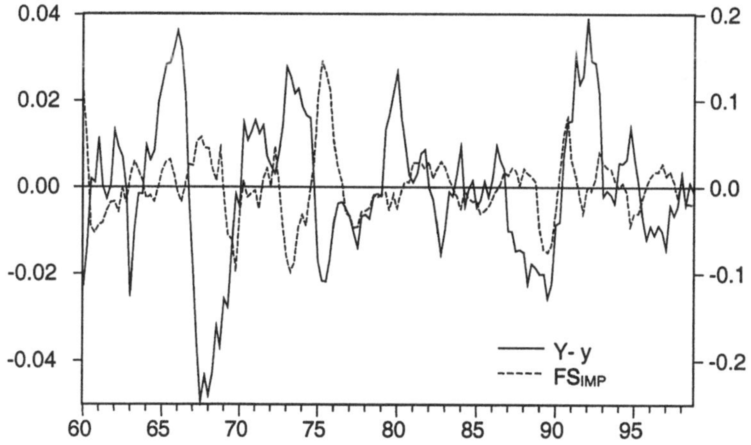

1) $FS_{IMP} = G - NT$, *y:* Trendkomponente.

Quelle: Bureau of Economic Analysis, VGR des DIW, eigene Berechnungen.

weichungen der fiskalischen Variablen vom Trend, nachdem die Finanzpolitik zuvor tendenziell eher dämpfend gewirkt hatte. Dieser Umstieg von Restriktions- auf Expansionswirkung war hauptsächlich Folge der automatischen Stabilisatoren im Bereich der Ausgaben, die gesetzlich festgelegt sind.[87] Diskretionäre Konjunkturprogramme wurden hingegen in Übereinstimmung mit den gesetzlichen Vorgaben nicht beschlossen. Durch die verbindliche Begrenzung des Ausgabeverhaltens konnte die günstige Entwicklung der Einnahmen dann im Aufschwung zum Abbau der laufenden Defizite genutzt werden.

Die untere Grafik in Abbildung 5.3 vermittelt den Eindruck, dass sich die Finanzpolitik in Deutschland von der in den USA unterscheidet. In Deutschland ist kein klares gegenläufiges Muster von Konjunktur und fiskalischen Variablen zu erkennen. Allenfalls in den sechziger und frühen siebziger Jahren scheint die Finanzpolitik eine antizyklische Strategie zu verfolgen. Demgegenüber deutet sich seit den frühen achtziger Jahren ein eher prozyklischer Kurs der Finanzpolitik an. Die achtziger Jahre waren fast durchgängig vom Bestreben gekennzeichnet, die öffentlichen Haushalte zu konsolidieren. Im Jahr 1990 führte dagegen die dritte Stufe der Steuerreform 1986/1988/1990 in der Aufschwungphase vor der deutschen Vereinigung zu einer Wachstumsbeschleunigung. Mit den umfangreichen Steuersenkungen nahmen die verfügbaren Einkommen der privaten Haushalte in Westdeutschland deutlich zu. Infolgedessen kam es bereits im Verlauf des Jahres 1990 zu einer spürbaren Expansion des privaten Verbrauchs, und die bereits boomende Wirtschaft wurde durch die Finanzpolitik zusätzlich angeregt. Die Ausweitung der Defizite im Zuge der deutschen Vereinigung verstärkte diesen Prozess noch. Aufgrund der zunehmenden öffentlichen Verschuldung leitete die Regierung jedoch bald einen Konsolidierungskurs ein. Ausgehend von diesem ersten visuellen Eindruck soll im Folgenden überprüft werden,

1. ob insbesondere die Beziehung zwischen Nettosteuern und Konjunktur (Wirkung der automatischen Stabilisatoren) im Zeitablauf stabil war,
2. ob es signifikante Unterschiede hinsichtlich der Konjunkturreagibilität der öffentlichen Haushalte zwischen Deutschland und den USA gibt und
3. welche konjunkturellen Effekte von singulären finanzpolitischen Impulsen in den USA und Deutschland ausgingen.

---

87 Vgl. Kapitel 4.

5.2.3.3 Test auf Strukturkonstanz

Die Entwicklung der Nettosteuern in Abbildung 5.2 sowie der Konjunkturvariablen und fiskalischer Impulse in Abbildung 5.3 deutet an, dass für Deutschland die Beziehung zwischen der gesamtwirtschaftlichen Produktion und den Nettosteuern im Beobachtungszeitraum nicht stabil war. Aber auch für die USA ist wegen umfangreichen Veränderungen des Steuersystems in der Mitte der achtziger Jahre ein Strukturbruch in der Beziehung zwischen Konjunktur und Nettosteuern möglich. Um die Beziehung zwischen der gesamtwirtschaftlichen Produktion, den Nettosteuern und der öffentlichen Ausgaben auf mögliche Strukturbrüche zu prüfen, wurde eine Reihe von Stabilitätstests für die Gleichungen des in Niveaus geschätzten VAR-Systems durchgeführt.

In einem ersten Schritt wurden die Gleichungen des VAR-Systems rekursiv geschätzt und ein CUSUM-of-Squares-Test durchgeführt.[88] Die jeweiligen Spezifikationen der Testgleichungen und die Ergebnisse finden sich in Abbildung 5.4. Sowohl für Deutschland als auch für die USA war die Aufnahme zusätzlicher Dummy-Variablen erforderlich: für die USA wegen der temporären Steuersenkung im 2. Quartal 1975 und für Deutschland wegen der deutschen Vereinigung. Die Gleichungen für die USA wurden deshalb um je eine Dummy in den Quartalen 1975:II (d75(2)) sowie 1975:III (d75(3)) und die für Deutschland um je eine Dummy in den Quartalen 1990:II (d90(2)), 1990:III (d90(3)) und 1990:IV (d90(4)) ergänzt.[89] Die Dummies waren für die USA nur in der Gleichung für die Nettosteuern und für Deutschland nur in der Gleichung für die öffentlichen Ausgaben signifikant.

In der Gleichung für die gesamtwirtschaftliche Produktion in den USA deutet sich zu Beginn der achtziger Jahre ein Strukturbruch bezüglich der Stabilität der Parameter an. Die kumulierte Summe der quadrierten Residuen überschreitet das 5%–Signifikanzband jedoch nicht. In den beiden anderen Gleichungen für die USA scheint der Zusammenhang über diesen Zeitraum – trotz der massiven Steuersenkungen 1982 und der umfangreichen Steuerreform Mitte der achtziger Jahre – stabil zu sein.

88 Brown, Durbin und Evans (1975).

89 Die Dummies haben den Wert 1 in den jeweiligen Quartalen und sonst 0.

Abbildung 5.4

Test auf Strukturbruch mit dem CUSUM of Square Test

Schätzzeitraum 1961:I bis 1998:IV

USA

Testgleichung

$$Y_t = \alpha_0 + \sum_{i=1}^{3} \alpha_i NT_{t-i} + \sum_{i=1}^{3} \beta_i Y_{t-i} + \sum_{i=1}^{3} \gamma_i G_{t-i} + \delta_1 \text{Trend} + \sum_{i=2}^{3} \delta_i d75(i) + \varepsilon_t$$

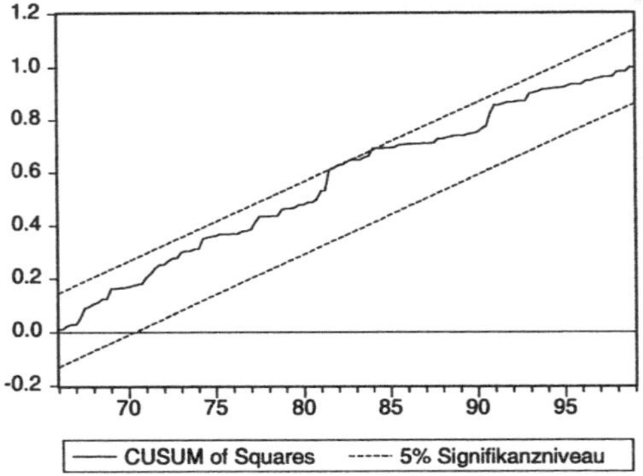

Deutschland

Testgleichung

$$Y_t = \alpha_0 + \sum_{i=1}^{4} \alpha_i NT_{t-i} + \sum_{i=1}^{4} \beta_i Y_{t-i} + \sum_{i=1}^{4} \gamma_i G_{t-i} + \delta_1 Trend + \sum_{i=2}^{4} \delta_i d90(i) + \varepsilon_t$$

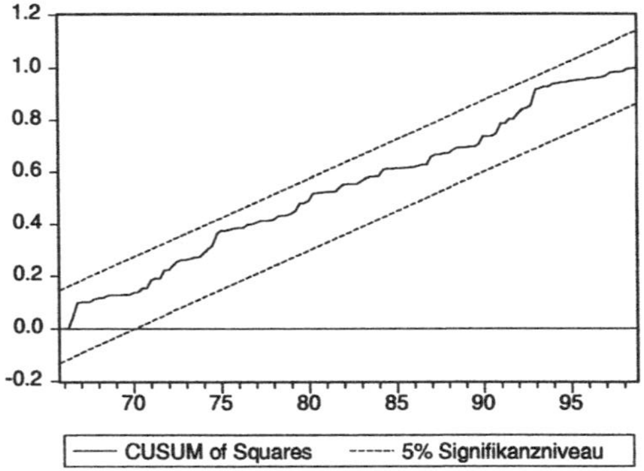

noch Abbildung 5.4

USA

Testgleichung

$$NT_t = \alpha_0 + \sum_{i=1}^{3} \alpha_i NT_{t-i} + \sum_{i=1}^{3} \beta_i Y_{t-i} + \sum_{i=1}^{3} \gamma_i G_{t-i} + \delta_1 Trend + \sum_{i=2}^{3} \delta_i d75(i) + \varepsilon_t$$

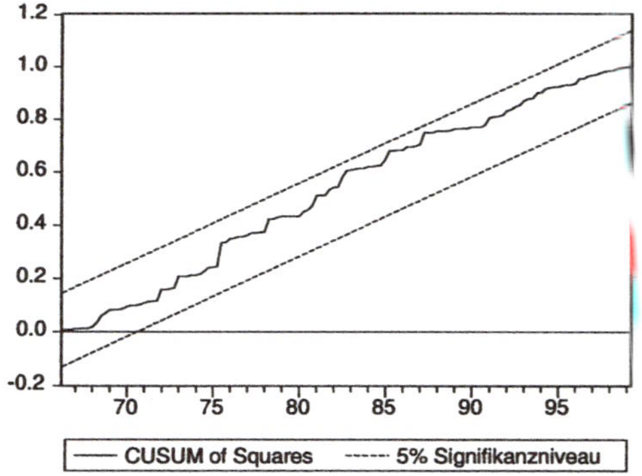

Deutschland

Testgleichung

$$NT_t = \alpha_0 + \sum_{i=1}^{4} \alpha_i NT_{t-i} + \sum_{i=1}^{4} \beta_i Y_{t-i} + \sum_{i=1}^{4} \gamma_i G_{t-i} + \delta_1 Trend + \sum_{i=2}^{4} \delta_i d90(i) + \varepsilon_t$$

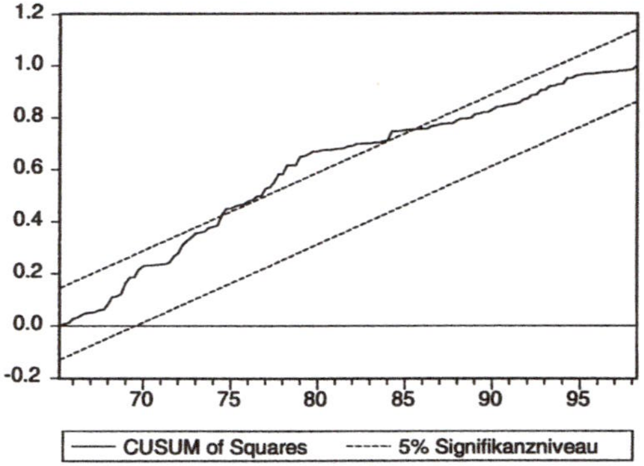

noch Abbildung 5.4

USA

Testgleichung

$$G_t = \alpha_0 + \sum_{i=1}^{3} \alpha_i NT_{t-i} + \sum_{i=1}^{3} \beta_i Y_{t-i} + \sum_{i=1}^{3} \gamma_i G_{t-i} + \delta_1 Trend + \sum_{i=2}^{3} \delta_i d75(i) + \varepsilon_t$$

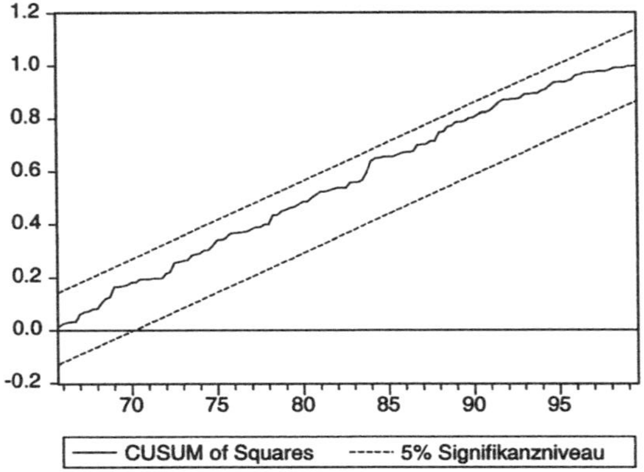

Deutschland

Testgleichung

$$G_t = \alpha_0 + \sum_{i=1}^{4} \alpha_i NT_{t-i} + \sum_{i=1}^{4} \beta_i Y_{t-i} + \sum_{i=1}^{4} \gamma_i G_{t-i} + \delta_1 Trend + \sum_{i=2}^{4} \delta_i d90(i) + \varepsilon_t$$

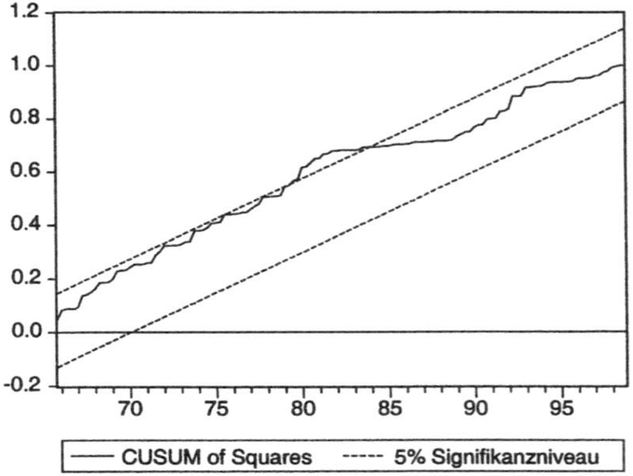

Für Deutschland zeigt dieser Test eine Instabilität in der Gleichung für die Nettosteuern Mitte der siebziger Jahre und in der Gleichung für die öffentlichen Ausgaben zu Beginn der achtziger Jahre. Um den Zeitpunkt des Strukturbruchs in der Gleichung für die Nettosteuern in Deutschland genauer bestimmen zu können, wurde zusätzlich jeweils eine Sequenz von Chow-Tests auf Strukturbruch durchgeführt, wobei der Zeitpunkt der Teilperioden – beginnend mit 1974:I – jeweils um ein Quartal bis 1983:IV nach vorne verschoben wurde. Die Chow-Tests bestätigen die Ergebnisse des CUSUM-of-Square-Tests. Während für die USA die Nullhypothese der Strukturkonstanz in den Gleichungen nicht abgelehnt wird, weist der Chow-Test für Deutschland auf einen Strukturbruch in der Nettosteuer-Gleichung in den Jahren 1975 und 1976 und in der Ausgaben-Gleichung 1981 und 1985 hin.

Die Schätzung des VAR-Systems und die darauf aufbauenden Impuls-Antwort-Analysen beziehungsweise die Varianzzerlegungen wurden daraufhin für Deutschland für verschiedene Zeiträume durchgeführt. Zwar weist der Chow-Test für die Nettosteuer-Gleichung im 3. Quartal 1974 und im 1. Quartal 1975 den kleinsten Wahrscheinlichkeitswert aus, jedoch ist dieser im vierten Quartal 1976 nur geringfügig höher. Um für den ersten Zeitraum möglichst viele Freiheitsgrade zur Verfügung zu haben und weil der Strukturbruch in der Ausgabengleichung später liegt, wurde der Beginn des zweiten Schätzzeitraums auf das 1. Vierteljahr 1977 gelegt.

5.2.3.4 Spezifikation des VAR

Die dynamische Spezifikation des VAR-Systems wurde anhand von Informationskriterien bestimmt,[90] wobei Dummy-Variable und Trend verwendet wurden. Die üblicherweise verwendeten Kriterien sind das Akaike-, das Schwarz- und das Hannan-Quinn-Informationskriterium. Diese Kriterien suchen einen Ausgleich zwischen dem Ziel einer Verbesserung des Erklärungsgehaltes einer Schätzung durch die Aufnahme zusätzlicher Regressoren und einer möglichst sparsamen Spezifikation des VAR.[91] In Tabelle 5.3 finden sich die Werte der jeweiligen Informationskriterien für das VAR-System insgesamt bei den entsprechenden Verzögerungen; gesucht wird das jeweilige Minimum. Als zusätzliches Kriterium wurde der Likelihood-Ratio-Test hinzugezogen. Bei dem hier verwenden Test wird der Wert der Likelihood-Funktion des allgemeineren VAR-

---

90 Vgl. dazu Lütkepohl (1991, Kapitel 4), sowie Brüggemann und Lütkepohl (2000).

91 Vgl. Akaike (1974), Schwarz (1978) sowie Hannan und Quinn (1979).

Tabelle 5.3

Informationskriterien zur Bestimmung der Anzahl von Verzögerungen im VAR-System[1)]

	USA 1962:I bis 1998:IV			
n	Likelihood Ratio-Test[2)]	Akaike	Schwarz	Hannan-Quinn
6	0,184	-18,010	-16,811	-17,522
5	0,105	-18,033	-17,013	-17,619
4	0,580	-18,102*	-17,263	-17,761
3	0,022	-18,093	-17,433	-17,825
2	0,002	-18,036	-17,557	-17,841
1	0,091	-18,056	-17,756*	-17,934*
	Deutschland 1962:I bis 1976:IV			
n	Likelihood Ratio-Test[2)]	Akaike	Schwarz	Hannan-Quinn
6	0,258	-16,848	-14,859	-16,070
5	0,094	-16,900*	-15,225	-16,245
4	0,001	-16,713	-15,351	-16,180
3	0,116	-16,777	-15,729	-16,367
2	0,259	-16,889	-16,156	-16,602*
1	0,000	-16,603	-16,184*	-16,439
	Deutschland 1977:I bis 1998:IV			
n	Likelihood Ratio-Test[2)]	Akaike	Schwarz	Hannan-Quinn
6	0,546	-19,325*	-17,720	-18,678
5	0,012	-19,288	-17,937	-18,744*
4	0,000	-18,886	-17,788	-18,444
3	0,000	-18,624	-17,779	-18,284
2	0,001	-18,518	-17,927	-18,280
1	0,132	-18,566	-18,229*	-18,430

1) Die gemäß den jeweiligen Informationskriterien optimale Anzahl von Verzögerungen sind mit einem Stern gekennzeichnet. – 2) Signifikanzniveau

Modells (*n+k* Verzögerungen) mit dem des restringierten VAR-Modells (*n* Verzögerungen) verglichen (Hamilton, 1994). Die Nullhypothese lautet dabei, dass die Koeffizienten der *k* zusätzlichen Verzögerungen gleich null sind. Getestet wird jeweils auf eine zusätzliche Verzögerung (k=1). Der Wert des Likelihood-Ratio-Tests in Tabelle 5.3 gibt das marginale Signifikanzniveau an, zu dem die Reduktion der Verzögerung gerechtfertigt ist.

In der Schätzung für Deutschland im Zeitraum von 1962:I bis 1976:IV liegt das Minimum des Akaike-Kriteriums bei fünf Verzögerungen, das Minimum des Schwarz- und des Hannan-Quinn-Kriteriums, die beide das Ziel einer sparsamen Spezifikation höher gewichten als das Akaike-Kriterium, bei einer beziehungsweise zwei Verzögerungen. Auch der Likelihood-Ratio-Test spricht für eine Spezifikation mit zwei Verzögerungen. Allerdings scheint auch die vierte Verzögerung von Bedeutung zu sein, und die meisten Koeffizienten der vierten Verzögerung sind signifikant von null verschieden. Die Koeffizienten der dritten Verzögerung sind dagegen nicht signifikant.[92] Bei einem Vergleich der Spezifikationen, (i) mit ein und zwei Verzögerungen sowie (ii) eins, zwei und vier Verzögerungen ist das Schwarz-Kriterium bei der sparsameren Spezifikation kleiner, das Akaike-Kriterium größer und das Hannan-Quinn-Kriterium in beiden etwa gleich. Der Likelihood-Ratio-Test spricht gegen die Schätzung mit lediglich zwei Verzögerungen. Es wurde daher das System mit den Verzögerungen eins, zwei und vier geschätzt. Im Zeitraum von 1977:I bis 1998:IV sind die Ergebnisse ebenfalls nicht eindeutig. Das Akaike-Kriterium hat das Minimum bei sechs Verzögerungen, das Schwarz-Kriterium bei einer und das Hannan-Quinn-Kriterium bei fünf. Der Likelihood-Ratio-Test weist ebenfalls auf eine Spezifikation mit sechs Verzögerungen hin. In Regressionen mit fünf beziehungsweise sechs Verzögerungen waren die zweite und dritte Verzögerung jeweils in allen drei Gleichungen des VAR-Systems nicht signifikant. Eine Schätzung mit den Verzögerungen eins, vier und fünf weist gegenüber Regressionen mit einer, fünf beziehungsweise sechs Verzögerungen die kleineren Werte der Informationskriterien auf. Ein Likelihood-Ratio-Test bestätigt das Ergebnis. Deshalb wurde die Schätzung mit den Verzögerungen eins, vier und fünf durchgeführt.

In den Tests bezüglich der optimalen Anzahl von Verzögerungen für die USA sprechen die Informationskriterien von Akaike für die Verwendung von vier und der Likelihood-Ratio-Test von bis zu sechs Verzögerungen. Dagegen deuten das Schwarz-Kriterium und das Hannan-Quinn-Kriterium auf eine sparsame Spezifikation mit nur einer Verzögerung hin. In der Schätzung mit einer Verzögerung zeigt sich in den Residuen allerdings noch eine leichte Autokorrelation 2. und 3. Ordnung. Das VAR-System für die USA wurde deshalb mit drei Verzögerungen geschätzt. Eine Übersicht über die Spezifikation der VAR-Systeme findet sich in Tabelle 5.4. Die Schätzergebnisse der einzelnen Gleichungen sind in Tabelle A.1 im Anhang A.2 ausgewiesen.

5.2.3.5 Identifizierung der strukturellen Schocks

Für die Identifikation der strukturellen Schocks wird das vektorautoregressive System gemäß Gleichung (5.4) mit der im vorangegangen Abschnitt ermittelten Spezifikation geschätzt. Einen ersten Eindruck über die zeitgleichen Einflüsse und die Interdependenz der einzelnen Gleichungen vermittelt die Varianz-

---

92 Bezüglich des Übergangs zu „subset autoregressions" in einem VAR vgl. Brüggemann und Lütkepohl (2000).

Tabelle 5.4

Übersicht über die Spezifikation der in Niveaus geschätzten VAR's

	Verzögerungen	Exogene Variable
USA	1, 2, 3	Dummy 1975:II = 1, 0 sonst, 1975:III = 1, 0 sonst, Trend, Konstante
Deutschland 1961:I - 1976:IV	1, 2, 4	Trend, Konstante
Deutschland 1977:I - 1998:IV Variante 2[1)]	1, 4, 5	Dummy 1990:II = 1, 0 sonst, 1991:III = 1, 0 sonst, 1991:IV = 1, 0 sonst, Trend, Konstante

1) Westdeutschland mit gesamtdeutscher Entwicklung fortgeschrieben.

Kovarianz-Matrix der Residuen Σ (Tabelle 5.5). In den USA ist insbesondere die Korrelation zwischen den Residuen der Konjunktur- und denen der Steuergleichung hoch, während die Residuen der Ausgabengleichung weder mit denen der Konjunktur- noch mit denen der Steuergleichung korreliert sind. Dies deutet auf eine enge gleichlaufende Beziehung der Steuer- und der Konjunkturvariablen hin, während Konjunktur und öffentliche Ausgaben in den USA zeitgleich unkorreliert sind. Steigende Ausgaben scheinen zudem in den USA nicht unmittelbar zu diskretionären Steuererhöhungen zu führen.

In Deutschland ist die Korrelation der Residuen von Konjunktur- und Nettosteuergleichung ebenfalls hoch, bis Mitte der siebziger Jahre sogar geringfügig höher als in den USA. Die Korrelation wird aber von 1977 an sehr viel geringer. Im Gegensatz zu den USA besteht jedoch in Deutschland über den gesamten Zeitraum ein Zusammenhang zwischen den Ausgaben auf der einen und der Konjunktur beziehungsweise den Steuern auf der anderen Seite. Letzterer Zusammenhang bedeutet, dass Veränderungen auf der Ausgabenseite unmittelbar zu Veränderungen auf der Einnahmenseite und umgekehrt führen. Dieses Ergebnis deutet darauf hin, dass in Deutschland beispielsweise Steuersenkungen – anders als in den USA – von Ausgabenkürzungen begleitet sind oder dass Ausgabenprogramme unmittelbar zu höheren Steuern führen.

Tabelle 5.5

Korrelationsmatrix der Residuen des unrestringierten VAR

USA

	Y_US	*NT_US*	*G_US*
Y_US	1,0		
NT_US	0,523	1,0	
G_US	0,187	0,188	1,0

Deutschland, 1961:I bis 1976:IV

	Y_DE	*NT_DE*	*G_DE*
Y_DE	1,0		
NT_DE	0,603	1,0	
G_DE	0,471	0,475	1,0

Deutschland, 1977:I bis 1998:IV

	Y_DE	*NT_DE*	*G_DE*
Y_DE	1,0		
NT_DE	0,340	1,0	
G_DE	0,38	0,37	1,0

Für die Schätzung der freien Parameter von ***B*** aus (5.4) und der Varianz-Kovarianz-Matrix wird die Likelihoodfunktion

$$(5.7) \qquad L(\boldsymbol{B}) = c - \frac{T}{2}\log(|\boldsymbol{B}|^2) - \frac{T}{2}\operatorname{tr}(\boldsymbol{B}'^{-1}\boldsymbol{B}^{-1}\hat{\Sigma})$$

minimiert (vgl. Amisano und Gianni, 1997). $\hat{\Sigma}$ ist die geschätzte Varianz-Kovarianz-Matrix aus Gleichung 5.3. Für die Konstante c gilt $c = -(T/2)\log(2\pi)$. Zur Lösung des Minimierungsproblems bedarf es mindestens n(n-1)/2 Restriktionen in der Matrix ***B***.[93] In Abschnitt 5.2.1 wurden die Restriktionen für die Matrix ***B*** ökonomisch hergeleitet. Da *a priori* unklar ist, ob – bei gleichzeitiger Veränderung der Einnahmen und Ausgaben – die Einnahmen unmittelbar auf eine Veränderung der Ausgaben oder umgekehrt reagieren, müssen zwei alternative Schätzungen durchgeführt werden. Im ersten Fall wird b_{23} frei gelassen und b_{32} auf null restringiert; im anderen Fall wird umgekehrt b_{32} frei gelassen und b_{23} restringiert. Die Matrix ***B*** hat somit für die beiden Alternativen die folgende Form:

93 Zu den Bedingungen, denen die Parameter in ***B*** genügen müssen, vgl. Amisano und Gianni (1997), S. 41.

$$B^{(1)} = \begin{bmatrix} 1 & 0 & b_{13} \\ b_{21} & 1 & b_{23} \\ 0 & 0 & 1 \end{bmatrix}, \quad B^{(2)} = \begin{bmatrix} 1 & 0 & b_{13} \\ b_{21} & 1 & 0 \\ 0 & b_{32} & 1 \end{bmatrix}$$

In beiden Fällen ist mit $n(n-1)/2=3$ Restriktionen die Bedingung für die Identifikation erfüllt.

Die Schätzung von (5.3), die Identifikation der strukturellen Residuen und die Impuls-Antwort-Analyse wurden mit Hilfe des Programmpakets Rats, Version 4 unter Verwendung der darin enthaltenen Prozedur *BERNANKE.SCR* durchgeführt. Diese Prozedur verwendet den Newton-Raphson-Algorithmus zur Minimierung von (5.7).[94] In Tabelle 5.6 sind die zu schätzenden freien Koeffizienten der Matrix ***B*** zusammengefasst.

USA

Für die USA wurden drei verschiedene Modelle gerechnet. In den Modellen 1 und 2 wurde jeweils die geringste Anzahl von Restriktionen auf die Matrix ***B*** gelegt. Die beiden Varianten unterscheiden sich nur dahingehend, dass bei gleichzeitiger Veränderung von Steuern und Ausgaben in Modell 1 die Ausgaben zuerst reagieren, in Modell 2 dagegen die Steuern zuerst. Allerdings sind beide Koeffizienten nicht signifikant von Null verschieden und wurden daraufhin in Variante 3 auf Null restringiert (Tabelle 5.6). In dieser Schätzung ist der Koeffizient der zeitgleichen Reaktion der Konjunkturvariablen auf Ausgabenimpulse mit einem Standardfehler von 0,055 schwach signifikant von Null verschieden. Da nun genügend identifizierende Restriktionen zur Verfügung stehen, kann durch eine Schätzung des Koeffizienten b_{12} getestet werden, ob die auf den theoretischen Überlegungen basierende Restriktion $b_{12}=0$ gerechtfertigt ist. Er ist jedoch nicht signifikant von Null verschieden.[95] Der Likelihood-Ratio-Test auf

---

94 Vgl. RATS, Users Manual, Doan (1996 , S. 8.11).

95 Blanchard und Perotti (1999) wählten für die Identifikation der Schocks eine etwas andere Strategie. In einer getrennten Analyse schätzten sie die Elastizitäten einzelner Steuern auf Veränderung der Steuerbasis und die Elastizität der Steuerbasis in Bezug auf das Bruttoinlandsprodukt. Auf diese Weise errechnen sie den Koeffizienten b_{21}. Der durchschnittliche Wert von b_{21} in ihrem Schätzzeitraum war 2.08. In der hier durchgeführten Untersuchung war der Koeffizient b_{12} bei Sensitivitätstests mit unterschiedlichen Spezifikationen jedoch nie signifikant von null verschieden. Die Identifikation in Matrix ***B*** ähnelt damit der in Fatás und Mihov (1998), die ebenfalls annehmen, dass die „trägen" privatwirtschaftlichen Variablen, Produktion und – in ihrer Schätzung – Preise, langsam auf fiskalische Impulse reagieren.

Überidentifikation des Systems bestätigt die Restriktionen. Der Effekt der zeitgleichen Reaktion der Nettosteuern auf konjunkturelle Schwankungen ist in allen Spezifikationen signifikant von Null verschieden und beträgt durchweg rund 1.7. Die Ergebnisse der Schätzungen sind damit konsistent mit dem Befund der Korrelationsmatrix der Residuen. Es besteht ein enger zeitgleicher Zusammenhang zwischen Konjunktur und Nettosteuern, jedoch keine enge zeitgleiche Beziehung zwischen Ausgaben auf der einen Seite und Steuern und Konjunktur auf der anderen. Für die Impuls-Antwort-Analyse wurden die Ergebnisse von Modell 3 verwendet.

Deutschland

In den Schätzungen für Deutschland wurden für den ersten Zeitraum ebenfalls drei Modelle geschätzt, da die Koeffizienten b_{32}, b_{23} nur schwach signifikant von null verschieden sind (Tabelle 5.6). Im Gegensatz zu den Schätzungen für die USA ist aber der Koeffizient der zeitgleichen Reaktion der Konjunktur auf Ausgabenschocks signifikant; der Wert variiert in den einzelnen Modellen von 0,17 bis 0,2. Das heißt, bei einer Erhöhung der öffentlichen Ausgaben nimmt die gesamtwirtschaftliche Produktion unmittelbar zu. Auch hier konnte mit der Restriktion $b_{31} = b_{32} = b_{23} = 0$ die Annahme von $b_{12} = 0$, d.h. dass die gesamtwirtschaftliche Produktion nicht unmittelbar auf einen Steuerimpuls reagiert, getestet werden. Der Koeffizient b_{12} ist ebenso wie in den USA nicht signifikant von null verschieden. Auch der Likelihood-Ratio-Test auf die gesamten Restriktionen bestätigt die Annahmen.

In einigen Aspekten unterscheiden sich die Ergebnisse in den beiden Teilperioden deutlich: Im Zeitraum nach 1977 nimmt die Signifikanz der Koeffizienten b_{13} und b_{23} zu. Dies mag aber auch daran liegen, dass in der zweiten Periode mehr Beobachtungen für die Schätzung zur Verfügung standen. Anders als in den USA besteht in Deutschland somit eine zeitgleiche Beziehung zwischen Steuern und Ausgaben. Die Koeffizienten sind jeweils positiv, d.h. ein positiver (negativer) Steuerschock führt bereits innerhalb eines Quartals zu einem Anstieg (Rückgang) der Ausgaben, beziehungsweise zunehmende Ausgaben werden unmittelbar mit höheren Steuern finanziert.

Tabelle 5.6

Geschätzte Koeffizienten der zeitgleichen Effekte

Restriktionen: $b_{12} = b_{31} = 0$ und

Modell 1: $b_{23} = 0$; Modell 2: $b_{32} = 0$

USA

	b_{13}	b_{21}	b_{23}	b_{32}
Modell 1	0,094	1,707	0	0,013
	(0,065)	(0,208)	0	(0,044)
Modell 2	0,104	1,7060	0,041	0
	(0,055)	(0,204)	(0,141)	0
Modell 3	0,104	1,715	0	0
	(0,055)	(0,207)	0	0
	Likelihood Ratio Test auf Über-Identifikation: 0,77			

Deutschland, 1961:I bis 1976:4

	b_{13}	b_{21}	B_{23}	b_{32}
Modell 1	0,166	1,770	0	0,103
	(0,074)	(0,340)	0	(0,077)
Modell 2	0,215	1,724	0,246	0
	(0,063)	(0,333)	(0,197)	0
Modell 3	0,210	1,896	0	0
	(0,062)	(0,330)	0	0
	Likelihood Ratio Test auf Über-Identifikation: 0,21			

Deutschland, 1977:I bis 1998:4

	b_{13}	b_{21}	B_{23}	b_{32}
Modell 1	0,140	0,562	0	0,303
	(0,047)	(0,240)	0	(0,106)
Modell 2	0,171	0,514	0,281	0
	(0,044)	(0,231)	(0,103)	0
Standardfehler in Klammer.				

Der wohl deutlichste Unterschied zwischen den beiden Schätzzeiträumen betrifft den Koeffizienten der zeitgleichen Reaktion der Nettosteuern auf einen Impuls der gesamtwirtschaftlichen Produktion. Während in den sechziger und frühen siebziger Jahren das Steuersystem mit einem Koeffizienten zwischen 1,7 und knapp 1,9 ähnlich stark wie in den USA unmittelbar auf die Konjunktur reagiert, geht die unmittelbare Reaktion der Nettosteuern im Zeitraum von 1977 bis 1998 auf rund 0,5 zurück. Die automatischen Stabilisatoren sind demnach in Deutschland seit den späten siebziger Jahren von deutlich geringerer Bedeutung als im vorangegangenen Schätzzeitraum und auch deutlich geringer als in den USA.

Test auf Robustheit der Ergebnisse

Um zu prüfen, ob die Ergebnisse sensitiv auf unterschiedliche Annahmen in Bezug auf die Stationarität der Zeitreihen reagieren, wurde das VAR-System für beide Länder zusätzlich in ersten Differenzen und mit Daten geschätzt, die mit dem Hodrick-Prescott-Filter bereinigt wurden. Zudem wurden für Deutschland Schätzungen mit den Daten der Variante 1 durchgeführt. Die Ergebnisse der Identifikation der strukturellen Residuen und der Impuls-Antwort-Analyse sind bei allen Alternativen vergleichbar. Die jeweiligen Tabellen und Abbildungen befinden sich in Anhang A.2.

Für die USA beträgt der Koeffizient der zeitgleichen Reaktion der Nettosteuern auf konjunkturelle Schocks in den Schätzungen mit den HP-gefilterten Daten und mit ersten Differenzen ebenfalls rund 1,7 (Tabelle A.3) Auch die Ergebnisse bezüglich der zeitgleichen Reaktion zwischen Steuern und Ausgaben (b_{23} und b_{32}) sind identisch. Zwar ist sowohl in der Schätzung mit HP-gefilterten Daten als auch in der mit ersten Differenzen die unmittelbare Reaktion der Konjunktur auf einen Ausgabenschock (b_{13}) etwa gleich stark wie in den Schätzungen mit Niveaus, allerdings ist der Koeffizient statistisch jeweils schwächer abgesichert. Insgesamt unterscheiden sich die Ergebnisse damit kaum.

Ebenso wie für die USA sind auch für Deutschland die Ergebnisse der Schätzung mit HP-gefilterten Daten nahezu identisch mit den Schätzungen in Niveaus (Tabelle A.4). Die zeitgleichen Effekte sind ähnlich hoch und der Befund einer schwächeren Reaktion der automatischen Stabilisatoren in der Schätzung nach 1977 gilt ebenfalls. Geringfügige Abweichungen ergeben sich bei den Schätzungen mit ersten Differenzen. Allerdings ist auch hier der Koeffizient b_{21} im zweiten Beobachtungszeitraum deutlich kleiner. Nicht mehr signifikant sind allerdings nun die Koeffizienten b_{23} und b_{32}. Die Ergebnisse unterscheiden sich zudem nur geringfügig, unabhängig davon, ob im zweiten Schätzzeitraum die deutsche Vereinung mit Stufen- und Sprungdummies modelliert wird oder ob die westdeutschen Daten nach 1995 mit den gesamtdeutschen Daten fortgeschrieben werden.

5.2.3.6 Impuls-Antwort Analyse

Nach der Identifikation der strukturellen Schocks kann nun das Impuls-Antwort Verhalten des VAR-Systems untersucht werden. Die (USA), (Deutschland 1961 bis 1976) und Abbildung 5.7 (Deutschland 1977 bis 1998) zeigen die dynamischen Reaktionen des Systems auf die jeweiligen strukturellen Innovationen. Es wurden für beide Länder und die entsprechenden Perioden jeweils eine Impuls-Antwort-Folge für jede endogene Variable untersucht. Die einzelnen Impulse auf die jeweilige Variable sind dabei in den Abbildungen von oben nach unten angeordnet, die entsprechenden Antworten der einzelnen Variablen von links nach rechts. Die eigene Reaktion der Variablen sind auf der Diagonalen abgebildet. Die durchgezogenen Linien bilden die Antwort der jeweiligen Variablen auf einen Impuls ab. Die gestrichelten Linien stellen die Signifikanzbänder von jeweils einer Standardabweichung dar. Die Signifikanz der Antworten sind daher vorsichtig zu interpretieren. Die Signifikanzbänder wurden mit Hilfe von Monte-Carlo-Simulationen von jeweils 1000 Replikationen ermittelt. Die Antwortfolgen zeigen die Dynamik der jeweiligen Variablen auf einen Schock in Höhe einer Standardabweichung. Zur einfacheren Interpretation wurden diese in den Abbildungen auf eins normiert. Die dazugehörenden Antworten zeigen die Abweichungen in Relation zum ursprünglichen Impuls.

USA

In den *USA* hat ein konjunktureller Impuls in Höhe von einer Standardabweichung (Einheitsschock auf die strukturellen Residuen) in der Konjunkturgleichung eine Nachwirkung von rund 3 Jahren (1. Zeile, 1. Spalte in). Die Reaktion auf der Einnahmeseite des Staates ist deutlich. Ein positiver konjunktureller Schock in Höhe von einer Einheit erhöht die Nettosteuern aufgrund der automatischen Stabilisatoren im selben Quartal um das 1,7fache. Das Maximum ist nach drei Quartalen mit rund 2,5 erreicht. Im Zuge des sich abschwächenden Konjunkturimpulses gehen auch die Nettosteuern nach etwa zweieinhalb Jahren wieder zurück. Die Ausgaben reagieren verzögert auf einen konjunkturellen Schock und erreichen nach etwa vier Jahren ihr Maximum. Eine Zunahme der Ausgaben ist dabei in den USA äußerst persistent. Auch nach fünf Jahren ist kein Rückgang zu erkennen. Dies wird auch bei der Entwicklung der Ausgaben nach einem Ausgabenimpuls (rechte untere Grafik in) deutlich. Nach einer exogenen Ausweitung des Ausgabenvolumens nehmen diese zuerst noch etwas zu und verbleiben dann auf dem erreichten hohen Niveau.

Abbildung 5.5

Impuls – Antwort: Reales Bruttoinlandsprodukt, Nettosteuern und öffentliche Ausgaben insgesamt USA: 1961:I bis 1998:IV

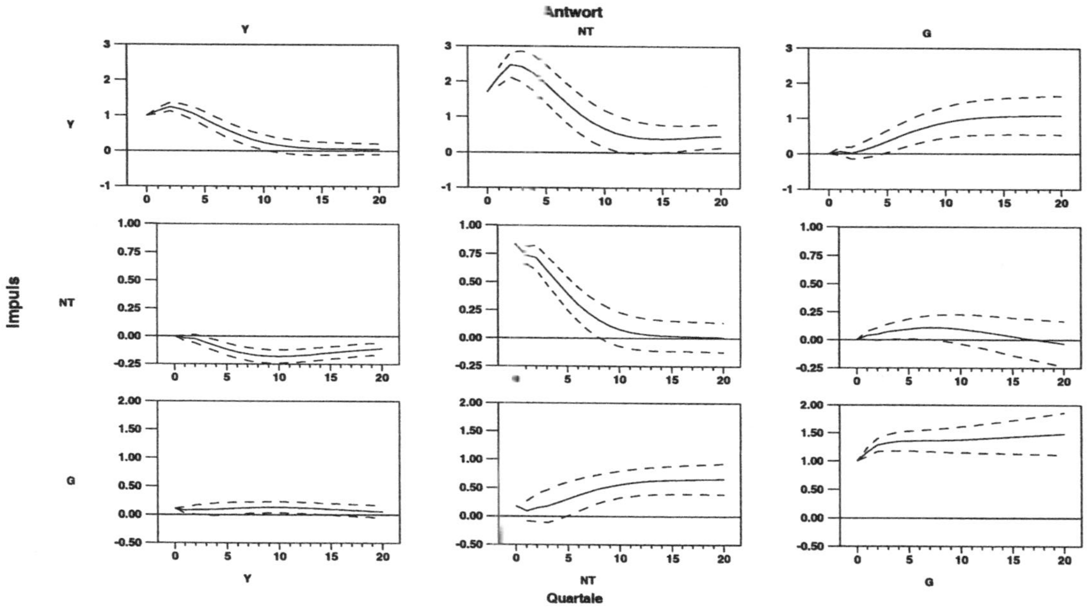

Signifikanzbänder: ± eine Standardabweichung.

Abbildung 5.6

Impuls – Antwort: Reales Bruttoinlandsprodukt, Nettosteuern und öffentliche Ausgaben insgesamt Deutschland: 1961:I bis 1976:IV

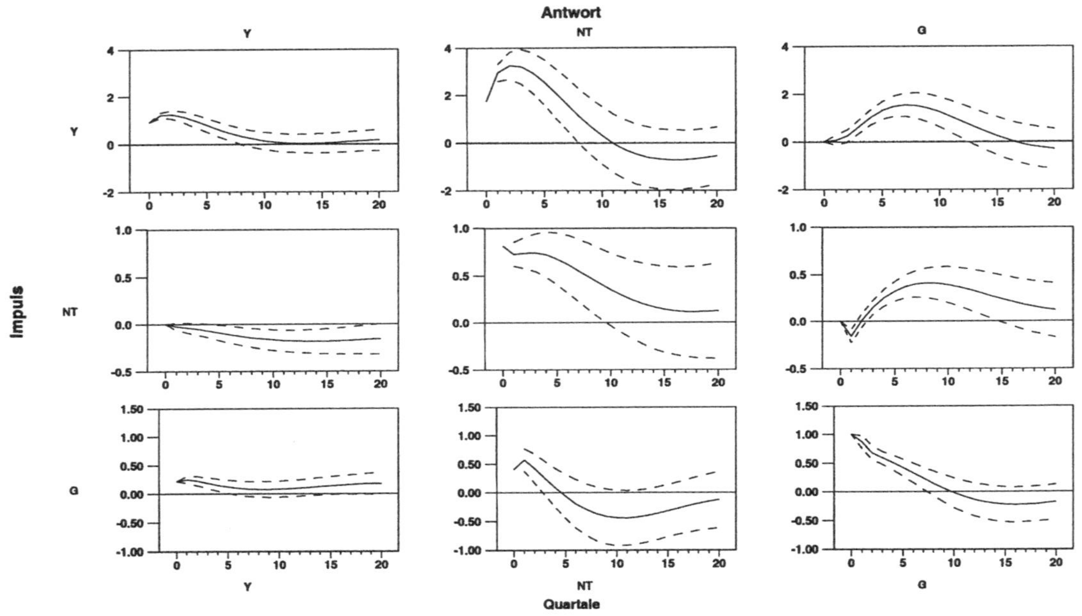

Signifikanzbänder: ± eine Standardabweichung.

Abbildung 5.7

Impuls – Antwort: Reales Bruttoinlandsprodukt, Nettosteuern und öffentliche Ausgaben insgesamt Deutschland: 1977:I bis 1998:IV

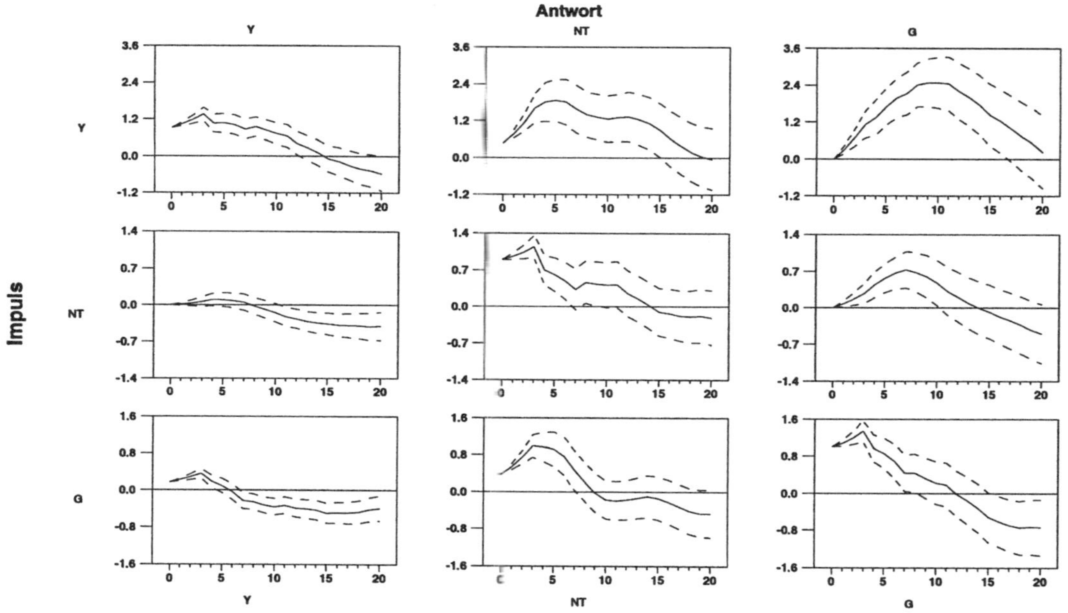

Signifikanzbänder: ± eine Standardabweichung.

Die konjunkturelle Wirkung eines Nettosteuerimpulses ist wie erwartet negativ, erscheint aber sehr gering. So führt ein positiver Steuerschock[96] in Höhe von einer Einheit zu einem Rückgang der gesamtwirtschaftlichen Produktion nach rund zweieinhalb Jahren um knapp 0,2. Die geringe Reaktion der Konjunktur auf Steuerimpulse kann allerdings auch wieder im Steuersystem selbst begründet sein. Ein Rückgang des Bruttoinlandsprodukts wirkt durch die automatischen Stabilisatoren dämpfend auf die Steuereinnahmen. Dies wird auch durch die schnelle Anpassung des Steuersystems an einen Nettosteuerimpuls deutlich. Bereits etwa zweieinhalb Jahre nach der Steuererhöhung gehen die Steuereinnahmen auf das ursprüngliche Niveau zurück. Durch die Wirkung der automatischen Stabilisatoren werden folglich die Effekte eines Steuerimpulses zum Teil wieder zunichte gemacht.

Überraschenderweise reagieren die öffentlichen Ausgaben wenig auf eine Erhöhung der Steuereinnahmen. Dies scheint im Widerspruch zu der Reaktion der Ausgaben auf einen Konjunkturimpuls zu stehen, da hier zuerst die Nettosteuern und dann die öffentlichen Ausgaben zunehmen. Ein konjunktureller Impuls führte zu einer Zunahme der Nettosteuern um das Zweieinhalbfache. Ein Steuerimpuls von einer Einheit würde daher – würden die öffentlichen Ausgaben nur von den Steuern abhängen – eine Zunahme der Ausgaben von 0,4 implizieren. Allerdings ist die tatsächliche Reaktion deutlich schwächer. In den USA folgen die öffentlichen Ausgaben der Konjunktur offensichtlich auch unabhängig von der Einnahmensituation der öffentlichen Haushalte.

Noch weniger als ein Nettosteuerimpuls wirkt sich eine Veränderung der Ausgaben auf die Konjunktur aus. Der positive Effekt ist zudem nur sehr schwach signifikant. Dies mag vor allem daran liegen, dass eine Erhöhung der öffentlichen Ausgaben um eine Einheit – die zudem äußerst persistent ist – mittelfristig zu einer höheren Steuerbelastung führt. Nach drei Jahren steigen die Nettosteuern um rund 0,8. Die Zunahme ist allerdings geringer als die mittelfristige Expansion der Ausgaben, so dass Ausgabenprogramme offensichtlich zu einer höheren Verschuldung – zumindest für den hier betrachteten Zeitraum von fünf Jahren – führen.

Deutschland, 1961 bis 1976

Für *Deutschland* unterscheiden sich die Impuls-Antwort-Folgen in den beiden Schätzzeiträumen zum Teil deutlich. In den sechziger und frühen siebziger Jah-

---

96 Gemeint ist damit eine Steuererhöhung, positiv im Sinne einer positiven Zunahme gegenüber dem Ausgangsniveau. Für die Konjunktur bedeutet dies einen negativen Einkommensimpuls.

ren (1961:I bis 1976:IV) laufen die Effekte eines konjunkturellen Schocks auf die gesamtwirtschaftliche Produktion ebenso wie in den USA nach etwa zweieinhalb bis drei Jahren aus (). Besonders ausgeprägt ist die Reaktion der Nettosteuern auf einen konjunkturellen Impuls. Nachdem die Nettosteuern bereits in derselben Periode um knapp das 1,9fache des Konjunkturschocks steigen, nehmen sie in den vier folgenden Perioden bis auf gut das 3fache zu. Die Reaktion des Steuersystems – mit anderen Worten, die Wirkung der automatischen Stabilisatoren – war in Deutschland in den sechziger und frühen siebziger Jahren äußerst kräftig. Die Effekte der Konjunktur auf die Steuern war damit auch deutlich stärker als in den USA. Allerdings gehen die Steuereinnahmen im Verlauf des Abklingens des konjunkturellen Impulses nach rund drei Jahren auf das ursprüngliche Niveau zurück. Die Ausgaben reagieren leicht verzögert auf die Konjunktur, steigen dann aber nach vier Quartalen auf etwas mehr als das 1,5fache des Konjunkturschocks, um danach wieder langsam auf das ursprüngliche Niveau zu sinken. Anders als in den USA bleiben die Ausgaben in Deutschland damit nicht auf dem einmal erreichten Niveau.

Auch in Deutschland reagiert die Konjunktur negativ auf einen Steuerimpuls. Die Reaktion setzt gegenüber den USA etwas verzögert ein, sie ist aber etwa gleich stark. Die maximale Wirkung eines Impulses von einer Einheit wird mit knapp 0,2 nach etwa dreieinhalb Jahren erreicht. Auch wenn der Effekt damit nicht sehr ausgeprägt ist, so scheint er doch lange anzuhalten. Die öffentlichen Ausgaben sind ebenfalls abhängig von der Einnahmesituation. Anders als in den USA ist die Reaktion auf einen Konjunkturimpuls und einen konjunkturunabhängigen fiskalischen Impuls aber ähnlich stark. Ein Konjunkturimpuls von einer Einheit führt zu einer maximalen Zunahme der Nettosteuern von 3,2 und einem Ausgabenanstieg von 1,6. Ein konjunkturunabhängiger Steuerimpuls in dieser Höhe würde eine Aufstockung der Ausgaben um den Faktor 1,3 nach sich ziehen, einem Wert, der ähnlich hoch ist wie der Effekt eines Konjunkturimpulses (1,6). Eine Zunahme der Ausgaben wirkt im ersten Jahr belebend auf die Konjunktur, allerdings ist die Wirkung nach zwei Jahren nicht mehr signifikant von null verschieden.

Deutschland, 1977 bis 1998

Seit Ende der siebziger Jahre scheinen in Deutschland konjunkturelle Schocks etwa ein Jahr länger anzuhalten als im früheren Beobachtungszeitraum. Dies könnte auch auf die schwächere Reaktion des Steuersystems auf konjunkturelle Schocks zurückzuführen zu sein. Während in der ersten Periode die Steuern auf etwa das 3fache des konjunkturellen Impuls steigen, nehmen sie im zweiten Zeitraum nach sechs Quartalen nur auf das 1,9fache zu. Die schwächere zeitgleiche Reaktion wird folglich nicht durch eine verzögerte Anpassung ausgeglichen. Durch die geringere Wirkung der automatischen Stabilisatoren können steuerliche Impulse damit stärker die wirtschaftliche Expansion beeinflussen, da ein geringerer Teil des ursprünglichen Steuerimpulses durch die Wirkung der automatischen Stabilisatoren wieder zunichte gemacht wird.

Auch im Zeitraum 1977 bis 1998 folgen die öffentlichen Ausgaben nach einer gewissen Verzögerung der Konjunktur. Zwar zeigt sich ein ähnlicher buckelförmiger Verlauf, die Reaktion ist jedoch sehr viel stärker. Während die Ausgaben im ersten Zeitraum maximal um das 1,5fache des Konjunkturimpulses zunehmen, ist es im Zeitraum von 1977 an das 2,5fache. Vergleichbare Unterschiede ergeben sich auch bei der Reaktion auf einen Steuerimpuls: Reichlicher fließende Steuern führen zu einem spürbaren Anstieg der konsumtiven und investiven Ausgaben des Staates, beziehungsweise sinkenden Steuereinnahmen infolge einer konjunkturellen Abkühlung und damit steigender Budgetdefizite resultieren in den Folgejahren zu deutlich geringeren Ausgaben.

Ein positiver Schock von einer Einheit bei den Nettosteuern (entspricht einem negativen Impuls für die Konjunktur) wirkt sich zwar in den ersten beiden Jahren nicht signifikant negativ auf das Bruttoinlandsprodukt aus, in den Folgeperioden geht die gesamtwirtschaftliche Produktion jedoch stärker zurück als im ersten Zeitraum. Nach fünf Jahren ist der Effekt eines Steuerimpulses mit knapp 0,5 doppelt so groß wie im Zeitraum bis 1976.

Die Wirkung eines Ausgabenimpulses auf die Konjunktur ist – über einen längeren Zeitraum betrachtet – anders als in den USA und auch anders als in der ersten Teilperiode in Deutschland negativ, wobei die Konjunktur in Deutschland innerhalb des ersten Jahres noch positiv beeinflusst wird. Kurzfristig ist der Effekt sogar größer als bei einem Impuls durch die Nettosteuern. Der positive Effekt wird jedoch nach und nach geringer und kehrt sich nach eineinhalb Jahren ins Negative. Das Ergebnis deutet – längerfristig betrachtet – auf eine Verdrängung privatwirtschaftlicher Aktivität durch den öffentlichen Sektor hin. Dieses Ergebnis ist damit mit den Resultaten von Ramey und Shapiro (1997), Edelberg, Eichenbaum und Fischer (1998) sowie Burnside, Eichenbaum und Fischer (2000) vergleichbar. Dies kann mit den Anpassungsprozessen im System zusammenhängen. Gemäß den Ergebnissen der Impuls-Antwort-Analyse für Deutschland im Zeitraum nach 1977 reagieren die Nettosteuern positiv auf einen Impuls der öffentlichen Ausgaben. Gleichzeitig wird die Konjunktur im ersten Jahr positiv von einem Ausgabenimpuls beeinflusst. Beides bewirkt einen Anstieg der Nettosteuern, was wiederum die Konjunktur dämpft. Die potentiell positive Wirkung eines Ausgabenimpulses auf die Konjunktur wird durch Steuererhöhungen, die die Konjunktur dämpfen, konterkariert. Allerdings scheint bei der Interpretation dieses Ergebnisses Vorsicht geboten, da es sich auch um ein statistisches Artefakt handeln kann. Sowohl in Deutschland als auch in den USA beträgt der durchschnittliche Konjunkturzyklus (von Höhepunkt zu Höhepunkt) etwa sechs bis acht Jahre, vom Hochpunkt zum Tiefpunkt also rund drei bis vier Jahre. Die Ausgaben folgen der Konjunktur in einem Abstand von rund zwei Jahren. Wenn die Ausgaben bei einem positiven Konjunkturimpuls gerade anfangen zu steigen, beginnt sich die wirtschaftliche Entwicklung jedoch bereits wieder abzukühlen. Das statistische Ergebnis ist ein negativer Zusammenhang zwischen Konjunktur und Ausgaben.

Die Reaktion der Konjunktur auf einen Steuerimpuls mag auf den ersten Blick gering erscheinen, jedoch unterlag die Entwicklung der Nettosteuern sowohl in den USA als auch in Deutschland seit den sechziger Jahren sehr starken Schwankungen. So entsprach die temporäre Steuerentlastung in den USA Mitte der siebziger Jahre dem 9fachen einer Standardabweichung und in Deutschland bei der dritten Stufe der Steuerreform Ende der achtziger Jahre, die 1990 wirksam wurde, in dem hier geschätzten VAR-System immerhin etwas mehr als dem Doppelten der Standardabweichung. Die Reaktionen der Konjunktur auf diese Impulse sind daher durchaus beachtlich. Diese dynamischen Effekte der Steuerimpulse Mitte der siebziger Jahre in den USA sowie der Steuer- und Ausgabenimpulse im Vorfeld beziehungsweise im Zuge der deutschen Vereinigung werden im nächsten Abschnitt ausführlich analysiert.

5.2.3.7 Varianz-Zerlegung

Die Varianz-Zerlegung in den Tabelle 5.7 für die USA und Tabelle 5.8 für Deutschland zeigt, welcher Anteil der einzelnen Varianzen mit eigenen Schocks beziehungsweise mit Schocks der jeweils anderen Variablen erklärt werden kann. Der Beitrag fiskalpolitischer Schocks zur Erklärung konjunktureller Schwankungen ist dabei in den USA und in Deutschland in den sechziger und frühen siebziger Jahren auf der einen Seite und in Deutschland nach 1977 auf der anderen Seite sehr unterschiedlich. Den Ergebnissen der Varianz-Zerlegung zufolge ist die konjunkturelle Entwicklung in den USA und in Deutschland im ersten Schätzzeitraum zwar nicht unabhängig von fiskalpolitischen Impulsen, doch wird der überwiegende Teil der Bewegungen des realen Bruttoinlandsprodukts im Zeitablauf durch eigene – also konjunkturelle – Schocks erklärt. Derartige Schocks können beispielsweise geldpolitischer oder außenwirtschaftlicher Natur sein. Jedoch nimmt die Bedeutung der konjunkturellen Schocks im Zeitablauf durch die Reaktion der fiskalischen Variablen ab. So gehen in den USA nach zwei Jahren nahezu 90 % der Varianz des Bruttoinlandsprodukts auf konjunkturelle Schocks zurück; nach fünf Jahren sind es noch zwei Drittel. Der Beitrag von Steuerimpulsen ist im ersten Jahr noch nahezu null und steigt im zweiten Jahr kontinuierlich auf 10 %; nach fünf Jahren erklären sie etwa 30 % der konjunkturellen Varianz. Ausgabenimpulse tragen in den USA dagegen kaum zur Varianz des Bruttoinlandsprodukts bei (gut 3 % nach 5 Jahren). In den sechziger Jahren sind in Deutschland die Anteile ähnlich, wobei Ausgabenimpulse von größerer Bedeutung sind (knapp 10 %). Gerade in den sechziger und frühen siebziger Jahren scheinen fiskalpolitische Impulse in Deutschland nur eine untergeordnete Rolle gespielt zu haben.

Parallelen zwischen den USA und Deutschland im ersten Zeitraum gibt es auch bezüglich der Varianz-Zerlegung der Nettosteuern. Konjunkturelle Schwankungen erklären nach fünf Jahren rund die Hälfte der Varianz der Nettosteuern. Mittelfristig (nach fünf Jahren) ist jedoch die Entwicklung der öffentlichen Ausgaben in den USA bedeutsamer für die Varianz der Nettosteuern als in Deutschland. Allerdings unterscheidet sich die Varianz-Zerlegung für die öffentlichen Ausgaben. Wie bei der Impuls-Antwort-Folge von Ausgabenschocks in den USA (Grafik rechts unten in) deutlich wurde, weisen Ausgabenprogramme in

Tabelle 5.7

Varianz-Zerlegung
USA

Varianz-Zerlegung von	Quartale	Anteil der erklärten Varianz durch ... in %		
Y		Y	*NT*	*G*
	1	97,77	0,00	2,22
	5	97,07	1,72	1,21
	9	87,28	10,70	2,02
	13	76,39	20,75	2,86
	21	66,84	29,86	3,30
NT		*Y*	*NT*	*G*
	1	29,54	69,79	0,67
	5	50,93	48,40	0,67
	9	54,45	42,72	2,80
	13	53,04	40,16	6,80
	21	48,83	35,87	15,30
G		*Y*	*NT*	*G*
	1	0,00	0,00	100,00
	5	0,35	0,99	98,66
	9	3,93	1,76	94,31
	13	8,84	1,67	89,39
	21	14,42	1,00	84,58

Tabelle 5.8

Varianz-Zerlegung
Deutschland

61:I bis 76:IV				
Varianz-Zerlegung von	Quartale	Anteil der erklärten Varianz durch ... in %		
Y		*Y*	*NT*	*G*
	1	84,96	0,0	15,04
	5	87,94	1,76	10,30
	9	82,06	8,75	9,18
	13	71,56	19,84	8,59
	21	57,47	33,02	9,51
NT		*Y*	*NT*	*G*
	1	28,25	66,75	5,00
	5	55,54	41,19	3,28
	9	53,34	43,39	3,27
	13	50,66	43,99	5,35
	21	51,64	41,53	6,83
G		*Y*	*NT*	*G*
	1	0,00	0,00	100,00
	5	12,80	10,10	77,10
	9	36,01	26,41	37,58
	13	38,42	34,11	27,48
	21	35,73	36,83	27,44
77:I bis 98:IV				
Y		*Y*	*NT*	*G*
	1	85,54	0,0	14,45
	5	79,43	1,18	19,40
	9	79,50	1,70	18,80
	13	65,37	6,03	28,60
	21	38,76	20,81	40,44
NT		*Y*	*NT*	*G*
	1	4,62	81,57	13,81
	5	17,35	51,34	31,31
	9	26,80	41,01	32,19
	13	30,91	39,19	29,91
	21	30,44	36,55	33,00
G		*Y*	*NT*	*G*
	1	0,00	0,00	100,00
	5	9,42	4,45	86,12
	9	28,77	14,93	56,30
	13	43,70	14,24	42,06
	21	39,78	14,60	45,62

den USA ein äußerst persistentes Verhalten auf. Dies zeigt sich auch in der Varianz-Zerlegung. Das Volumen der öffentlichen Ausgaben verläuft weitgehend unabhängig von der Konjunktur und insbesondere von den Steuereinnahmen. Nach fünf Jahren können nur etwa 15 % der Entwicklung der Ausgaben durch die Konjunktur erklärt werden. Der Einfluss der Steuern ist nahezu null. Ausgabenprogramme führen in den USA mittelfristig nicht zu einer Zunahme der Steuern. Anders dagegen in Deutschland: In den sechziger und frühen siebziger Jahren hängt die Varianz der Ausgaben in nicht unbeträchtlichem Umfang von der Konjunktur und von der Entwicklung der Steuern ab. Aus den Ergebnissen der Varianz-Zerlegung lässt sich allerdings nicht die Schlussfolgerung einer antizyklischen Ausgabenpolitik ziehen. In Verbindung mit der Impuls-Antwort-Analyse deuten diese Ergebnisse in der Tendenz vielmehr auf eine ausgeprägte Prozyklik der Ausgabenpolitik hin. Eine Verbesserung der Konjunktur und damit steigende Steuereinnahmen führen nach etwa einem Jahr zu einer Zunahme der öffentlichen Ausgaben und können nach fünf Jahren mehr als 70 % der Varianz dieses Aggregats erklären.

Wie bereits bei der Impuls-Antwort-Analyse ergeben sich für Deutschland auch bei der Varianzzerlegung markante Unterschiede zwischen den beiden Teilperioden. So ist im Zeitraum 1977 bis 1998 die Bedeutung fiskalpolitischer Schocks größer. Zwar ist der Erklärungsbeitrag der beiden fiskalischen Variablen insgesamt zur Varianz der Konjunktur in den achtziger und neunziger Jahren auf die kurze Frist (nach zwei Jahren) mit einem Anteil von rund 20 % noch niedrig, nach fünf Jahren sind es aber bereits rund 60 %. Dabei geht der Beitrag der Nettosteuern im Vergleich zum ersten Zeitraum zurück (von 33 % auf 21 % nach fünf Jahren), der der öffentlichen Ausgaben nimmt jedoch spürbar zu (von 10 % auf 40 % nach fünf Jahren). Schocks im Steuer- und Transfersystem sind folglich – anders als in den USA und in Deutschland in den sechziger und siebziger Jahren – für die Entwicklung des Auslastungsgrades von geringerer Bedeutung als Ausgabenschocks. Ebenso wie die Ergebnisse der Schätzung der zeitgleichen Reaktion der Nettosteuern auf einen konjunkturellen Impuls deutet die Varianzzerlegung auf einen geringeren Einfluss der Konjunktur auf die Entwicklung der Steuern hin. Der Anteil der nach fünf Jahren mit konjunkturellen Impulsen zu erklärenden Varianz der Nettosteuern geht von rund 50 % auf 30 % zurück. Demgegenüber nimmt der Anteil von Ausgabenimpulsen bereits nach einem Jahr von gut 3 % auf gut 30 % zu. Wie bereits bei der Impuls-Antwort-Analyse deutlich wurde, reagiert die Finanzpolitik auf zunehmende Ausgaben mit steigenden Steuern. Ein Ausgabenimpuls weist dabei im zweiten Zeitraum eine ausgeprägtere Persistenz auf. Gingen in den sechziger und siebziger Jahren nach fünf Jahren etwa 27 % der Varianz auf einen Ausgabenimpuls zurück, sind es im zweiten Zeitraum fast 50 %.

5.2.3.8 Dynamische Effekte fiskalpolitischer Ereignisse

Mit Hilfe der dynamischen Eigenschaften des VAR-Systems können die Wirkungen fiskalpolitischer Ereignisse auf die wirtschaftliche Entwicklung verfolgt werden. Zum einen soll dies anhand der temporären Steuersenkung in den USA im zweiten Quartal 1975 und zum anderen anhand der verschiedenen fiskalpolitischen Maßnahmen vor und im Zuge der deutschen Vereinigung erfolgen. Die Steuersenkung im Jahr 1975 eignet sich besonders gut für eine derartige Analyse, da es sich dabei um ein zeitlich und inhaltlich eindeutig einzuordnendes Ereignis handelt, das dem Experiment eines singulären Schocks sehr nahe kommt.

USA

In den USA gab es im Rahmen des *Tax Reduction Act of 1975* im zweiten Quartal eine temporäre Steuersenkung (vergleiche Kapitel 4). Es handelte sich hierbei im wesentlichen um eine Rückzahlung von 10 % der Steuerzahlungen (persönliche Einkommensteuer) aus dem Jahr 1974, maximal bis 200 US-Dollar, sowie eine Steuergutschrift für jeden Steuerzahler und Angehörigen in Höhe von 30 US-Dollar. Hinzu kam noch eine Reihe von steuerlichen Maßnahmen zur Förderung der Investitionen, die jedoch zum Teil bis Ende 1976 wirksam waren.[97] Die Steuereinnahmen bei der persönlichen Einkommensteuer gingen daraufhin von 40 Mrd. US-Dollar im ersten Quartal 1975 auf rund 31 Mrd. US-Dollar im zweiten zurück. Da der überwiegende Teil dieser Steuersenkung nur im zweiten Quartal wirksam wurde, stiegen die Steuereinnahmen im Folgequartal wieder auf 39 Mrd. US-Dollar. Diese temporäre Steuersenkung von knapp 10 Mrd. US-Dollar entsprach einem Steuerimpuls von 0,6 % des Bruttoinlandsprodukts im Jahr 1975 beziehungsweise 2 ½ % des Bruttoinlandsprodukts im betreffenden Quartal.

Die Analyse der dynamischen Effekte dieses Steuerimpulses erfolgt, indem ein Impuls auf die Residuen der Gleichung der Nettosteuern in den beiden Quartalen in Höhe der geschätzten Koeffizienten der Dummy-Variablen gegeben wird; einem negativen Impuls im zweiten Quartal 1975 in Höhe des 9fachen und einen positiven Impuls in Höhe des 7fachen des Standardfehlers der strukturellen Residuen.[98] Im zweiten Schritt wird dann das dynamische Verhalten der endogenen Variablen im System für diesen Zeitraum analysiert. Dieses Vorgehen unter-

---

97 Vgl. Tempalski (1998).

98 Da Steuern negativ auf die Konjunktur wirken, bedeutet dies einen positiven Impuls für die Konjunktur.

Abbildung 5.8

Effekte fiskalpolitischer Impulse
USA: 1975:II und 1975:III

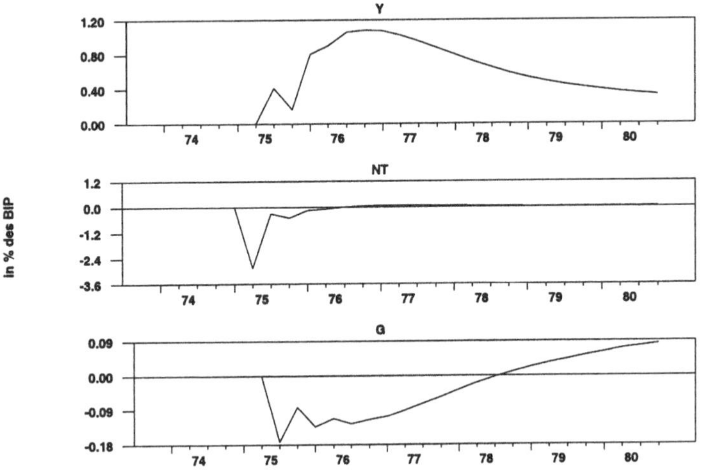

scheidet sich von der üblichen Impuls-Antwort-Analyse nur dahingehend, dass bei diesem Vorgehen nicht die Reaktion des Systems auf einen Einheitsschock unabhängig vom Zeitpunkt untersucht wird, sondern die konkrete Reaktion der Variablen auf einen bestimmten Impuls und zu einem bestimmten Zeitpunkt.

Die Entwicklung des Bruttoinlandsprodukts, der Nettosteuern und der öffentlichen Ausgaben auf diesen Impuls zeigt Abbildung 5.8. In der oberen Grafik ist der hypothetische Verlauf des realen Bruttoinlandsprodukts in Prozent der tatsächlichen Entwicklung abgebildet. Die beiden unteren Grafiken dagegen zeigen die Abweichung der jeweiligen fiskalischen Variablen vom tatsächlichen Verlauf in Prozent des nominalen Bruttoinlandsprodukts. Der Impuls entspricht rund 2 ½ % des nominalen Bruttoinlandsprodukts im zweiten Quartal. Da die Steuerentlastung nur im zweiten Quartal 1975 wirksam wurde, gehen die Nettosteuern im darauf folgenden Quartal fast wieder auf das Ausgangsniveau zurück. Die gesamtwirtschaftliche Produktion wird von einem Steuerimpuls annahmegemäß nicht unmittelbar beeinflusst;[99] der Impuls wirkt sich daher erst allmählich auf

[99] Die Identifikation der strukturellen Residuen basiert auf der Annahme, dass von den Nettosteuern kein unmittelbarer Effekt auf die Konjunkturvariable ausgeht. Allerdings ist der Koeffizient in den Varianten, in denen er geschätzt wurde, klein und nicht signifikant von Null verschieden.

die Konjunktur aus und erreicht sein Maximum nach sechs Quartalen. Das reale Bruttoinlandsprodukt ist um rund 1 % höher als ohne Impuls.[100] Nach fünf Jahren ist die Wirkung der Steuersenkung weitgehend ausgelaufen. Die Reaktion der Ausgaben ist zu vernachlässigen.

Zur Verdeutlichung ist die Entwicklung der Nettosteuern und des realen Bruttoinlandsprodukts in Abbildung 5.9 sowohl mit als auch ohne Impuls abgebildet. Zum Zeitpunkt der Steuerentlastung befand sich die US-amerikanische Wirtschaft bereits in einer Rezession. Die Nettosteuern waren deshalb ebenfalls bereits rückläufig. Zum Zeitpunkt des Impulses war die US-amerikanische Konjunktur allerdings bereits wieder auf dem Weg der Erholung. Durch die temporäre Steuerentlastung stieg die gesamtwirtschaftliche Produktion gegenüber dem Verlauf ohne Schock kräftiger. Die Steuerentlastung gab der Wirtschaft zwar Impulse und hob das Aktivitätsniveau auch langfristig an, die Rezession wäre aber sowohl mit als auch ohne fiskalischen Impuls bereits Anfang 1976 überwunden worden. Die größte Wirkung entfaltete die Steuersenkung somit erst nach der Rezession. Die relativ geringe langfristige Wirkung der Steuersenkung liegt insbesondere darin, dass es nur ein temporärer Impuls war, es also keine dauerhafte Steuerentlastung gab.

Deutschland 1988 bis 1998

Die Identifizierung und Analyse fiskalpolitischer Schocks in Deutschland in den späten achtziger und neunziger Jahren ist gegenüber der Impuls-Analyse für die USA sehr viel schwieriger. Zum einen handelt es sich nicht um singuläre und temporäre Ereignisse, sondern um eine Abfolge mehrerer komplexer Änderungen sowohl auf der Einnahmen- als auch auf der Ausgabenseite. Zum anderen sind die – in den Daten möglicherweise zu findenden Impulse – nicht eindeutig einem bestimmten Ereignis zuzuordnen. Dies sei am Beispiel der zum 1. Januar 1994 wirksam gewordenen fiskalpolitischen Entscheidungen verdeutlicht (vgl. Kapitel 4). Damals wurden gleichzeitig: (i) die Personalkosten eingefroren, (ii) Lohnersatz- und Sozialleistungen gekürzt, (iii) der Spitzensteuersatz gesenkt und (iv) der Mineralölsteuersatz erhöht. Die Entscheidungen bezüglich der Personalkosten betreffen die öffentlichen Ausgaben, sämtliche anderen fiskalpolitischen Entscheidungen zum 1. Januar 1994 die Nettosteuern, aber zum Teil in gegensätzlicher Richtung. So senkt ein niedrigerer Spitzensteuersatz tendenziell die Nettosteuern, während Einsparungen bei den Lohnersatz- und Sozialleistungen

[100] Die Ergebnisse decken sich weitgehend mit denen der Untersuchung über die Steuersenkung im Jahr 1975 von Blanchard und Perotti (1999).

Abbildung 5.9

Entwicklung von Nettosteuern und Bruttoinlandsprodukt mit und ohne fiskalische Impulse USA: 1975:II und 1975:III

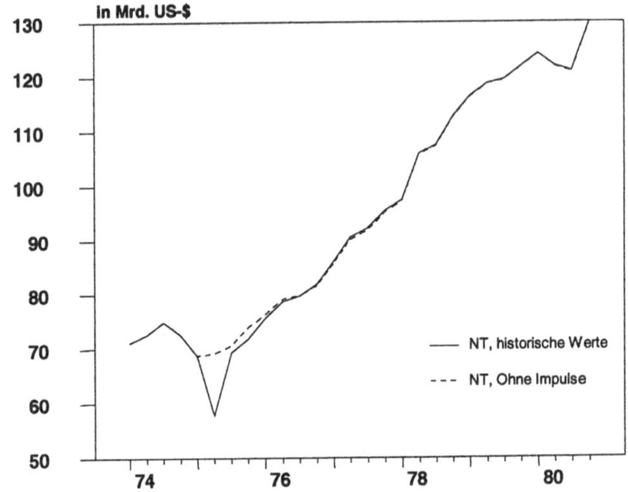

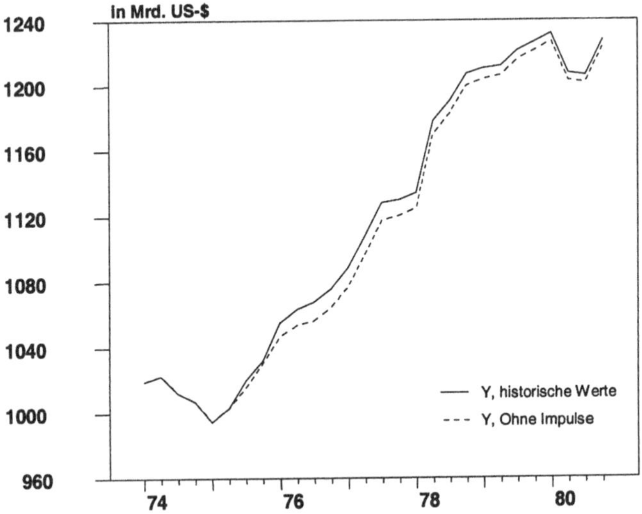

Abbildung 5.10

Fiskalpolitische Impulse in Deutschland

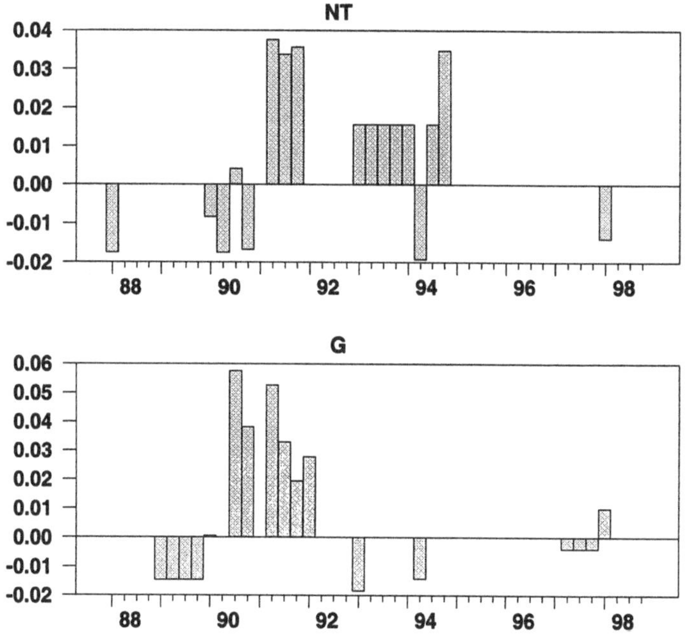

diese Größe erhöhen. Selbst wenn sich jedoch beide in der Summe gerade ausgleichen, kann dies kurzfristige Nachfrageeffekte haben, wenn die Senkung beziehungsweise Erhöhung Personengruppen mit unterschiedlicher Sparquote trifft. Bei sämtlichen Ereignissen handelt es sich zudem nicht um einmalige Impulse, sondern sie führen jeweils zu einer dauerhaften Veränderung der jeweiligen Niveaus.

Es sei an dieser Stelle betont, dass die Ergebnisse der Impuls-Analyse nicht als Simulation einer Entwicklung „ohne Vereinigung" zu interpretieren sind. Die deutsche Vereinigung war nicht nur ein rein fiskalisches Phänomen, sondern betraf sämtliche Träger der Wirtschaftspolitik. Auch führte die Wechselwirkung zwischen den verschiedenen Trägern der Wirtschaftspolitik zu einer veränderten Entwicklung von Variablen, die hier nicht berücksichtigt wurden. Daher sind die Ergebnisse – auch im Sinne der Lucas-Kritik – vorsichtig zu interpretieren.

Trotz all dieser Probleme, die die Interpretation der dynamischen Effekte der verschiedenen fiskalischen Ereignisse Ende der achtziger Jahre und in den neunziger Jahren einschränken, wurde für die Identifikation möglicher fiskalischer Schocks und deren Effekte auf die gesamtwirtschaftliche Entwicklung eine Vorgehensweise wie für die USA gewählt. Allerdings musste das VAR-System – anders als für die USA – in einer anderen Spezifikation geschätzt werden, da es sich im Falle der deutschen Vereinigung und der Reaktion der Finanzpolitik darauf – wie oben erläutert – nicht um ein singuläres und temporäres Ereignis handelte sondern, um eine Abfolge mehrerer Impulse. In Anlehnung an die institutionelle Analyse der Finanzpolitik in Deutschland in Kapitel 4 wurde für die Periode vom ersten Quartal 1988 (2. Stufe der Steuerreform 1986/1988/1990) bis Ende 1998 eine Reihe von Dummy-Variablen in die Schätzung aufgenommen und auf ihre jeweilige Signifikanz geprüft. War eine Dummy-Variable jeweils in der Nettosteuer oder der Ausgabengleichung signifikant von Null verschieden, wurde die Dummy-Variable in der Spezifikation berücksichtigt.

In einem zweiten Schritt erfolgte dann die Bestimmung der diskretionären Schocks. Jene Dummy-Variablen, die in der entsprechenden Gleichung auf einem Niveau von mindestens 10 % signifikant waren, gingen in Höhe des jeweiligen Koeffizienten als Impuls auf die strukturellen Residuen in die Analyse ein. Die jeweiligen Steuer- und Ausgabenimpulse zeigt Abbildung 5.10. Insbesondere im Vorfeld und im Zuge der deutschen Vereinigung gab es eine Reihe von fiskalischen Impulsen. Während im Jahr 1990 im Zuge der dritten Stufe der Steuerreform 1986/1988/1990 deutliche Steuersenkungen zu verzeichnen waren, prägten eher Steuererhöhungen die Jahre 1992 und 1993. Im Verlauf des Jahres 1994 dagegen gab es gegenläufige Impulse. Von 1997 an wiederum scheinen Steuersenkungen dominiert zu haben. Bei den Ausgaben kann eine ähnlich Entwicklung beobachtet werden. Eher restriktiven Impulsen am Ende der achtziger Jahre folgten expansive Impulse im Zuge der deutschen Vereinigung. Die Jahre 1993, 1994 und 1997 waren dagegen wiederum von geringfügig sinkenden Ausgaben geprägt. Deutlich werden auch die Einsparbemühungen bei den Ausgaben im Zusammenhang mit den Defizitkriterien im Maastricht-Vertrag: Einsparungen im Jahr 1997 führten dann zu erhöhten Ausgaben im ersten Quartal 1998.

Die dynamischen Effekte dieser identifizierten fiskalischen Schocks im Gesamtsystem zeigt Abbildung 5.11. In der oberen Grafik ist der hypothetische Verlauf des realen Bruttoinlandsprodukts in Prozent der tatsächlichen Entwicklung abgebildet. Die beiden unteren Grafiken dagegen zeigen die Abweichung der jeweiligen fiskalischen Variablen vom tatsächlichen Verlauf in Prozent des nominalen Bruttoinlandsprodukts. Die Dynamik der einzelnen Reihen ist dabei eine Mi-

Abbildung 5.11

Effekte fiskalpolitischer Impulse
Deutschland: 1977:I bis 1998:IV

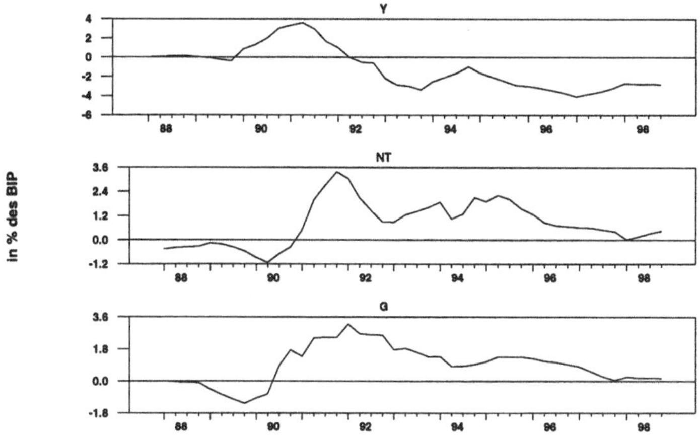

schung von exogenen Schocks und endogener Entwicklung als Folge der Wechselwirkung im System; so ist beispielsweise die Veränderung der Nettosteuern sowohl auf die verschiedenen Impulse als auch auf Effekte durch die automatischen Stabilisatoren im Zuge der Dynamik der gesamtwirtschaftlichen Produktion zurückzuführen. Die dynamische Analyse der fiskalpolitischen Schocks beginnt im Jahr 1988. Dieser Zeitpunkt wurde gewählt, um die von der zweite Stufe der Steuerreform ausgehenden Impulse zu erfassen. Da gemäß den Ergebnissen der Impuls-Antwort-Analyse für den Zeitraum nach 1977 die Konjunktur erst nach rund zweieinhalb Jahren auf Steuerimpulse reagiert, dürften die Effekte auch in den Jahren 1990 und 1991 noch wirksam gewesen sein.

Diese zweite Stufe der Steuerreform, die mit einem signifikanten Rückgang der Nettosteuern verbunden war, führte in den Jahren 1988 und 1989 noch zu keiner wirtschaftlichen Beschleunigung, zum einen durch die verzögerte Wirkung und zum anderen durch den negativen Impuls auf der Ausgabenseite im Jahr 1989. Spürbar angeregt wurde die Konjunktur dann jedoch 1990 durch weitere Impulse auf der Einnahmenseite in Höhe von rund 1 % des nominalen Bruttoinlandsprodukts und 1991 auf der Ausgabenseite in Höhe von etwa 2 ½ % des nominalen Bruttoinlandsprodukts. Beide gingen konjunkturell betrachtet in dieselbe Richtung. Ihre maximale Wirkung entfalteten die verschiedenen Impulse in ihrer

Gesamtheit zu Beginn des Jahres 1991. Zu diesem Zeitpunkt war bereits eine endogene Verlangsamung der wirtschaftlichen Dynamik angelegt, die dann allerdings durch erneute – nun aber für die Konjunktur negative – Impulse von den Nettosteuern beschleunigt wurde. Die Steuererhöhungen im Jahr 1991 entsprachen gut dem 4fachen des Einheitsschocks in Höhe einer Standardabweichung; sie waren damit etwa doppelt so stark wie der Impuls der Steuersenkung im Jahr 1990. Insgesamt nahmen die Nettosteuern um bis zu 3,4 % des nominalen Bruttoinlandsprodukts zu. Zwar gingen durch die konjunkturelle Abkühlung im Verlauf von 1992 und die automatischen Stabilisatoren auch die Nettosteuern zurück, jedoch verhinderten erneute Steuererhöhungen beziehungsweise Kürzungen bei den Transfers, die insgesamt etwas mehr als dem Doppelten einer Standardabweichung entsprachen, eine stärkere Entfaltung der Wirkung der automatischen Stabilisatoren. Zu Beginn der Jahre 1993 und 1994 wurden zudem die Ausgaben zurückgefahren. Per Saldo wurde die Konjunktur im Verlauf des Jahres 1993 spürbar beeinträchtigt. Die maximale Wirkung entfaltete die Summe der negativen Impulse auf die Konjunktur im Zeitraum von Ende 1995 bis Mitte 1997. Die Nettosteuern blieben trotz rückläufiger Konjunktur bis zum Ende des Beobachtungszeitraumes über dem tatsächlichen Niveau.

Die hypothetische Entwicklung der endogenen Variablen mit und ohne die jeweiligen fiskalischen Impulse zeigt Abbildung 5.12. In Abbildung 5.13 sind die entsprechenden Wachstumsraten des realen Bruttoinlandsprodukts abgebildet. Ohne die fiskalischen Impulse wäre die Konjunktur in Deutschland in den Jahren 1990 und 1991 sehr viel weniger dynamisch verlaufen. Im Verlauf des Jahres 1991 begann der von der Geldpolitik ausgehende negative monetäre Impuls zu wirken. Die deutsche Wirtschaft wäre also auch ohne die Steuererhöhungen im Verlauf des Jahres 1992 in eine Rezession geraten. Allerdings wäre diese ohne die Steuererhöhungen nicht so tief und insbesondere nur von kurzer Dauer gewesen, da die Steuerimpulse aus dem Jahr 1991 ihre maximale Wirkung mit zweijähriger Verzögerung entfalteten, also gerade in den Jahren 1993 und 1994, in denen sich die Konjunktur gerade wieder zu erholen begann (Abbildung 5.13).

Zwar kommt es auch im hypothetischen Szenario ohne fiskalische Impulse zu einer erneuten konjunkturellen Abkühlung Ende 1995 und im Verlauf des Jahres 1996, doch wäre diese wiederum deutlich schwächer ausgefallen, denn in diesen Jahren kamen die maximalen Effekte der Steuererhöhungen 1993 und die Einsparungen bei den Ausgaben 1994 hinzu.

Die Konsolidierung der nach der Vereinigung stark defizitären öffentlichen Haushalte erfolgte demnach gerade zur Zeit der Rezession beziehungsweise im

Abbildung 5.12

**Effekte fiskalpolitischer Impulse in Deutschland
Entwicklung von Nettosteuern, Ausgaben und realem
Bruttoinlandsprodukt**

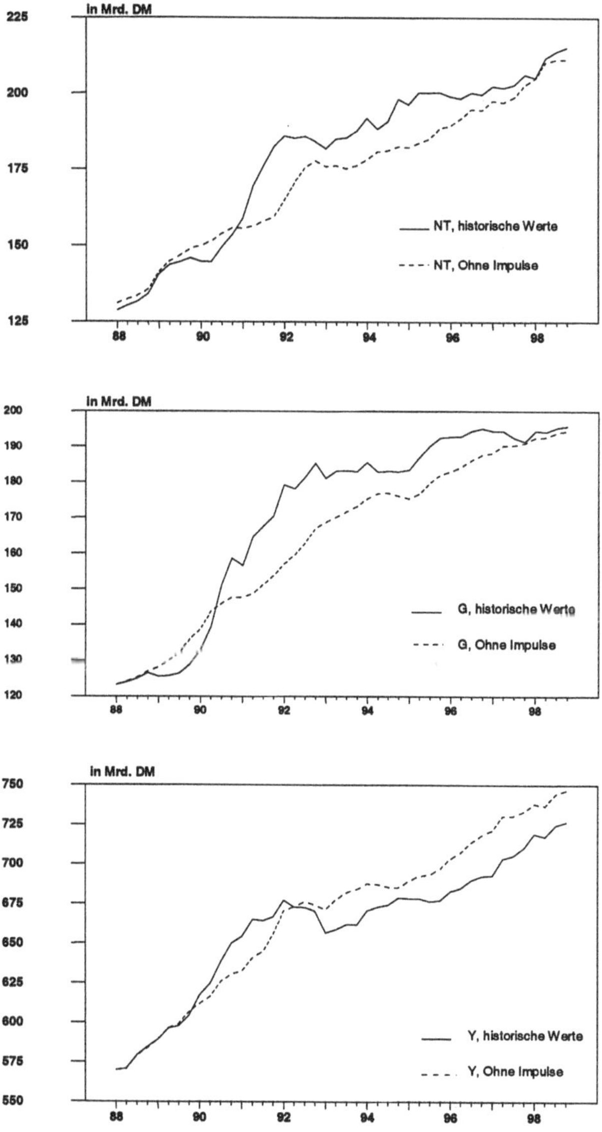

Abbildung 5.13

Effekte fiskalpolitischer Impulse in Deutschland
Wachstumsrate des realen Bruttoinlandsprodukts

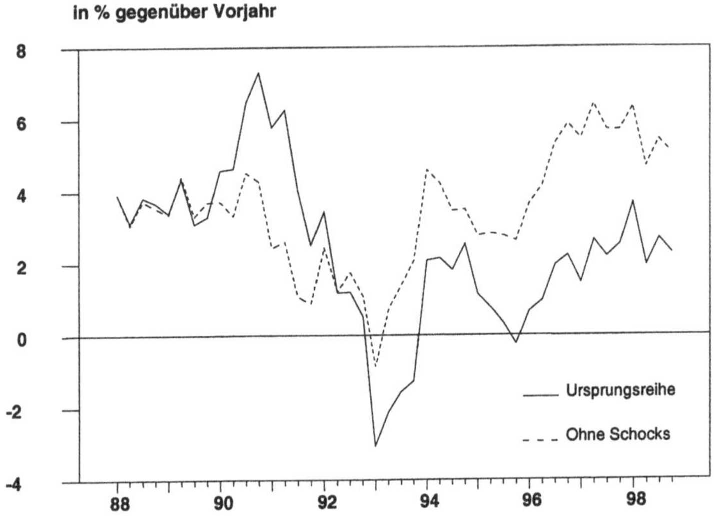

gerade beginnenden Aufschwung. Die Wahl des Zeitpunktes der Haushaltskonsolidierung dürfte damit zu einem nicht unerheblichen Teil zu der Wachstumsschwäche in den neunziger Jahren beigetragen haben. Wie bereits oben erwähnt, sind die Ergebnisse nicht als Simulation zu verstehen. Hätte es die hier skizzierte hypothetische Entwicklung gegeben, hätte sowohl die Lohnpolitik als auch die Geldpolitik mit ziemlicher Sicherheit anders als bei der tatsächlichen Entwicklung reagiert. Da beide in der Schätzung des strukturellen VAR nicht berücksichtigt sind, können ihre Reaktion und die Effekte auch nicht modelliert werden. Mit dieser Impuls-Analyse sollte vielmehr gezeigt werden, welche potentiellen Effekte von der Finanzpolitik auf die konjunkturelle Wirkung in den neunziger Jahren ausgegangen sind.

5.2.3.9 Disaggregation der öffentlichen Ausgaben in öffentlichen Verbrauch und öffentliche Investitionen

Sowohl in Deutschland im Zeitraum von 1961 bis 1976 als auch in den USA wirkte ein Impuls bei den öffentlichen Ausgaben leicht expansiv auf die Konjunktur. In Deutschland war nach 1977 die Wirkung im ersten Jahr positiv und anschließend negativ. Die in Kapitel 4 zitierten theoretischen Arbeiten über die gesamtwirtschaftlichen Wirkungen einer Zunahme der öffentlichen Ausgaben betrachteten im Wesentlichen die reinen Verbrauchsausgaben des Staates. In der hier durchgeführten empirischen Untersuchung sind aber auch die öffentlichen Investitionen Bestandteil der öffentlichen Ausgaben. Um zu untersuchen, ob die Wirkung dieser beiden Teilaggregate auf die Gesamtwirtschaft unterschiedlich ist, wurde das VAR-System (Gleichung 5.3)

$$\boldsymbol{x}_t = \boldsymbol{A}(\mathrm{L})\boldsymbol{x}_{t-1} + \boldsymbol{C}(\mathrm{L})z_t + \boldsymbol{u}_t \tag{5.8}$$

nun als vierdimensionales VAR-Modell geschätzt, wobei für $\boldsymbol{x} \equiv [Y_t, NT_t, G\_C_t, G\_I_t]'$ gilt und Y_t sowie NT_t wie zuvor die gesamtwirtschaftliche Produktion beziehungsweise die Nettosteuern darstellen; die öffentlichen Ausgaben G sind nun aber aufgeteilt in öffentlichen Verbrauch (G_C_t) und öffentliche Investitionen (G_I_t). Für die Spezifikation der Schätzgleichung für die USA ergab sich ebenso wie für die Grundspezifikation gemäß den Informationskriterien eine Anzahl von drei Verzögerungen. Die Gleichungen enthalten ebenfalls Dummies für die temporäre Steuersenkung 1975. In Deutschland wurden für den ersten Schätzzeitraum die Verzögerungen eins, zwei und fünf, für den zweiten Zeitraum die Verzögerungen eins, vier und fünf verwendet. Alle Spezifikationen enthalten zudem einen linearen Trend.

Die Identifikation des strukturellen VAR-Modells erfolgte analog zu den Schätzungen mit drei Variablen. Dazu sind nun sechs Restriktionen erforderlich. Die grundlegenden Annahmen waren wiederum, dass die gesamtwirtschaftliche Produktion nicht unmittelbar auf einen Steuerimpuls reagiert und dass sowohl der öffentliche Verbrauch als auch die öffentlichen Investitionen nicht innerhalb eines Quartals auf konjunkturelle Veränderungen reagieren. Ob und wie die fiskalischen Variablen zeitgleich auf einen Impuls der jeweilig anderen fiskalischen Variablen reagieren, ist ökonomisch nicht zu begründen. Hier müssen ex-ante Annahmen getroffen werde, die dann ex-post überprüft werden können. Allerdings konnte bei den verschiedenen Tests in der Regel keine signifikante zeitgleiche Reaktion der fiskalischen Variablen auf Impulse der anderen festgestellt werden. Es wurden daher sowohl für die USA als auch für Deutschland in beiden Zeiträumen mehr als sechs Restriktionen auf die Koeffizienten der $\boldsymbol{B}$-Matrix gelegt, so dass genügend identifizierende Restriktionen zur Verfügung standen. Die Matrix $\boldsymbol{B}$ hat somit in den verschiedenen Schätzungen folgende Form:

Für die USA

$$B^{(USA)} = \begin{bmatrix} 1 & 0 & 0 & b_{14} \\ b_{21} & 1 & 0 & 0 \\ 0 & 0 & 1 & 0 \\ 0 & 0 & 0 & 1 \end{bmatrix}$$

Für Deutschland

1961:I bis 1976:IV

$$B^{(DE,61-76)} = \begin{bmatrix} 1 & 0 & 0 & b_{14} \\ b_{21} & 1 & 0 & 0 \\ 0 & b_{32} & 1 & 0 \\ 0 & 0 & 0 & 1 \end{bmatrix}$$

1977:I bis 1998:IV

$$B^{(DE,77-98)} = \begin{bmatrix} 1 & 0 & b_{13} & b_{14} \\ b_{21} & 1 & 0 & 0 \\ 0 & b_{32} & 1 & 0 \\ 0 & 0 & 0 & 1 \end{bmatrix}$$

In allen drei Fällen bestätigt der Likelihood-Ratio-Test die Restriktionen. In den Schätzungen für die USA war die zeitgleiche Reaktion der Steuern auf einen konjunkturellen Impuls mit einem Koeffizienten von 1,76 ähnlich kräftig, wie in den Schätzungen mit den öffentlichen Ausgaben insgesamt. Eine signifikante unmittelbare Reaktion der gesamtwirtschaftlichen Produktion konnte jedoch nur für einen Impuls von den öffentlichen Investitionen ermittelt werden. Der Koeffizient beträgt (b_{14} =0,04).

Ein ähnliches Ergebnis ergab sich auch für Deutschland für den ersten Zeitraum. Der Koeffizient der zeitgleichen Reaktion der Nettosteuern auf einen Impuls seitens der Konjunktur ist mit 1,56 nur wenig niedriger als in der Schätzung mit den öffentlichen Ausgaben insgesamt. Die Konjunktur reagiert deutlich stärker auf einen von den öffentlichen Investitionen ausgehenden Impuls (b_{14} =0,11) als in den USA. Ebenso wie in der Schätzung mit den aggregierten Ausgaben gibt es eine zeitgleiche Reaktion des öffentlichen Verbrauchs auf Steuerimpulse (b_{32} =0,14); die öffentlichen Investitionen reagieren dagegen nicht sofort.

Die Unterschiede zwischen den Ergebnissen der Schätzungen für Deutschland bleiben auch bei dieser Spezifikation erhalten. Der Koeffizient der zeitgleichen Reaktion der Nettosteuern auf die Konjunktur ist mit 0,75 deutlich kleiner als zuvor. Die Reaktion der Konjunktur auf einen Impuls bei den öffentlichen Investitionen bleibt signifikant, ist aber mit einem Koeffizienten von 0,08 etwas schwächer. Dafür ist nun eine signifikante Reaktion der Konjunktur auch auf einen Impuls der öffentlichen Ausgaben zu beobachten. Der Koeffizient beträgt 0,05. Mit einem Koeffizienten von b_{32}=0,31 reagiert der öffentliche Verbrauch sehr viel stärker auf Steuerimpulse als in den sechziger und siebziger Jahren.

In der Impuls-Antwort-Analyse sind die Wechselwirkungen zwischen Steuern und gesamtwirtschaftlicher Produktion weitgehend identisch mit den Schätzungen der öffentlichen Ausgaben insgesamt. Die Wechselwirkung der Teilaggregate der Ausgaben mit den beiden anderen Variablen des Systems sind jedoch unterschiedlich. In den *USA* gibt es einen klaren Zusammenhang zwischen Konjunktur und öffentlichem Verbrauch (Abbildung 5.14). Dieser folgt der gesamtwirtschaftlichen Entwicklung mit einer Verzögerung von etwa einem Jahr und bleibt dann auf dem erreichten Niveau. Die Reaktion der öffentlichen Investitionen ist demgegenüber nicht so eindeutig. Zwar nehmen die öffentlichen Investitionen im Gefolge eines konjunkturellen Impulses in ähnlichem Umfang zu wie der öffentliche Verbrauch, der Pfad ist aber nicht signifikant von null verschieden. Bei der Impuls-Antwort-Analyse mit den öffentlichen Ausgaben insgesamt zeigt sich eine ausgeprägte Persistenz des Aggregats. Dieses Verhalten geht insbesondere auf den öffentlichen Verbrauch zurück, die öffentlichen Investitionen sinken dagegen. Unterschiede zwischen beiden Aggregaten ergeben sich insbesondere aus der Reaktion auf Steuerimpulse. Während der öffentliche Verbrauch unabhängig von Veränderungen der Nettosteuern ist, weisen die öffentlichen Investitionen eine ausgeprägte Reaktion auf Steuerimpulse auf. Der öffentliche Verbrauch reagiert offensichtlich auf konjunkturelle Impulse, während der Umfang der öffentlichen Investitionen in größerem Umfang von der Einnahmensituation bestimmt wird. Dies zeigt sich auch in der Varianz-Zerlegung (Tabelle 5.10). Zwar wird bei beiden Teilaggregaten der Großteil der Varianz durch eigene Schocks bestimmt (nach fünf Jahren rund 70 % beim öffentlichen Verbrauch und 80 % bei den öffentlichen Investitionen), die Varianz der Investitionen wird aber nach fünf Jahren auch zu rund 16 % von der Ent-

Abbildung 5.14

Impuls – Antwort: Reales Bruttoinlandsprodukt, öffentlicherVerbrauch, öffentliche Investitionen USA: 1961:I bis 19 8:IV

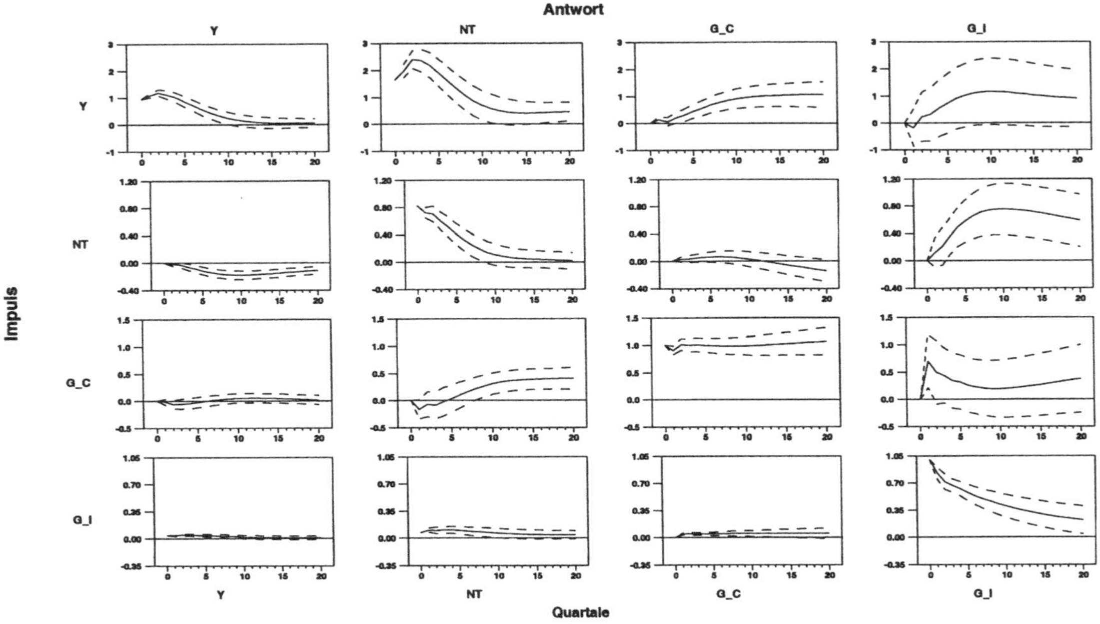

Signifikanzbänder: ± eine Standardabweichung.

Abbildung 5.15

Impuls – Antwort: Reales Bruttoinlandsprodukt, öffentlicher Verbrauch, öffentliche Investitionen Deutschland: 1961:I bis 1976:IV

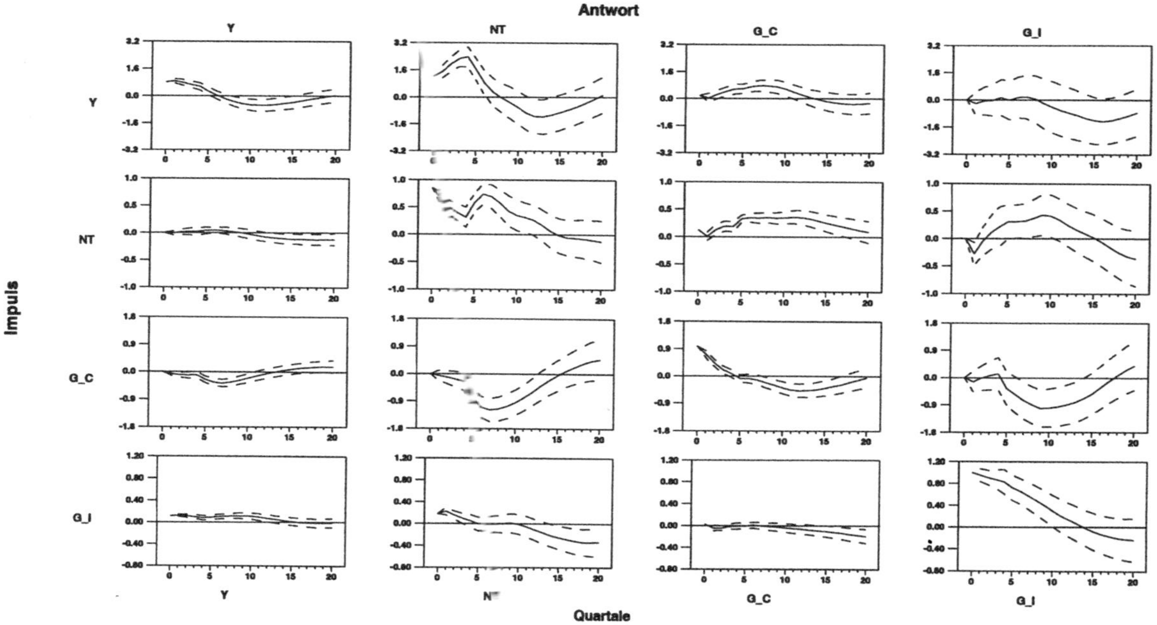

Signifikanzbänder: ± eine Standardabweichung.

Abbildung 5.16

Impuls – Antwort: Reales Bruttoinlandsprodukt, öffentlicher Verbrauch, öffentliche Investitionen Deutschland: 1977:I bis 1998:IV

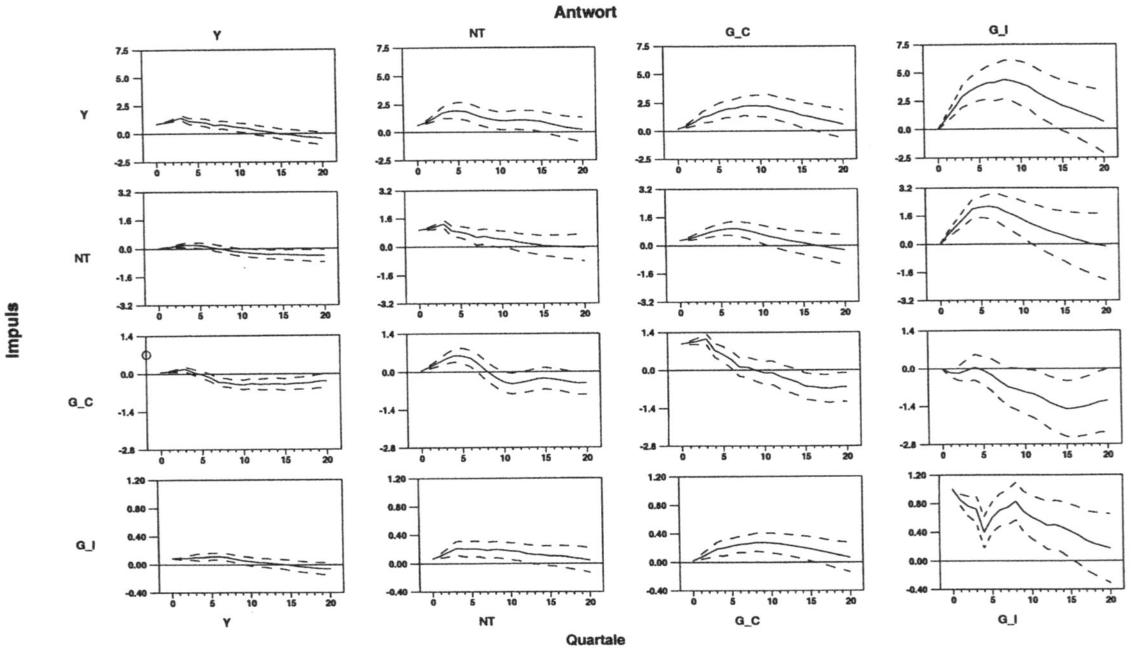

Signifikanzbänder: ± eine Standardabweichung.

Tabelle 5.10

Varianz-Zerlegung für Y, NT, G_C, G_I
USA

Varianz-Zerlegung von	Quartale	Anteil der erklärten Varianz durch .... in %			
Y		Y	*NT*	*G_C*	*G_I*
	1	87,39	0,00	0,00	12,61
	5	86,58	1,88	0,23	11,31
	9	77,25	11,13	0,21	11,41
	13	67,72	21,22	0,42	10,65
	21	59,34	30,52	0,58	9,56
NT		*Y*	*NT*	*G*	
	1	27,80	68,19	0,00	4,01
	5	45,43	47,14	0,15	7,28
	9	48,42	41,58	0,52	9,21
	13	47,79	39,97	2,01	10,23
	21	45,96	37,31	5,93	10,80
G_C		*Y*	*NT*	*G*	
	1	0,00	0,00	100,00	0,00
	5	1,58	0,63	91,46	6,32
	9	8,29	0,99	84,01	6,71
	13	15,24	0,74	77,35	6,71
	21	21,65	1,57	70,60	6,17
G_I		*Y*	*NT*	*G*	
	1	0,00	0,00	0,00	100,00
	5	0,19	1,92	0,97	96,92
	9	1,04	6,59	0,84	91,53
	13	1,86	10,75	0,80	86,59
	21	2,55	15,77	1,05	80,63

wicklung der Steuern, nicht jedoch von konjunkturellen Impulsen erklärt, die Varianz des öffentlichen Verbrauchs dagegen zu gut 20 % von der Konjunktur und nicht von den Nettosteuern Eine Verdrängung öffentlicher Investitionen durch Verbrauchsausgaben ist in den USA nicht festzustellen; es folgt keine negative Reaktion auf Impulse des Verbrauchs, sondern eher eine leicht positive, die allerdings nur im ersten Jahr schwach signifikant ist. Der Anteil von Impulsen des öffentlichen Verbrauchs in der Varianz-Zerlegung für die öffentlichen Investitionen ist nahezu null. Die Varianz der Verbrauchsausgaben wird dagegen zu etwa 6 % von Veränderungen der öffentlichen Investitionen bestimmt, und zwar positiv. Die konjunkturelle Wirkung von Impulsen der öffentlichen Ausgaben insgesamt ist leicht positiv. Diese positive Wirkung geht aber nur auf die – allerdings schwachen – Effekte der öffentlichen Investitionen zurück. Auf Impulse des öffentlichen Verbrauchs reagiert die Konjunktur nicht.

Dieses Ergebnis ergibt sich auch bei der Impuls-Antwort-Analyse für *Deutschland.* In beiden Teilperioden reagiert die Konjunktur positiv – wenn auch wiederum nur schwach – auf Impulse der öffentlichen Investitionen. Die Reaktion auf steigende Verbrauchsausgaben ist dagegen negativ. Dies gilt mittelfristig für beide Perioden. Im Gegensatz zu den USA scheinen steigende Ausgaben für den öffentlichen Verbrauch die öffentlichen Investitionen zu verdrängen (Abbildung 5.16). Diese gehen bei einem Anstieg des öffentlichen Verbrauchs zurück. Die Reaktion ist zwar ausgeprägt, aber statistisch nicht gut abgesichert. Beide Teilaggregate hängen in größerem Umfang als in den USA von der Entwicklung der Konjunktur und der Einnahmensituation des Staates ab. Dies gilt insbesondere für die zweite Periode. Während konjunkturelle Impulse in der ersten Periode etwa 12 % der Varianz der öffentlichen Ausgaben und 4,6 % der öffentlichen Investitionen erklären, sind es nach 1977 knapp 30 % bei den Ausgaben und rund 23 % bei den Investitionen (Tabelle 5.11). Dieses Ergebnis dürfte wiederum maßgeblich durch die deutsche Vereinigung geprägt sein.

Tabelle 5.11

Varianz-Zerlegung für Y, NT, G_C, G_I
Deutschland

Varianz-Zerlegung von	Quartale	Anteil der erklärten Varianz durch .... in %			
		61:I bis 76:IV			
Y		Y	*NT*	*G_C*	*G_I*
	1	63,76	0,0	0,00	36,24
	5	55,27	0,53	8,91	35,29
	9	38,04	1,00	26,00	34,96
	13	38,70	1,45	24,65	35,20
	21	373,24	8,40	24,83	29,53
NT		*Y*	*NT*	*G_C*	*G_I*
	1	17,69	72,25	0,00	10,06
	5	50,89	38,61	1,41	9,11
	9	29,60	38,87	26,96	4,56
	13	26,67	34,78	34,47	4,08
	21	24,50	27,37	29,82	18,31
G_C		*Y*	*NT*	*G_C*	*G_I*
	1	0,77	3,14	95,66	0,44
	5	6,74	10,06	81,46	1,74
	9	16,99	32,70	49,24	1,07
	13	15,15	39,13	43,83	1,89
	21	12,05	35,13	39,42	13,40
G_I		*Y*	*NT*	*G_C*	*G_I*
	1	0,00	0,00	0,00	100,00
	5	0,06	1,04	0,14	98,76
	9	0,10	3,24	4,77	91,92
	13	0,64	5,21	12,07	82,08
	21	4,63	5,69	13,62	76,6

noch Tabelle 5.11

Varianz-Zerlegung von	Quartale	Anteil der erklärten Varianz durch .... in %			
77:I bis 98:IV					
Y		*Y*	*NT*	*G_C*	*G_I*
	1	71,43	0,13	1,81	26,62
	5	72,73	5,23	4,18	17,85
	9	61,37	4,41	13,87	23,35
	13	46,59	9,22	29,05	15,14
	21	31,37	22,57	34,91	11,15
NT		*Y*	*NT*	*G_C*	*G_I*
	1	8,01	88,80	0,20	2,99
	5	20,28	59,99	9,82	9,91
	9	27,55	48,00	11,38	13,06
	13	27,31	42,43	15,08	15,18
	21	26,79	37,66	20,44	15,13
G_C		*Y*	*NT*	*G_C*	*G_I*
	1	0,61	6,79	92,37	0,23
	5	9,52	16,61	67,12	6,75
	9	22,28	26,16	38,21	13,35
	13	30,49	23,16	28,94	17,41
	21	28,30	18,79	35,99	16,93
G_I	21	*Y*	*NT*	*G_C*	*G_I*
	1	0,00	0,00	0,00	100,00
	5	14,68	22,05	0,32	62,95
	9	23,15	28,78	1,66	46,42
	13	26,28	25,55	6,04	42,13
	21	33,18	20,83	18,84	37,16

6 Zusammenfassung und wirtschaftspolitische Empfehlungen

In den neunziger Jahren waren die Volkswirtschaften Deutschlands und der USA von völlig unterschiedlichen Entwicklungen geprägt. Während die amerikanische Wirtschaft nach der Rezession im Jahr 1991 zügig expandierte, blieb die deutsche Wirtschaft bis zum Ende der neunziger Jahre auf einem sehr flachen Expansionspfad. Spiegelbildlich dazu war die Entwicklung auf den Arbeitsmärkten. Sank die Arbeitslosenquote in den USA auf den tiefsten Stand seit den frühen siebziger Jahren, kletterte sie in Deutschland auf immer neue Rekordmarken. Die wirtschaftliche Entwicklung in Deutschland in den neunziger Jahren kann allerdings nicht unabhängig von der deutschen Vereinigung analysiert werden. Allein die Dimension dieses Ereignisses führte zu erheblichen Verwerfungen. Demgegenüber war das gesamtwirtschaftliche Umfeld in den USA um ein Vielfaches günstiger.

Ziel dieser Arbeit war, zu untersuchen, ob und wenn ja in welchem Umfang, die Finanzpolitik zu dieser unterschiedlichen Entwicklung beigetragen hat. Die Analyse besteht aus einem theoretischen, einem institutionellen und einem empirischen Teil. Dabei stehen die konjunkturelle Aspekte der Finanzpolitik im Vordergrund. Diese betreffen vor allem die im Steuer- und Transfersystem eingebauten Stabilisatoren, die dazu beitragen sollen, die konjunkturelle Entwicklung zu glätten und so Wohlfahrtsverluste von Rezessionen zu verringern. Wie die theoretische Analyse (Kapitel 3) gezeigt hat, können Einkommensteuern ein geeignetes Mittel sein, um die konjunkturelle Wirkung von Angebots- und Nachfrageschocks zu dämpfen. Sie tun dies primär durch ihre Wirkung auf die Einkommen und die Verbrauchsausgaben der privaten Haushalte. Einkommensteuern wirken dabei umso mehr als automatische Stabilisatoren, je höher die Steuersätze sind und je ausgeprägter die Progression ist. Allerdings entsteht daraus ein Zielkonflikt zu den aus der Theorie der optimalen Besteuerung abgeleiteten Schlussfolgerungen. Da Steuern auf das Arbeitseinkommen langfristig negativ auf das Arbeitsangebot und Gewinnsteuern negativ auf die Investitionsbereitschaft der Unternehmen wirken, sind mit höheren Einkommensteuern Kosten verbunden.

Die Finanzpolitik hat daher zwischen der allokationsverzerrenden Wirkung progressiver Einkommensteuern und deren stabilisierenden Eigenschaften abzuwägen. Dabei dürfen letztere nicht vernachlässigt werden. Auf der einen Seite wird durch die automatischen Stabilisatoren nach einem positiven Impuls eine endogene Beschleunigung der Konjunktur zwar nicht gänzlich verhindert, aber doch zumindest gebremst und so die Überauslastung der volkswirtschaftlichen Ressourcen, die üblicherweise mit einer deutlichen Zunahme der Lohn- und Preissteigerungen einhergeht, verringert. Die Wahrscheinlichkeit, dass monetäre Stabilisierungsrezessionen zur Eindämmung der Inflation auftreten, ist damit geringer. Gleichzeitig besteht in diesen Phasen durch überproportional steigende Steuereinnahmen und unterproportional steigende oder sogar sinkende Transfers die Möglichkeit zur Konsolidierung der öffentlichen Haushalte. Die Entwicklung des Staatshaushaltes in den USA im Verlauf der späten neunziger Jahre hat dies auf beeindruckende Weise gezeigt.

Gerät die Volkswirtschaft andererseits beispielsweise infolge retardierender weltwirtschaftlicher Einflüsse oder wegen einer monetären Restriktion in eine Rezession, kann schnell und reibungslos von finanzpolitischer Restriktion auf Expansion umgeschwenkt werden, ohne dass es diskretionärer Eingriffe bedarf. Rezessionen sind dann weniger schwer und können schneller überwunden werden. Tiefe und lang anhaltende Rezessionen gehen immer mit einem Rückgang der Investitionstätigkeit sowie einem Anstieg der Arbeitslosigkeit und damit dem Verlust von Sach- und Humankapital einher. Rezessionen sind somit nicht nur ein kurzfristiges Phänomen, sondern werfen auch Schatten auf die langfristigen Expansionsmöglichkeiten einer Volkswirtschaft.

Während die Effekte von Steuerimpulsen in den verschiedenen Theorierichtungen – wie neoklassische oder neukeynesianische Theorie – weitgehend identisch bewertet werden, unterscheiden sich die Schlussfolgerungen über die Wirkung von Veränderungen der öffentlichen Ausgaben zum Teil fundamental (Kapitel 3.4). Letztendlich ist eine Bewertung der Wirkung der öffentlichen Ausgaben auf die wirtschaftliche Entwicklung aus theoretischer Sicht nicht eindeutig und bleibt eine empirisch zu beantwortende Frage.

Aufbauend auf die theoretische Analyse wurde eine empirische Untersuchung der Finanzpolitik in Deutschland und in den USA durchgeführt (Kapitel 5). Dabei standen drei Fragen im Vordergrund: gibt es signifikante Unterschiede bei den automatischen Stabilisatoren in beiden Ländern, war die Reaktion des Steuer- und Transfersystems auf konjunkturelle Schwankungen im Zeitablauf stabil und haben fiskalpolitische Impulse die wirtschaftliche Entwicklung nachhaltig beeinflusst.

Die empirische Untersuchung wurde unter Verwendung eines strukturellen vektorautoregressiven Systems, bestehend aus einer Konjunkturvariablen, einer Nettosteuervariablen und einer Ausgabenvariablen, durchgeführt. Stabilitätstests haben gezeigt, dass in Deutschland die Beziehung zwischen Konjunktur sowie Steuern und Transfers seit den sechziger Jahren nicht stabil war. Vielmehr haben in Deutschland die im Steuer- und Transfersystem eingebauten Stabilisatoren seit Ende der siebziger Jahre wesentlich an Bedeutung verloren und sie haben seitdem auch ein deutlich geringeres Gewicht als in den USA. Ein Grund dafür könnte in der starken Zunahme des Anteils der Sozialversicherungsbeiträge an der gesamten Abgabenbelastung in Deutschland liegen. Da die Beiträge nur bis zu einer Beitragsbemessungsgrenze proportional zum Einkommen steigen und danach konstant bleiben, ist der gesamte Tarif degressiv ausgelegt. Die Wirkung als automatischer Stabilisator ist deshalb für diesen Teil der gesamten Abgaben wesentlich geringer als bei den progressiven Einkommensteuern. Durch die Verlagerung auf Steuern, deren Basis in geringerem Umfang mit der Konjunktur variiert, wie beispielsweise der private Verbrauch, beziehungsweise auf Abgaben mit einem geringerem Progressionsgrad werden seit den späten siebziger Jahren die Möglichkeiten einer regelgebundenen Stabilisierung der Konjunktur nicht ausgeschöpft.

Ein Ergebnis der empirischen Untersuchung ist auch, dass die Fiskalpolitik zwar einen Einfluss auf die gesamtwirtschaftliche Entwicklung hat, dass aber der Großteil der konjunkturellen Schwankungen auf andere Faktoren wie beispielsweise die Geldpolitik oder die Auslandskonjunktur zurückgehen. Sowohl in den USA als auch in Deutschland wird der überwiegende Teil der Varianz der gesamtwirtschaftlichen Produktion durch eigene – konjunkturelle – Impulse determiniert. Immerhin erklären aber dennoch fiskalische Schocks in den USA rund 30 % und in Deutschland in den sechziger und siebziger Jahren rund 40 % der Varianz der Konjunktur. Steuerimpulse sind dabei sowohl in den USA als auch in Deutschland im Zeitraum von 1960 bis 1976 von größerer Bedeutung für die konjunkturelle Entwicklung als Veränderungen der öffentlichen Ausgaben. Die relativen Anteile zur Erklärung der Varianz der Konjunktur haben sich allerdings in Deutschland nach 1977 verschoben. Zum einen werden nun rund 60 % der Varianz der Konjunktur durch fiskalpolitische Schocks erklärt. Zum anderen sind Ausgabenimpulse von wesentlich größerer Bedeutung als Steuerimpulse. Dies geht auch auf die schwächere Reaktion der Nettosteuern auf konjunkturelle Schwankungen zurück. Während in den USA und in Deutschland in den sechziger und siebziger Jahren rund 60 % der Varianz der Nettosteuern durch konjunkturelle Schwankungen erklärt werden, sind es in Deutschland nach 1977 nur noch rund 30 %.

Ein weiterer Schwerpunkt der empirischen Analyse war die Identifikation diskretionärer fiskalischer Ereignisse und deren Wirkung auf die wirtschaftliche Entwicklung. In einer institutionellen Betrachtung der Steuersysteme in Deutschland und in den USA sowie deren zeitlicher Entwicklung wurden eine Reihe von fiskalischen Maßnahmen herausgearbeitet (Kapitel 4). Darauf aufbauend wurden mit Hilfe der geschätzten strukturellen VAR-Systeme Szenarien simuliert, um die Wirkung dieser Impulse auf die wirtschaftliche Entwicklung zu untersuchen. Dabei ergab sich, dass im Vergleich zu den automatischen Stabilisatoren diskretionäre Steuer- oder Ausgabenimpulse zur Verstetigung der Konjunktur weniger geeignet sind. Zwar kann die Konjunktur durch die Finanzpolitik sowohl von der Ausgaben- als auch von der Einnahmenseite stimuliert beziehungsweise gebremst werden, die Finanzpolitik allein kann jedoch keinen dauerhaften Aufschwung initiieren. Wie die Erfahrung beispielsweise auch in Japan in den späten neunziger Jahren gezeigt hat, reicht der Atem der Finanzpolitik dazu nicht aus, da die steigenden Defizite ihren Handlungsspielraum immer weiter einengen. Hierfür ist eine expansive Geldpolitik in Kombination mit einer stabilitätsorientierten Lohnpolitik besser geeignet.

Aber auch eine reine „Brückenfunktion“ der Finanzpolitik mit diskretionären Impulsen zur Überwindung temporärer Schwächephasen erscheint angesichts von Verzögerungen bei der Diagnose der aktuellen konjunkturellen Situation, der langen parlamentarischen Prozesse bei der Umsetzung von Fiskalprogrammen und deren verzögerter Wirkung auf die gesamtwirtschaftliche Expansion wenig sinnvoll. In den USA wurde genau dies im Jahr 1975 versucht. Aber obwohl die Steuersenkung in der sehr kurzen Zeit von nur einem Quartal die institutionellen Hürden nahm, setzte die konjunkturelle Wirkung erst ein, als sich die US-amerikanische Wirtschaft auch ohne den fiskalischen Impuls zu erholen begann. Der Aufschwung wurde damit zwar beschleunigt, das Wachstum zusätzlich angeregt und die Produktionslücke etwa ein Jahr früher geschlossen; die größte Wirkung entfaltete die Steuersenkung aber erst eineinhalb Jahre nach dem Impuls. Zu diesem Zeitpunkt allerdings begann die Inflation bereits wieder zu steigen, und von dem Steuerimpuls könnten zusätzliche inflationäre Tendenzen ausgegangen sein.

Anders als der singuläre Steuerimpuls 1975 in den USA haben die verschiedenen fiskalischen Schocks die wirtschaftliche Entwicklung in Deutschland in den neunziger Jahren nachhaltig beeinflusst. In den Jahren 1990 und 1991 trafen zwei fiskalische Impulse auf eine Volkswirtschaft, die sich auf dem Höhepunkt im Konjunkturzyklus befand. Zum einen war dies die Steuerreform 1990. Zum anderen wurden zu Beginn der deutschen Vereinigung die öffentlichen Ausgaben zunächst deutlich aufgestockt. Diese Konstellation war allerdings so nicht geplant und ist daher aus konjunktureller Sicht nur schwer zu beurteilen. Der Ausgabenimpuls war vielmehr Folge des politischen Ereignisses der deutschen Vereinigung, das Mitte der achtziger Jahre, als sich die dritte Stufe der Steuerreform für das Jahr 1990 im Planungsprozess befand, nicht vorhersehbar war. Was aber planbar gewesen wäre, war der Zeitpunkt der Konsolidierung der im Zuge der

Vereinigung stark angestiegenen öffentlichen Defizite. Diese setzte nämlich genau in der Phase ein, als sich die deutsche Wirtschaft in der Rezession befand, und entfaltete die maximale Wirkung in der gerade beginnenden Erholung. Zwar wäre die deutsche Volkswirtschaft auch ohne die Steuererhöhungen im Jahr 1991 in die Rezession geraten, diese wäre aber wohl – gemäß den Simulationen – weit weniger tief und vor allem sehr viel kürzer gewesen. Über den gesamten verbleibenden Zeitraum in den neunziger Jahren hätte sich ein deutlich kräftigeres Wachstum eingestellt. Es spricht somit vieles dafür, dass bei anderen finanzpolitischen Rahmenbedingungen und der Setzung anderer politischer Prioritäten eine günstigere gesamtwirtschaftliche Entwicklung möglich gewesen wäre.

Ausgehend von diesen theoretischen und empirischen Ergebnissen lassen sich eine Reihe von Schlussfolgerungen für die Finanzpolitik in Deutschland ziehen. Seit den achtziger Jahren gab es in Deutschland zwei umfangreiche Steuerreformen mit Steuerentlastungen: die Steuerreformen 1990 und 2000. Gemessen am nominalen Bruttoinlandsprodukt betrug die (Netto-)Entlastung im Jahr 1990 etwa 2 % und 2001 gut 1 %. Die Terminierung der Steuerreform 1990 dürfte in erster Linie politisch motiviert gewesen sein, da zu dieser Zeit Bundestagswahlen anstanden. Ob dieser Termin aus konjunktureller Sicht günstig lag, lässt sich im Nachhinein nicht mehr genau bestimmen, da in dieses Jahr die deutsche Vereinigung fällt. In Westdeutschland löste die Vereinigung, verstärkt um den Steuerimpuls, einen kräftigen Boom aus. Angesichts der Effekte auf die Konjunktur und auf die Defizite der öffentlichen Haushalte war die Steuerreform zu diesem Zeitpunkt verfehlt. Allerdings war bei der Planung der Steuerreform die deutsche Vereinigung nicht vorherzusehen. Ohne zu sehr in den Bereich der Spekulation abzugleiten, sollen im Folgenden dennoch einige Hypothesen aufgestellt werden. Angesichts der weltwirtschaftlichen Entwicklung in diesen Jahren wäre es sehr wahrscheinlich gewesen, dass sich die deutsche Wirtschaft auch ohne die Vereinigung im Jahr 1990 auf einem konjunkturellen Höhepunkt befunden hätte und die Rezession – parallel zu den USA – im Jahr 1991 eingetreten wäre. In diesem Fall wäre die Steuerreform aus konjunktureller Sicht ebenfalls falsch terminiert gewesen.

Ähnliche Überlegungen lassen sich auch für die Steuerreform 2000 anstellen. Die erste Stufe der Reform trat am 1. Januar 2001 in Kraft. Zu diesem Zeitpunkt begann sich die Wirtschaft in Deutschland aufgrund der dämpfenden Effekte der im Jahr 2000 kräftig gestiegenen Ölpreise und der Verschlechterung des weltwirtschaftlichen Umfeldes bereits abzukühlen. Aus konjunktureller Sicht kam die Entlastung der privaten Haushalte daher gerade zur rechten Zeit. Konzipiert wurde die Steuerreform jedoch im Wesentlichen im Frühjahr 2000 und im Parlament wurde sie im Sommer verabschiedet. Zu dieser Zeit gingen die meisten Prognosen allerdings für das Jahr 2001 noch von einer Beschleunigung der Konjunktur aus. Dies hätte bei der Planung der Reform also berücksichtigt werden können. Allerdings waren beide Steuerreformen nicht primär konjunkturpolitisch motiviert; vielmehr sollten die Unternehmen und die privaten Haushalte unabhängig von der konjunkturellen Situation – nicht zuletzt auch aus angebotstheoretischen Überlegungen – entlastet werden.

Derartige Steuerreformen sind in Deutschland in mehr oder weniger regelmäßigen Abständen erforderlich, da die Steuertarifstufen und die Freibeträge – anders als in den USA – nicht an die Inflation oder die Entwicklung der Durchschnittseinkommen gekoppelt sind. Selbst Lohnerhöhungen nur im Ausmaß der Inflation führen somit zu einer ständig steigenden Steuerbelastung. Es handelt sich daher in Deutschland bei den Steuerreformen oftmals nicht um eine echte Steuerentlastung, sondern nur um den Ausgleich der „heimlichen“ Steuererhöhungen. Ob diese „Steuerreformen“ aus konjunkturpolitischer Sicht richtig terminiert sind, ist aber mehr oder weniger Zufall.

Welche Empfehlungen für die Finanzpolitik in Deutschland können nun aus den empirischen Ergebnissen und den US-amerikanischen Erfahrungen der achtziger und neunziger Jahre abgeleitet werden? In den USA war es das Zusammenwirken der verschiedenen Bereiche der Wirtschaftspolitik, das in beiden Jahrzehnten half, die Rezessionen schnell zu überwinden und lang anhaltende Aufschwünge zu ermöglichen. Die Geldpolitik löste zwar Anfang der achtziger und der neunziger Jahre bei ihren Bemühungen, die Inflation einzudämmen, eine Rezession aus, sie schwenkte jedoch frühzeitig wieder auf einen expansiven Kurs um.[101] In den neunziger Jahren wurde sie dabei von einer Lohnpolitik unterstützt,[102] die sich weitgehend an der Produktivität orientierte und so die Lohnstückkosten nur mäßig zunahmen.

Die Finanzpolitik spielte in diesem Prozess eine wichtige Rolle. Obwohl die Defizite infolge der Steuersenkungen und der Ausgabenprogramme zu Beginn der achtziger Jahre kräftig gestiegen waren, wurde nicht mit letzter Konsequenz versucht, die Fehlbeträge durch entsprechende Steuererhöhungen beziehungsweise Ausgabenkürzungen zu reduzieren, obwohl im Rahmen des Gramm-Rudman-Hollings-Gesetzes absolute Obergrenzen für das Defizit festgelegt worden waren. Im Herbst 1990 wurde das Gramm-Rudman-Hollings-Gesetz durch

---

101 Vgl. dazu auch Romer (1999) sowie Romer und Romer (1994).

102 Der Begriff der „Lohnpolitik“ sei hier zur Vereinfachung verwendet. In den USA kann eigentlich nicht von der „Lohnpolitik“ gesprochen werden, da Lohnverhandlungen dezentral, oftmals sogar auf individueller Basis und nicht koordiniert durchgeführt werden.

den „*Omnibus Budget Reconciliation Act of 1990*“ ersetzt und eine neue Strategie für den Budgetausgleich eingeschlagen. Das Augenmerk lag nun auf einer strikten Kontrolle der Ausgaben, ohne dass ein konkretes Defizitziel gesetzt wurde. Dieses neue Konzept unterscheidet sich in einem wesentlichen Punkt vom vorangegangenen Gesetz. In einer konjunkturellen Schwächephase darf das Defizit der öffentlichen Haushalte durchaus größer werden, soweit es aus der Wirkung der automatischen Stabilisatoren resultiert. In einer Hochkonjunkturphase muss es schrumpfen, da die günstige Einnahmesituation nicht für zusätzliche Ausgaben, sondern allein zur Konsolidierung genutzt werden darf. Mithin impliziert diese Strategie ein im Konjunkturverlauf atmendes Defizit, das durch seine antizyklische Ausrichtung zudem auf Stabilisierung angelegt ist.

Dies ist der entscheidende Unterschied zur Konsolidierungsstrategie in Deutschland. Als 1991 deutlich wurde, dass die einigungsbedingten Lasten auf fast 200 Mrd. DM pro Jahr steigen würden und die Defizite zunahmen, schwenkte die Regierung auf einen Konsolidierungskurs ein. Zur Finanzierung der Kosten der deutschen Einheit wurden in den verschiedenen Steueränderungsgesetzen Steuererhöhungen beschlossen, die insbesondere die privaten Haushalte belasteten. Die Einbindung Ostdeutschlands in das Sozialversicherungssystem verursachte zudem hohe Kosten, die nur über eine kräftige Anhebung der Sozialversicherungsbeiträge und Leistungskürzungen zu finanzieren waren. Die Konsolidierung begann 1993. Sie setzte somit gerade in der Rezession beziehungsweise der beginnenden Erholung ein. Aufgrund der verhaltenen Expansion nahmen die Defizite allerdings weiter zu, und zwar auf Werte, die nicht mit der im Maastricht Vertrag vereinbarten Obergrenze für die öffentlichen Defizite vereinbar waren. Um sich dennoch für die Teilnahme an der Einführung des Euro zu qualifizieren,[103] wurden die Konsolidierungsbemühungen noch verstärkt.

In Deutschland – letztendlich aber auch in Europa – verfolgt die Finanzpolitik damit eine Strategie, die einzig und allein an einer absoluten Obergrenze der Defizitquote orientiert ist. Es wird weder die konjunkturelle Situation berücksichtigt, noch werden Vorkehrungen getroffen, dass bei einer kräftigen gesamtwirtschaftlichen Expansion die Haushaltsfehlbeträge zurückgeführt beziehungsweise Überschüsse gebildet werden. Diese Regelung ist aber aus konjunkturpolitischer Sicht aus zweierlei Gründen bedenklich. Zum einen besteht die Möglichkeit, dass der Staat bei einem konjunkturbedingten Anstieg der Defizite versucht, die vereinbarte Obergrenze einzuhalten, indem Steuern erhöht und/oder Ausgaben gekürzt werden. Zum anderen werden die langfristigen Probleme der

---

[103] Beziehungsweise die Einführung des Euro nicht zu gefährden, denn ohne Deutschland hätte es die Währungsunion sicherlich nicht gegeben.

öffentlichen Verschuldung nicht bei ihrer eigentlichen Ursache angegangen, nämlich der Neigung der Politik bei reichlich fließenden Steuereinnahmen zusätzliche Ausgabenprogramme zu beschließen. Die im Stabilitätspakt von Dublin vereinbarte europäische Konsolidierungsstrategie entspricht damit der Philosophie des Gramm-Rudman-Hollings-Gesetzes, die in den USA als nicht adäquat erkannt und daher aufgegeben wurde. Erfolgversprechender wäre auch für Europa, die Ausgabenneigung bei dynamischer Konjunktur zu dämpfen und die im Stabilitätspakt von Dublin vereinbarten Konsolidierungsziele entsprechend zu modifizieren.

Auch die Einführung eines anderen Merkmals des US-amerikanischen Steuersystems könnte geeignet sein, die Finanzpolitik in Deutschland mehr konjunkturpolitisch auszurichten. Im Gegensatz zu den USA sind die Freibeträge und Steuertarifstufen in Deutschland nicht indexiert. Bei steigenden Löhnen und einem progressiven Steuertarif nimmt die Steuerbelastung kontinuierlich zu. Zum Ausgleich der „heimlichen" Steuererhöhungen müssen daher von Zeit zu Zeit die Steuern wieder gesenkt werden. Die Wahl des unter konjunkturellen Aspekten richtigen Zeitpunktes ist aber in der Regel nicht möglich und oftmals auch gar nicht intendiert. Vielmehr dürften bei der Terminierung eher wahlpolitische Motive im Vordergrund stehen. Bei einer Indexierung würden derartige diskretionäre Impulse der Finanzpolitik vermieden.

Beide Empfehlungen sind Bestandteil eines konsistenten Konzepts. Sowohl mit der Festlegung des Pfades für die diskretionären Bereiche der öffentlichen Ausgaben bei gleichzeitiger Variabilität der konjunkturabhängigen Bestandteile als auch mit der Indexierung der Steuertarife an die Inflation würde die Finanzpolitik einer stärkeren Regelbindung unterworfen und die Entwicklung der öffentlichen Haushalte verstetigt. Die Finanzpolitik könnte dann einen größeren Beitrag zur Stabilisierung der konjunkturellen Entwicklung sowie zur Schaffung von mehr Wachstum und Beschäftigung leisten.

Anhang A.1: Die Datenbasis

Für die Schätzungen wurden ausschließlich Daten der volkswirtschaftlichen Gesamtrechung verwendet. Die öffentlichen Einnahmen und Ausgaben sind gesamtstaatliche Daten. Die Verwendung von Daten aus dem Staatskonto der volkswirtschaftlichen Gesamtrechnung ist allerdings nicht unproblematisch. Die Einnahmen und Ausgaben des Staates in der volkswirtschaftliche Gesamtrechnung und die kassenmäßigen Ströme stimmen nicht notwendigerweise überein, vielmehr werden die kassenmäßigen Einnahmen durch entsprechende Phasenverschiebungen periodengerecht zugerechnet. Besonders relevant ist dies bei den Körperschaftsteuern und bei der Mehrwertsteuer. Informationen über die staatliche Aktivität werden vom Statistischen Bundesamt in Deutschland zudem nur in halbjährlicher Abgrenzung veröffentlicht. Im Rahmen der vierteljährlichen volkswirtschaftlichen Gesamtrechnung werden diese Halbjahreszahlen an Hand von Indikatoren auf die Quartale verteilt.

Die Einnahmen und Ausgaben werden für die USA und für Deutschland weitgehend identisch berechnet. Die einzelnen Zeitreihen sind wie folgt definiert:

Nettosteuern	=	direkte Steuern
	+	indirekte Steuern
	+	sonstige Steuern
	+	Sozialbeiträge insgesamt
	+	Vermögenseinkommen des Staates
	+	Saldo sonstige laufende Transfers
	-	laufende Transfers Staat an private Haushalte

Ausgaben	=	Öffentlicher Verbrauch
	+	Nettoinvestitionen des Staates

Die Daten für die USA stehen nur in saisonbereinigter Form zur Verfügung. Die Daten für Deutschland wurden, um vergleichbare Schätzungen durchführen zu können, mit dem „Berliner Verfahren“ (BV4) ebenfalls saisonbereinigt.

Besondere Probleme wirft der Bruch in den Zeitreihen im Zusammenhang mit der deutschen Vereinigung auf. Im Rahmen der volkswirtschaftlichen Gesamtrechnung stehen Daten für Westdeutschland bis Ende 1994 zur Verfügung. Daten der volkswirtschaftlichen Gesamtrechnung für Gesamtdeutschland auf Quartalsbasis werden vom DIW ab 1989 zur Verfügung gestellt. Für die Jahre 1989 und 1990 wurde dabei durch das DIW versucht, das vollständig andere Wirtschaftssystem der DDR im Rahmen einer volkswirtschaftlichen Gesamtrechnung abzubilden und damit den westdeutschen Daten vergleichbar zu machen.[104] Um für die Schätzungen die notwendigen „langen Reihen" zu erhalten, wurden zwei Varianten gerechnet. Zum einen wurden die Daten für Westdeutschland und ab 1991 für Gesamtdeutschland verkettet. In den Schätzungen wurde dieser Gebietssprung mit einer Stufen-Dummy berücksichtigt. In der zweiten Variante wurde die Entwicklung der Zeitreihen für Westdeutschland ab 1995 mit der Entwicklung der gesamtdeutschen Daten fortgeschrieben, d. h. der Niveausprung wurde eliminiert.

Unterschiede bei der Definition der Zeitreihen zwischen Deutschland und den USA ergeben sich im wesentlichen durch Besonderheiten im Zusammenhang mit der deutschen Vereinigung. Um nur im Inland direkt nachfragewirksame Einnahmen und Ausgaben zu erfassen, werden die Übertragungen des Staates an die übrige Welt nicht berücksichtigt. Allerdings steigen diese im Zuge der deutschen Vereinigung stark an. Aus den Übertragungen des Staates an die übrige Welt wurden deshalb die „Übertragungen an Ostdeutschland" herausgerechnet. Diese fließen in die Berechnung des öffentlichen Verbrauchs ein, werden also wie Ausgaben des Staates im Inland betrachtet. In Deutschland wurden zudem die Einnahmen aus Bundesbankgewinnen von den Vermögenseinkommen des Staates abgezogen. Unterschiede ergeben sich auch bei den Einnahmen und Ausgaben der Sozialversicherung. In den USA sind die Rentenversicherung und die Krankenversicherung weitgehend privatwirtschaftlich organisiert. Es finden daher für diese beiden Versicherungen im Gegensatz zu Deutschland nur in geringem Umfang Übertragungen zwischen Staat und privaten Haushalten statt. Die Ausgabenquoten in Deutschland und in den USA sind damit zwar nicht direkt vergleichbar, für die Schätzungen sind diese Unterschiede aber nicht relevant, da sowohl Einnahmen als auch Ausgaben der Renten- bzw. Krankenversicherung eine relativ geringe zyklische Variabilität aufweisen.

[104] Vgl. Müller-Krumholz (1993).

Anhang A.2: Ergebnisse der Schätzungen mit Hodrick-Prescott-bereinigten (HP) Daten und in 1. Differenzen

Die Spezifikationen der Schätzungen der vektorautoregressiven Systeme mit HP-bereinigten Daten und in ersten Differenzen wurden auf dieselbe Weise, wie die für die Schätzungen mit Niveau-Daten ermittelt. Informationen zu der Anzahl von Verzögerungen, sowie über die Einbeziehung von exogenen Variablen finden sich in Tabelle A.2.

Die Aufspaltung der Zeitreihen in die Trendkomponente und die zyklische Komponente erfolgte mit dem Hodrick-Prescott-Filter. Dieser Filter minimiert die Zielfunktion (Hodrick und Prescott, 1997)

$$(1/T)\sum_{t=2}^{T-1}(X_t - \overline{X}_t)^2 \quad + \quad (\lambda/T)\sum_{t=2}^{T-1}(\Delta\overline{X}_{t+1} - \Delta\overline{X}_t)^2 \tag{A.1}$$

mit $\overline{X}_t$ = Trendkomponente. Mit Hilfe dieser Filterung wird ein Trend erzeugt, bei dem kurz- und mittelfristige Schwankungen der Ursprungsreihe herausgefiltert sind, der aber im Gegensatz zu einem linearen Zeittrend im Zeitablauf variabel ist. Der Glättungsparameter λ ist dabei der Gewichtungsfaktor mit dem die Schwankungen des Trends im Vergleich zu Abweichungen der Ursprungswerte vom Trend in die Minimierung von Gleichung (A.1) eingehen (Deutsche Bundesbank, 2000). Der Trend verläuft umso starrer je größer der Glättungsparameter λ gewählt wird. Bei $\lambda \to \infty$ ergibt sich ein linearer Trend, bei $\lambda = 0$ entspricht die Trendkomponente der Ursprungsreihe. In Anlehnung an Hodrick und Prescott (1997) wurde bei der Bereinigung aller Reihen für λ ein Wert von 1600 gewählt. Die Bereinigung wurde für Deutschland mit den in Variante 2 berechneten langen Reihen durchgeführt, d.h. die westdeutschen Daten wurden ab 1995 mit der gesamtdeutschen Entwicklung fortgeschrieben. Die deutsche Vereinigung stellt für die Verwendung des Hodrick-Prescott-Filters insofern kein Problem dar, als die Zeitreihen keinen Niveausprung zu Beginn des Jahres 1991 haben.

Da es sich beim Hodrick-Prescott-Filter um einen zweiseitigen Filter handelt, sind mit einer derartigen Filterung eine Reihe von Problemen verbunden. So sind die Werte zu Beginn und am Ende des Beobachtungszeitraums verzerrt, da für die zweiseitige Filterung hier keine Werte zur Verfügung stehen. Zudem kann der gegenwärtige Trend durch zukünftige Ereignisse beeinflusst werden. So wird beispielsweise der Trend in den späten achtziger Jahren bereits vor den Ereignissen im Zuge der deutschen Vereinigung nach oben gezogen und die zyklische Komponente wird negativ.

Tabelle A.1

Geschätzte Koeffizienten der Gleichungen des VAR-Systems

	Deutschland						USA		
	1962:I bis 1976:IV			1977:I bis 1998:IV			1962:I bis 1998:IV		
	Y	NT	G	Y	NT	G	Y	NT	G
Konst.	0,598	1,342	0,772	0,020	0,132	-1,163	0,492	0,023	-0,209
	(0,270)	(0,865)	(0,483)	(0,223)	(0,489)	(0,429)	(0,210)	(0,650)	(0,281)
Y_{-1}	1,324	1,133	0,344	1,095	0,263	0,083	1,162	0,871	0,130
	(0,164)	(0,524)	(0,292)	(0,075)	(0,165)	(0,145)	(0,103)	(0,318)	(0,137)
Y_{-2}	-0,130	-0,377	-0,192				-0,095	-0,374	-0,116
	(0,213)	(0,680)	(0,380)				(0,142)	(0,440)	(0,190)
Y_{-3}							-0,136	-0,402	0,068
							(0,101)	(0,314)	(0,136)
Y_{-4}	-0,281	-0,922	-0,246	-0,547	-0,051	-0,133			
	(0,127)	(0,406)	(0,227)	(0,138)	(0,303)	(0,145)			
Y_{-5}				0,492	-0,149	0,286			
				(0,122)	(0,268)	(0,235)			
NT_{-1}	-0,072	0,698	-0,196	0,029	1,071	0,188	0,008	0,872	-0,017
	(0,052)	(0,166)	(-0,092)	(0,032)	(0,071)	(0,062)	(0,032)	(0,100)	(0,043)
NT_{-2}	0,001	0,187	0,324				0,020	0,126	-0,009
	(0,057)	(0,183)	(0,102)				(0,032)	(0,100)	(0,043)
NT_{-3}							-0,038	-0,096	0,013
							(0,026)	(0,081)	(0,035)
NT_{-4}		0,097	0,046	0,005	-0,633	-0,093			
		(0,146)	(0,082)	(0,057)	(0,125)	(0,110)			
NT_{-5}				0,022	0,438	0,052			
				(0,040)	(0,102)	(0,089)			
G_{-1}	-0,005	0,148	0,830	0,011	0,093	0,945	-0,023	-0,181	1,104
	(-0,070)	(0,248)	(0,139)	(0,038)	(0,083)	(0,073)	(0,062)	(0,191)	(0,083)
G_{-2}	0,002	-0,229	-0,013				0,072	0,227	-0,063
	(0,022)	(0,258)	(0,078)				(0,092)	(0,286)	(0,124)
G_{-3}							-0,030	-0,070	-0,097
							(0,061)	(0,189)	(0,081)
G_{-4}	-0,045	-0,090	-0,103	-0,147	-0,066	-0,355			
	(-1,13)	(0,139)	(0,078)	(0,065)	(0,142)	(0,125)			
G_{-5}				0,059	0,032	0,216			
				(0,055)	(0,121)	(0,106)			
Trend	0,002	0,007	0,004	0,0007	0,0005	-0,0009	0,0005	0,0001	-0,0002
	(2,90)	(0,003)	(0,001)	(0,0003)	(0,0007)	(0,0006)	(0,0002)	(0,0006)	(0,0003)
D75(2)							0,009	-0,174	-0,007
							(0,009)	(0,028)	(0,012)
D75(3)							0,011	0,140	-0,008
							(0,010)	(0,034)	(0,015)
D90(2)				0,0005	0,0008	0,025			
				(0,006)	(0,014)	(0,012)			
D90(3)				0,005	0,015	0,060			
				(0,006)	(0,014)	(0,012)			
D90(4)				0,005	0,004	0,032			
				(0,007)	(0,015)	(0,013)			
SSE	0,008	0,026	0,015	0,006	0,012	0,011	0,008	0,026	0,011
SSR	0,004	0,037	0,011	0,002	0,011	0,009	0,010	0,098	0,018
DW	1,953	1,970	1,887	2,065	2,277	2,326	1,956	1,995	2,070

SSE: Standard Error of Estimate; SSR: Sum of Squared Residuals, DW: Durbin-Watson Statistik, Standardfehler in Klammern.

Tabelle A.2

Übersicht über die Spezifikation der in Niveaus, Trendabweichung und 1. Differenzen geschätzten VAR's

		Verzögerungen	Exogene Variable
USA	HP gefilterte Daten	1, 2, 4	Dummy 1975:II = 1, 0 sonst, Dummy 1975:II = 1, 0 sonst,
	1. Differenzen	1 – 3	Dummy 1975:II = 1, 0 sonst, Dummy 1975:III = 1, 0 sonst
Deutschland 1961:I – 1976:IV	H-P gefilterte Daten	1,4	Dummy 1970:I = 1, 0 sonst, reale Exporte in 1. Differenzen
	1. Differenzen	1 – 3, 5	Dummy 1970:I = 1, 0 sonst, reale Exporte in 1. Differenzen
Deutschland 1977:I – 1998:IV Variante 1[1)]	Niveaus	1, 2, 4, 5	Dummy 1991:I = 1, 0 sonst, 1991:I – 1998:4 = 1, 0 sonst, Trend
	1. Differenzen	1 , 2, 4	Dummy 1991:I = 1, 0 sonst, reale Exporte in 1. Differenzen
Deutschland 1977:I – 1998:IV Variante 2[2)]	H-P gefilterte Daten	1, 2, 5, 6	reale Exporte in 1. Differenzen
	1. Differenzen	2 – 4	in 1. Differenzen

1) Daten mit Niveausprung 1991:I. – 2) Westdeutschland mit gesamtdeutscher Entwicklung fortgeschrieben.

Tabelle A.3

Geschätzte Koeffizienten der zeitgleichen Effekte
USA

Schätzung mit HP-gefilterten Daten
Restriktionen: $b_{12} = b_{23} = b_{31} = b_{32} = 0$

	b_{13}	b_{21}	b_{23}	b_{32}
Modell 1	0,067	1,710	0	0,013
	(0,061)	(0,199)	0	(0,048)
Modell 2	0,058	1,710	00,033	0
	(0,053)	(0,198)	(0,127)	
Modell 3	0,058	1,703	0	0
	(0,050)	(0,197)	0	0
Modell 4	0	1,700	0	0
		(0,197)		
	Likelihood Ratio Test auf Über-Identifikation: 0,50			

Schätzung in 1. Differenzen
Restriktionen: $b_{12} = b_{23} = b_{31} = b_{32} = 0$

	b_{13}	b_{21}	b_{23}	b_{32}
	0,0883	1,67	0	0
	(0,056)	(0,203)		
	Likelihood Ratio Tests auf Über-Identifikation: 0,74			

Standardfehler in Klammer.

Tabelle A.4

Geschätzte Koeffizienten der zeitgleichen Effekte

Deutschland

1961:I bis 1976:4				
Schätzung mit HP-gefilterten Daten Restriktionen: $b_{12} = b_{31} = b_{32} = 0$				
	b_{13}	b_{21}	b_{23}	b_{32}
Modell 1	0,080	1,580	0	0,173
	(0,068)	(0,317)	0	(0,098)
Modell 2	0,139	1,511	0,253	-
	(0,057)	(0,316)	(0,151)	-
Schätzung in 1. Differenzen Restriktionen: $b_{12} = b_{23} = b_{31} = b_{32} = 0$				
	b_{13}	b_{21}	b_{23}	b_{32}
	0,163	1,862	0	0
	(0,065)	(0,339)	0	0
	Likelihood Ratio Test auf Über-Identifikation: 0,32			
1977:I bis 1998:4				
Schätzung HP-gefilterten Daten Restriktionen: $b_{12} = b_{31} = b_{32} = 0$				
	b_{13}	b_{21}	b_{23}	b_{32}
Modell 1	0,120	0,514	0	0,228
	(0,042)	(0,262)	0	(0,111)
Modell 2	0,134	0,489	0,201	0
	(0,039)	(0,257)	(0,101)	0
Schätzung in Niveaus Variante 1[1)] Restriktionen: $b_{12} = b_{31} = b_{32} = 0$				
	b_{13}	b_{21}	b_{23}	b_{32}
	0,173	0,520	0,243	–
	(0,065)	(0,177)	(1,112)	–
Schätzung in 1, Differenzen Restriktionen: $b_{12} = b_{31} = b_{32} = 0$				
	b_{13}	b_{21}	b_{23}	b_{32}
Variante 1[1)]	0,172	0,436	0,287	0
	(0,049)	(0,209)	(0,103)	–
Restriktionen: $b_{12} = b_{23} = b_{31} = b_{32} = 0$				
Variante 2[2)]	0.149	0,570	0	0
	(0,045)	(0,238)	0	0
	Likelihood Ratio Test auf Über-Identifikation: 0,27			

Standardfehler in Klammer.

1) Daten mit Niveausprung 1991:I. – 2) Westdeutschland mit gesamtdeutscher Entwicklung fortgeschrieben.

Abbildung A.1

Impuls – Antwort,
USA: Schätzung mit trendbereinigten Daten; 1961:I bis 1998:IV

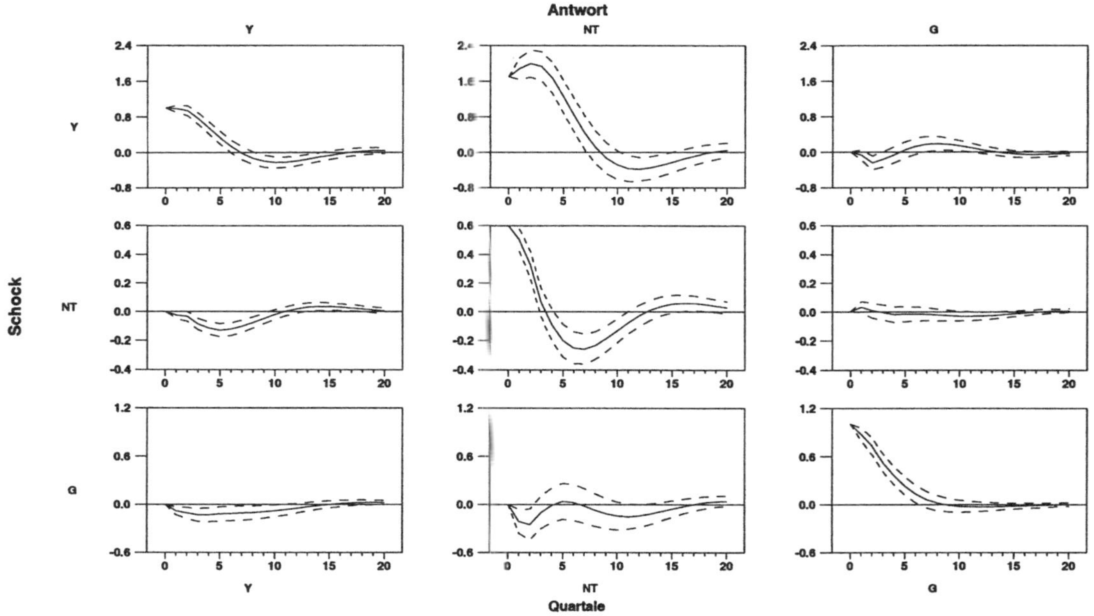

Signifikanzbänder: ± eine Standardabweichung.

Abbildung A.2

Impuls – Antwort, USA: Schätzung mit 1. Differenzen; 1961:I bis 1998:IV

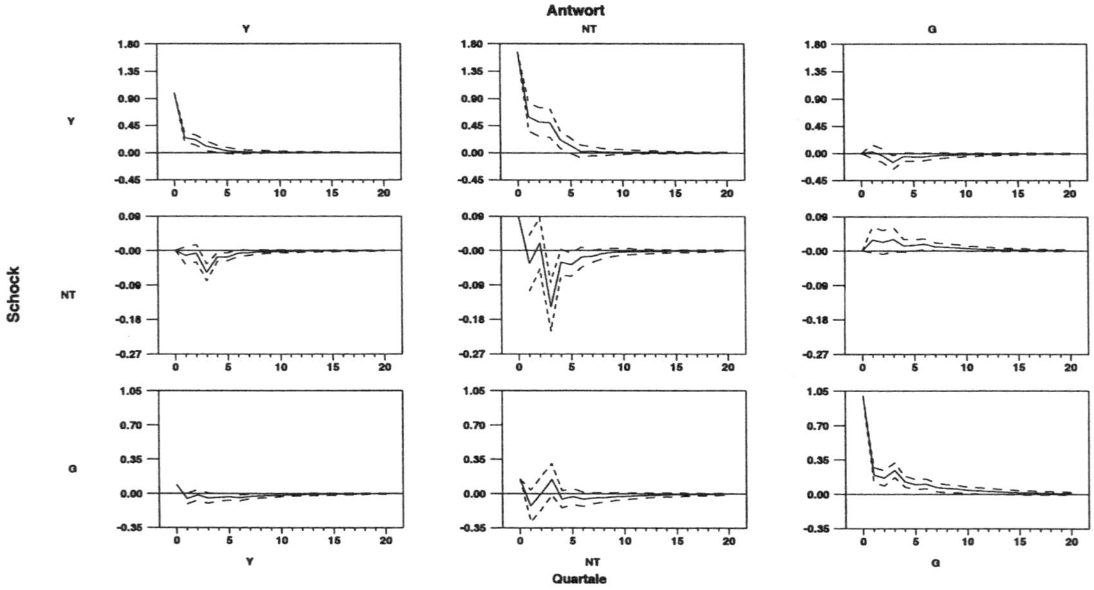

Signifikanzbänder: ± eine Standardabweichung.

Abbildung A.3

Impuls – Antwort,
Deutschland: Schätzung mit Abweichung vom Trend; 1961:I bis 1976:IV

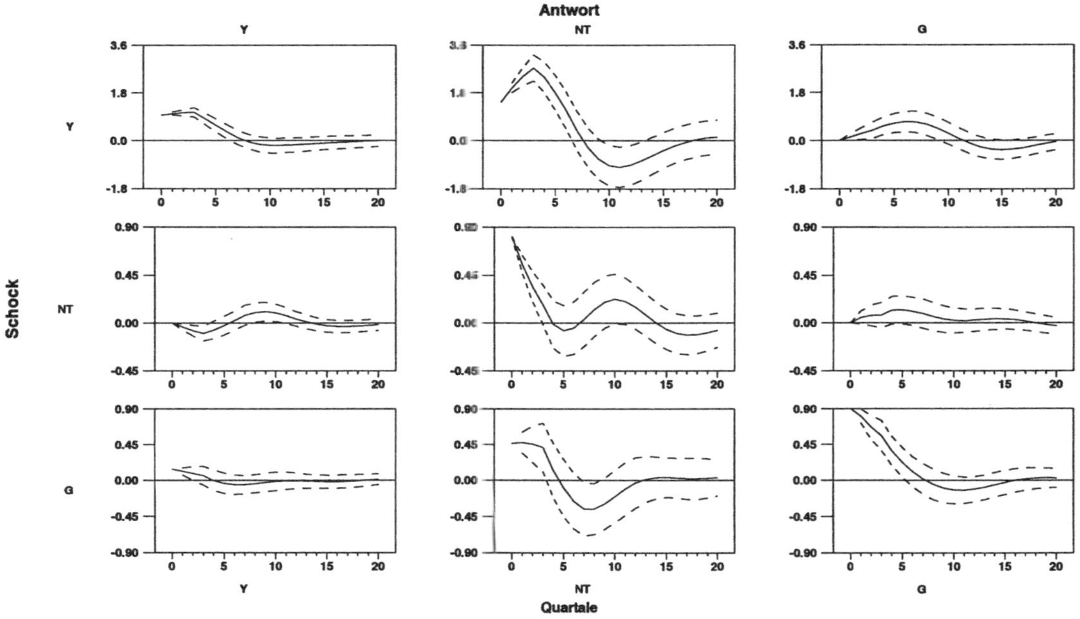

Signifikanzbänder: ± eine Standardabweichung.

Abbildung A.4

Impuls – Antwort,
Deutschland: Schätzung mit 1. Differenzen; 1961:I bis 1976:IV

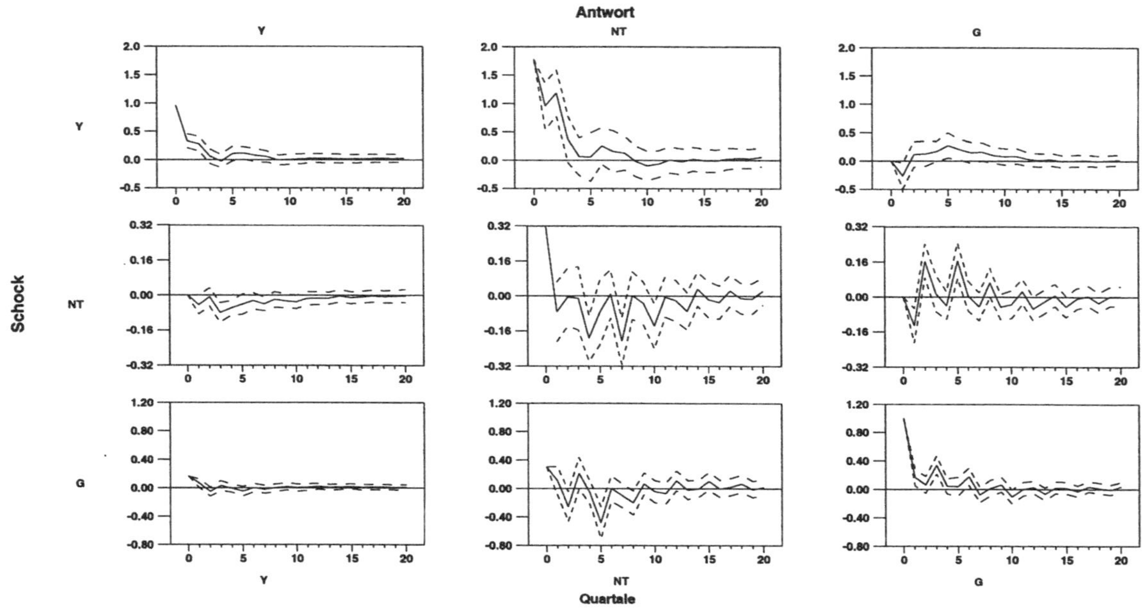

Signifikanzbänder: ± eine Standardabweichung.

Abbildung A.5

Impuls – Antwort,
Deutschland – Variante 1: Schätzung mit Niveaus; 1977:I bis 1998:IV

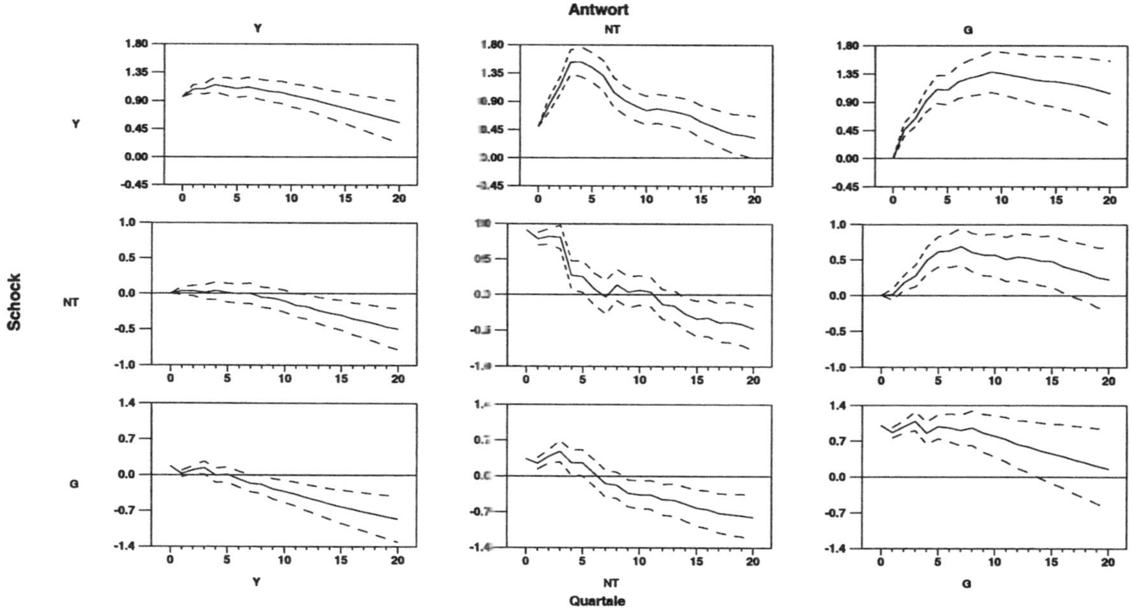

Signifikanzbänder: ± eine Standardabweichung.

Abbildung A.6

Impuls – Antwort,
Deutschland: Schätzung mit trendbereinigten Daten; 1977:I bis 1998:IV

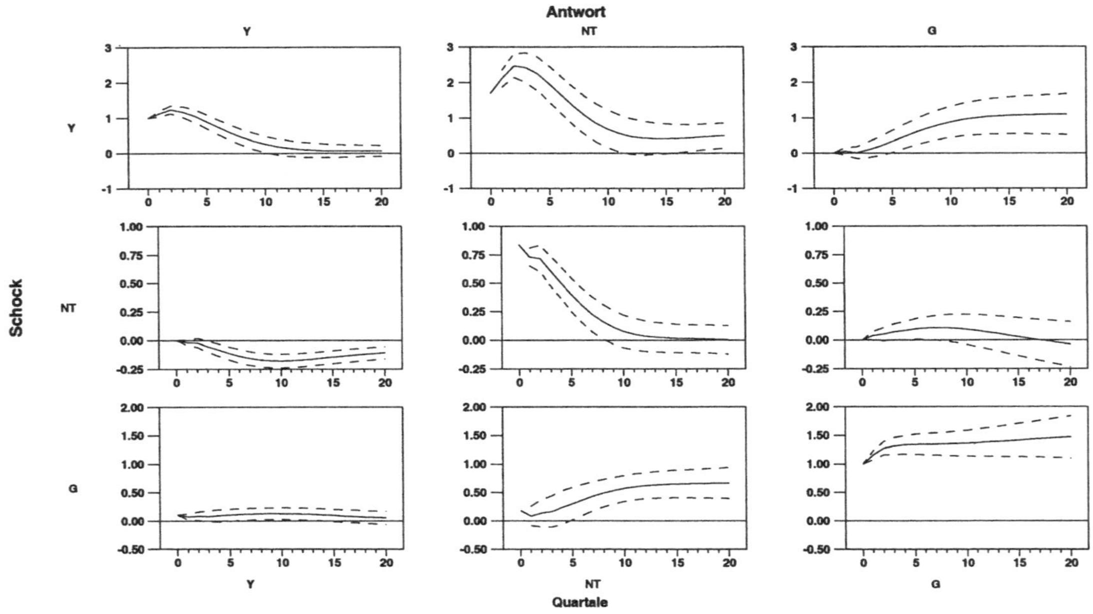

Signifikanzbänder: ± eine Standardabweichung.

Abbildung A.7

Impuls – Antwort,
Deutschland – Variante 1: Schätzung in 1. Differenzen; 1977:I bis 1998:IV

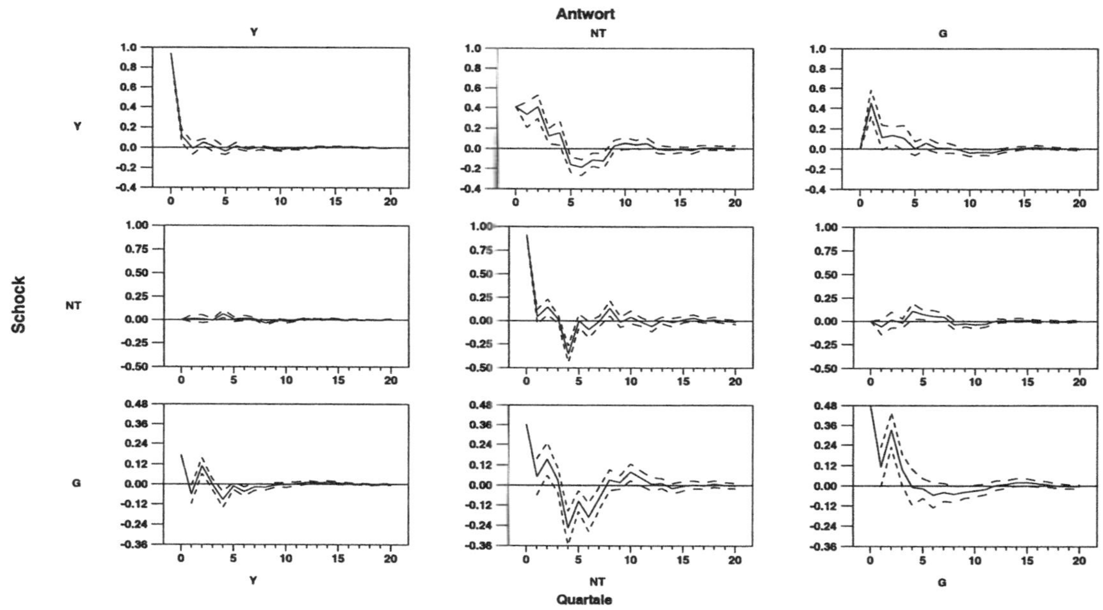

Signifikanzbänder: ± eine Standardabweichung.

Abbildung A.8

Impuls – Antwort,
Deutschland – Variante 2: Schätzung in 1. Differenzen; 1977:I bis 1998:IV

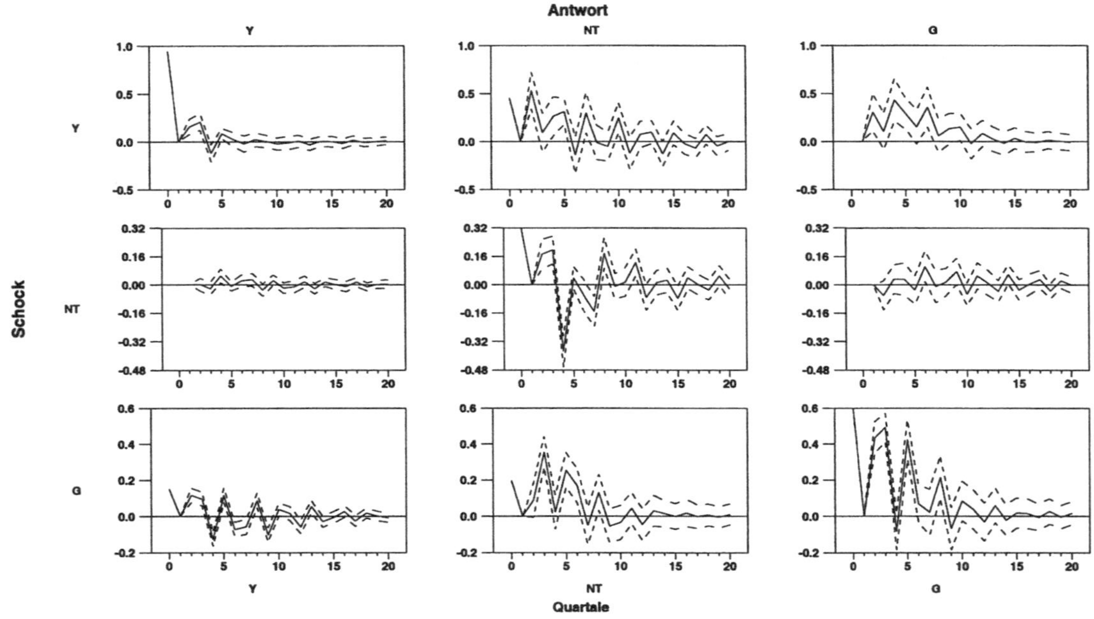

Signifikanzbänder: ± eine Standardabweichung.

Literaturverzeichnis

ABEL, A. B. (1979): *Investment and the Value of Capital.* New York, (Garland).

AIYAGARI, S. R., CHRISTIANO, Lawrence J.; EICHENBAUM, Martin (1992): *The Output, Employment and Interest Rate Effect of Government Consumption. Journal of Monetary Economics*, Bd. 30, S. 73-86.

AKAIKE, H. (1974): *A New Look at the Statistical Model Identification. IEEE Transactions on Automatic Control*, AC-19, S. 716-723.

AMISANO; Gianni; GIANNINI, Carlo (1996): *Topics in Structural VAR Econometrics. 2. Edition.* Berlin, (Springer Verlag).

ANDERSEN, Torben M. (1999): *Rigidities and the Role for an Active Stabilization Policy. Konjunkturpolitik*, 45, Bd. 2, S. 94-111.

ARBEITSKREIS KONJUNKTUR (1998): *Grundlinien der Wirtschaftsentwicklung. Wochenbericht des DIW*, 1-2/1998.

ASCHAUER, D. A.; GREENWOOD, J. (1985): *Macroeconomic Effects of Fiscal Policy. Carnegie-Rochester Conference Series on Public Policy*, 1985, Bd. 23, S. 91-138.

AUERBACH, Alan J.; FEENBERG, Daniel (2000): *The significance of Federal Taxes as Automatic Stabilizers. Journal of Economic Perspectives*, 14. (2000).

BACH, Stefan; VESPER, Dieter (2000): *Finanzpolitik und Wiedervereinigung – Bilanz nach 10 Jahren. Vierteljahrshefte zur Wirtschaftsforschung*, 69, Bd. 2, S. 194-223.

BACH, Stefan; SCHEREMET, Wolfgang; SEIDEL, Bernhard; TEICHMANN, Dieter (2001): *Internationale Entwicklungstendenzen nationaler Steuersysteme – von der direkten zur indirekten Besteuerung.* Gutachten im Auftrag des Bundesministeriums für Finanzen. Deutsches Institut für Wirtschaftsforschung. Als Manuskript gedruckt.

BARRO, Robert J. (1974): *Are Government Bonds Net Wealth? Journal of Political Economy*, 82, Bd. November/Dezember, S. 1095-1118.

BARRO, Robert J. (1981): *Output Effects of Government Purchases. Journal of Political Economy*, 89, Bd. 6, S. 1086-1121.

BARRO, Robert J. (1989): *The Neoclassical Approach to Fiscal Policy* In: Barro, Robert J. (Hrsg.): *Modern Business Cycle Theory.* Cambridge (Harvard University Press).

BARSKY ROBERT. *B.*; MANKIW, N. Gregory; ZELDES, Stephen P. (1986): *Ricardian Consumers with Keynesian Properties. American Economic Review*, 76, Bd. 4, S. 676-691.

BASU, Susanto; TAYLOR, Alan M. (1999): *Business Cycles in International Historical Perspective. Journal of Economic Perspectives*, 13, Bd. 2, S. 45-68.

BAXTER, M. und King R. G. (1993): *Fiscal Policy in General Equilibrium. American Economic Review*, 83, S. 315-334.

BENASSY, Jean-Paul (1999): *On the Optimality of Activist Policies with a Less Informed Government.* DIW-Diskussionspapiere, Nr 186.

BERNANKE, Ben (1986): *Alternative Explanations of the Money-Income Correlation. Carnegie-Rochester Conference Series on Public Policy*, 25, S. 49-100.

BLANCHARD, Olivier J.; PEROTTI, Roberto (1999): *An empirical characterization of the dynamic effects of changes in government spending and taxes on output.* NBER Working Paper No. W7269.

BLANCHARD, Olivier J. (2000): *Commentary (on Cohen und Follette, 2000). Federal Reserve Bank of New York, Economic Policy Review*, 2000, Bd. April, S. 69-74.

BLINDER, Alan; SOLOW, Robert (1974): *Analytical Foundations of Fiscal Policy.* Washington, D.C. (Brookings Institution).

BRAINARD, W. C.; TOBIN, James (1968): *Pitfalls in Financial Model Building. American Economic Review*, 58, Bd. 5, S. 99-122.

BRAUN, R. A.; McGrattan, E. R. (Hrsg.) (1993): *The Macroeconomics of War and Peace.* Cambridge. (NBER Macroeconomics Annual).

BROWN, R.L.; DURBIN, J.; EVANS, J.M. (1975): *Techniques for Testing the Constancy of Regression Relationships Over Time. Journal of the Royal Statistical Society*, Series B, 37, S. 149-192.

BRÜGGEMANN, Ralf; LÜTKEPOHL, Helmut (2000): *Lag Selection in Subset VAR Models with an Application to a U.S. Monetary System.* Humboldt-Universität zu Berlin, SFB 373 Diskussionspapier Nr. 37/00.

BUNDESMINISTERIUM DER FINANZEN: *Datensammlung.* http://www.bundesfinanzministerium.de/fachveroeff/AbtI/IA5/Datensammlung/index.htm.

BUNDESMINISTERIUM DER FINANZEN: *Finanzbericht.* Bonn/Berlin, verschiedene Ausgaben.

BURNSIDE, Craig; EICHENBAUM, Martin; FISHER, Jonas D. (2000): *Assessing the Effects of Fiscal Shocks.* NBER Working Paper No. W7459.

BURNSIDE, Craig; EICHENBAUM, Martin (1996): *Factor Hoarding and the Propagation of Business Cycle Shocks. American Economic Review*, 86, S. 1154-1174.

CABALLERO, Ricardo J. (1999): *Aggregate Investment. Volume 1b, Chapter 12* Aus: Taylor, John B.; Woodford, Michael (Hrsg.): *Handbook of Macroeconomics.* Amsterdam (Elsevier). (Handbooks in Economics).

CHAN, Louis Kuo Chi (1983): *Uncertainty and the Neutrality of Government Financing Policy. Journal of Monetary Economics*, 11, S. 351-372.

CHARI, V.V.; KEHOE, Patrick J. (1999): *Optimal Fiscal and Monetary Policy. Volume 1c, Chapter 26.* In: Taylor, John B.; Woodford, Michael (Hrsg.): *Handbook of Macroeconomics.* Amsterdam (Elsevier). (Handbooks in Economics).

CHRISTIANO, Lawrence J. (1984): *A Reexamination of the Theory of Automatic Stabilizers. Carnegie-Rochester Conference Series on Public Policy*, 20, S. 147-206.

CHRISTIANO, Lawrence J.; EICHENBAUM, Martin (1992): *Current Real Business Cycles Theories and Aggregate Labour Market Fluctuations. American Economic Review*, 82, S. 1154-1174.

COHEN, Darrel; FOLLETTE, Glenn (2000): *The Automatic Fiscal Stabilizers: Quietly Doing their Thing. Federal Reserve Bank of New York Economic Policy Review*, 2000, Bd. April, S. 35-68.

DEATON, Angus (1992): *Understanding Consumption.* Oxford (Clarendon Press).

DEUTSCHE BUNDESBANK (2000) *Zur Konjunkturbereinigung des staatlichen Finanzierungssaldos in Deutschland - ein disaggregierter Ansatz. Monatsbericht, April*, 2000.

DEVEREUX, L. J.; HEAD, Allen C.; LAPHAM, Beverly J (1996): *Monopolisitic Competition, Increasing Returns, and the Effects of Government Spending Journal of Money, Credit, and Banking*, 29, S. 191-208.

DICKEY, David A.; FULLER, Wayne A. (1979): *Distribution of the Estimators for Autoregressive Time Series with a Unit Root. Journal of the American Statistical Association*, 74, S. 427-431.

DIEBOLD, Francis; RUDEBUSCH, Glenn (1992): *Have Postwar Economic Fluctuations Been Stabilized. American Economic Review*, 82, Bd. September, S. 993-1005.

DOAN, Thomas A. (1996): *RATS - User's Manual.* Evaston (Estima).

EASTERLY, William (1999): *When is Fiscal Adjustment an Illusion. Economic Policy*, 28, S. 57-88.

EDELBERG, Wendy; EICHENBAUM, Martin; FISCHER, Jonas D. (1988): *Understandig the Effects of a Shock to Governmant Purchases.* NBER Working Papers. 6767.

ELMENDORF, Douglas W.; MANKIW, Gregory N. (1999): *Government Debt. Volume 1c, Chapter 25* Aus: Taylor, John B.; Woodford, Michael (Hrsg.): *Handbook of Macroeconomics.* Amsterdam (Elsevier). (Handbooks in Economics).

ENDERS, Walter: *Applied Econometric Time Series (*1995)*:* John Wiley & Sons, (Wiley Series in Probability and Mathematical Statistics).

ENGLE, R.F.; Granger, C.W.J. (Hrsg.) (1991): *Long-run Economic Relationships: Readings in Cointegration.* Oxford (Oxford University Press).

ESTRELLA, Arturo; MISHKIN, Frederic S. (1997): *The Predictive Power of the Terms Structure of Interest Rates in Europe and the United States: Implications for the European Central Bank European Economic Review*, 41, Bd. 7, S. 1375-1401.

EVANS, Charles L. (1992): *Productivity shocks and real business cycles. Journal of Monetary Economics*, 29., S. 191-208.

FATÁS, Antonio (2000): *Do Business Cycles Cast Long Shadows? Short-Run Persistence and Economic Growth.* Erscheint in: *Journal of Economic Growth*, 5.

FATÁS, Antonio; MIHOV, Ilian (2000): *The Macroeconomic Effects of Fiscal Policy.* INSEAD und CEPR, Mimeo,

FATÁS, Antonio; MIHOV, Ilian (2001): *Government Size and Automatic Stabilizers: International and Intranational Evidence.* Erscheint in: *Journal of International Economics*, 2001.

FELDERER, Bernhard; HOMBURG, Stefan (1985): *Makroökonomik und neue Makroökonomik. Zweite Auflage,* Berlin (Springer-Verlag).

FINN, M. G.: *Variance Properties of Solow's Productivity Residual and their Cyclical Implications. Journal of Economic Dynamics and Control*, 1995, Bd. 19, S. 1249-1281.

FORITO, Ricardo (1997): *Stylized Facts of Government Finance in the G-7.* IMF Working Paper No 97/42.

FORITO, Ricardo; KOLLINTZAS, Tryphon (1994): *Stylized Facts of Business Cycles in the G-7 from a Real business Cycles Perspective.* European Economic Review, Vol. 38, S. 235-569.

FISCHER, Stanley; ROTEMBERG, Julio (1994): *NBER Macroeconomics Annual 1994.* (Hrsg.) Cambridge (Cambridge: MIT Press).

FLASSBECK, Heiner (1987): *Von der Klassik zur Moderne - Ein Essay über den Erkenntnisfortschritt von 200 Jahren Makroökonomie. Konjunkturpolitik*, 35.

FLASSBECK, Heiner; HORN, Gustav-A. (Hrsg.) (1996): *German Unification – An Example for Korea?* Aldershot (Dartmouth).

FRANZ, Wolfgang (1990): *Fiscal Policy in the Federal Republic of Germany. Empirical Economics*, 15, S. 17-54.

GEMEINSCHAFTSDIAGNOSE (1995): *Die Lage der Weltwirtschaft und der deutschen Wirtschaft im Frühjahr 1995. Wochenbericht des DIW*, 62, Nr. 15-16/95, S. 299-330.

GIERSCH, Herbert; PAQUÉ, Karl-Heinz; SCHMIEDING, Holger (1992): *The Fading Miracle: Four Decades of Market Economy in Germany.* Cambridge (Cambridge University Press).

HALL, R. E. (1980): *Carnegie-Rochester Conference Series on Public Policy*, 12., S. 7-34.

HAMILTON, James D. (1994): *Time Series Analysis.* Princeton (Princeton University Press).

HANNAN, E.J.; QUINN, B.G. (1979): *The Determination of the Order of an Autoregression. Journal of the Royal Statistical Society*, 41, S. 190-195.

HANSEN, Bruce E. (1992): *Efficient estimation and testing of cointegrating vectors in the presence of deterministic trends. Journal of Econometrics*, 53, Bd. 1-3, S. 87-121.

HASSLER, Uwe (2001a): *Leitfaden zum Testen und Schätzen von Kointegration.* Diskussionsbeiträge des Fachbereichs Wirtschaftswissenschaften der Freien Universität Berlin, Volkswirtschaftliche Reihe, Nr. 2001/02.

HASSLER, Uwe (2001b): *(Co-)Integration Testing under Structural Breaks – A Survey with special Emphasis on the German Unification.* Erscheint in: Pohl, Rüdiger (Hrsg.): *Implikationen der Währungsunion für makroökonometrische Modelle.* o.O. (Nomos Verlag).

HAYASHI, F. (1982): *Tobin's Marginal Q and Average Q: A Neoclassical Interpretation. Econometrica,* 1982, Bd. 1, S. 213-224.

HEILEMANN, Ullrich; DÖHRN, Roland; VON LÖFFELHOLZ, Hans Dietrich; SCHÄFER-JÄCKEL, Elke (2000): *Der Wirtschaftsaufschwung der Vereinigten Staaten in den neunziger Jahren - Rolle und Beitrag makroökonomischer Faktoren. Rheinisch-Westfälisches Institut für Wirtschaftsforschung (RWI)* Essen. (Untersuchungen des RWI, Heft 32).

HELMSTÄDTER, Ernst; POSER, Günter; RAMSER, Hans Jürgen (Hrsg.) (1997): *Beiträge zur angewandten Wirtschaftsforschung Festschrift für Karl Heinrich Oppenländer* Berlin (Duncker & Humblot).

HODRICK, Robert J.; PRESCOTT, Edward C. (1997): *Postwar U.S. Business Cycles: An Empirical Investigation. Journal of Money, Credit, and Banking,* 29, Bd. 1, S. 1-16.

HOFFMANN, Lutz (1993): *Warten auf den Aufschwung: Eine ostdeutsche Bilanz.* Regensburg (Transfer Verlag.).

HOMBURG, Stefan (1997): *Allgemeine Steuerlehre.* München (Verlag Valen). (WiSo Kurzlehrbücher).

HORN, Gustav; SCHEREMET, Wolfgang (1999): *Erfolgreiche Konsolidierung des amerikanischen Staatshaushaltes - Ein Bespiel für Europa. Wochenbericht des DIW,* Nr. 9-1999.

HORN, Gustav A.; SCHEREMET, Wolfgang, ZWIENER, Rudolf (1999): *Wages and the Euro.* Heidelberg, New York (Physica-Verlag). (Contributions to Economics).

JOHANSEN, Soren (1991): *Estimation and Hypothesis Testing of Cointegration Vectors in Gaussian Vector Autoregressive Models. Econometrica,* 59, S. 1551–1580.

JOHANSEN, Soren (1995): *Likelihood-based Inference in Cointegrated Vector Autoregressive Models.* Oxford (Oxford University Press).

KIRCHGÄSSNER, Gebhardt; SAVIOZ, Marcel (1995): *Is the Interest Rate Spread a Valid Predictor for Real and Nominal Economic Developments? An Empirical Investigation for the Federal Republic of Germany* Discussion Papers No. 9510 – Department of Economics – University of St. Gallen.

KRAMER, Jörg-Dietrich (1990a): *Die Finanzverfassung der Vereinigten Staaten von Amerika und der Bundesrepublik Deutschland im Vergleich.* In: Kramer, Jörg-Dietrich (Hrsg.): *Grundzüge des US-amerikanischen Steuerrechts.* Stuttgart (C.E. Poeschel Verlag). (Schriften der Bundesfinanzakademie) S. 35-56.

KRAMER, Jörg-Dietrich (Hrsg.) (1990b): *Grundzüge des US-amerikanischen Steuerrechts.* Stuttgart (C.E. Poeschel Verlag). (Schriften der Bundesfinanzakademie).

LEIBFRITZ, Willi; MEISTER , Wolfgang; LEHNE, Birgit (1999): *Finanzpolitik und Konjunktur: Die automatischen Stabilisatoren in Deutschland. ifo Schnelldienst*, 52, Bd. 29, S. 14-22.

LEIBFRITZ, Willi; THORNTON, John; BIBBEE, Alexandra (1997): *Taxation and Economic Performance.* OECD, Economics Department Working Paper No. 176.

LINDLAR, Ludger; SCHEREMET, Wolfgang (1998): *Germany's Slump: Explaining th Unemployment Crisis of the 1990s.* Duitsland Instituut und Universiteit van Amsterdam, Duitsland Cahier, Nr. 3/1998.

LUCAS, Robert E. (1987): *Models of Business Cycles.* Oxford (Basil Blackwell).

MACKINNON, J.G. (1991): *Critical Values for Cointegration Tests.* In: Engle, R.F. und C.W.J. Granger (Hrsg.): *Long-run Economic Relationships: Readings in Cointegration.* Oxford (Oxford University Press).

MANKIW, N. Gregory (1987): *Government Purchases and Real Interest Rates. Journal of Political Economy*, 1987, Bd. 95, S. 407-419.

MENNEL, Annemarie; FÖRSTER, Jutta (Hrsg.) (2000): *Steuern in Europa, Amerika und Asien. 37. Lieferung.* Herne, Berlin (Neue Wirtschafts-Briefe).

MÜLLER-KRUMHOLZ, Karin (Hrsg.): *Erfahrungen beim Versuch der Rückrechnung einer volkswirtschaftlichen Gesamtrechnung für die ehemalige DDR.* Wiesbaden 1993. (Schriftenreihe Forum der Bundesrepublik).

MÜLLER-KRUMHOLZ, Karin (2000) : *Methodische und empirische Grundlagen der vierteljährlichen volkswirtschaftlichen Gesamtrechnung des Deutschen Instituts für Wirtschaftsforschung.* Deutsches Institut für Wirtschaftsforschung Diskussionspapiere Nr. 206.

OECD (1989): *Economic Survey. USA 1988/89.*

OECD (1991): *Economic Survey USA, 1990/91.*

PERRON, Pierre (1989): *The Great Crash, the Oil Price Shock, and the Unit Root Hypothesis. Econometrica*, 57., Bd. November, S. 1361-1401.

PERRON, Pierre; VOGELSANG, Timothy J. (1993): *Eratum. Econometrica*, 61, S. 248-249.

PERRON, Pierre, VOGELSANG, Timothy J. (1992): *Testing for a Unit Root in a Time Series with a Changing Mean: Corrections and Extensions. Journal of Business & Economic Statistics*, 10, S. 153-162.

POLLACK, Sheldon D. (1999): *Tax Policy in the 1990s: On th Road to Nowhere. Tax Policy Forum, Special Reports.*

POTERBA, James M. (1996): *Do Budget Rules Work?* NBER Working Paper 5550.

RAMEY, Valerie A.; SHAPIRO, Matthew D. (1998): *Costly Capital Reallocation and the Effects of Government Spending. Carnegie-Rochester Conference Series on Public Policy*, 48, S. 1145-194.

REDING, Kurt; MÜLLER, Walter (1999): *Einführung in die Allgemeine Steuerlehre.* München (Verlag Vahlen). (Vahlens Handbücher der Wirtschafts- und Sozialwissenschaften).

RICHTER, Wolfram F.; WIEGARD, Wolfgang (1993): *Zwanzig Jahre "Neue Finanzwissenschaft". Teil II: Steuern und Staatsverschuldung. Zeitschrift für Wirtschafts- und Sozialwissenschaften (ZWS)*, 113, Bd. 3, S. 337-400.

RIECKER, Andreas (1999): *Körperschaftsbesteuerung in der Europäischen Union und das US-amerikanische Modell der Unitary Taxation.* Konstanzer Online-Publikations-System; URL: http://www.ub.uni-konstanz.de/kops/volltexte/1999/261.

ROMER, David H. (1996): *Advances Macroeconomics.* New York u.a. (McGraw-Hill).

ROMER, Christina D. (1999): *Changes in Business Cycles: Evidence and Explanations. Journal of Economic Perspectives*, 13, Bd. Spring 1999, S. 23-44.

ROMER, Christina D.; ROMER, David H. (1994): *What Ends Recessions?* In: Fischer, Stanley; Rotemberg, Julio (Hrsg.): *NBER Macroeconomics Annual 1994.* Cambridge (Cambridge: MIT Press). S. 13-57.

ROTEMBERG, Julio J.; WOODFORD, Michael (1992): *Oligopolistic Pricing and the Effects of Aggregate Demand on Economic Activity. Journal of Political Economy*, 100, S. 1153-1207.

SACHVERSTÄNDIGENRAT ZUR BEGUTACHTUNG DER GESAMTWIRTSCHAFTLICHEN ENTWICKLUNG (1988): *Vorrang für die Wachstumspolitik, Jahresgutachten 1988.* Stuttgart (Metzler-Poeschel).

SARGENT, Thomas J; WALLACE, Neil (1975): *Rational Expectations, the Optimal Monetary Intrument and the Optimal Money Supply Rule. Journal of Political Economy*, 83, S. 241-254.

SCHEREMET, Wolfgang (1995): *Tarifpolitik in Ostdeutschland: Ausstieg aus dem Lohnverhandlungsmodell der Bundesrepublik Deutschland. Konjunkturpolitik*, 43, Beihefte zur Konjunkturpolitik, S. 135-169.

SCHEREMET, Wolfgang (1999): *Der US-amerikanische Arbeitsmarkt – Lehren für Deutschland? KfW-Beiträge zur Mittelstands- und Strukturpolitik*, Bd. 9.

SCHEREMET, Wolfgang, ZWIENER, Rudolf (1996): *Economic Impact of Unification.* In: Flassbeck, Heiner; Horn, Gustav-A (Hrsg.): *German Unification – An Example for Korea?* Aldershot (Dartmouth). S. 147-228.

SCHWARZ, G. (1978): *Estimating the Dimension of a Model. Annals of Statistics*, 6, S. 461-464.

SIMS, Christopher A. (1986): *Are Forecasting Models Usable for Policy Analysis? Quarterly Review of the Federal Reserve Bank of Minneapolis*, 1986, Winter, S. 2-16.

SINN, Gerlinde; SINN, Hans-Werner (1991): *Kaltstart: Volkswirtschaftliche Aspekte der Vereinigung.* Tübingen (J.C.B. Mohr).

SMETS, Frank; TSATSARONIS, Kostas (1997): *Why does the Yield Curve Predict Economic Activity? Dissecting the Evidence for Germany and the United States.* International Settlement, Working Paper 49.

SMYTH, D. J. (1963): *Can "Automatic Stabilizers" be Destabilizing? Public Finance*, 18, S. 357-363.

SRAFFA, Piero (1952) (Hrsg.): *The Works and Correspondance of David Ricardo. Bd. I und IV,* Cambridge, (Cambridge University Press).

STEPHENSON, E. Frank (1998): *Average Marginal Tax Rates Revisited. Journal of Monetary Economics*, 41, Bd. 2, S. 389-409.

STOTZKY, Janet G.; SUNLEY, Emil M. (1994): *The Tax System of the United States.* Tax Policy Forum, Special Reports.

TALVI, Ernesto; VÉGH, Carlos A. (2000): *Tax Base Variability and Procyclical Fiscal Policy.* NBER Working Paper Series No. 7499.

TAYLOR, John B. (2000): *Reassessing Discretionary Fiscal Policy.* Journal of Economic Perspectives, 14, Bd. 3, S. 21-36.

TAYLOR, John B.; WOODFORD, Michael (1999): *Handbook of Macroeconomics.* (Hrsg.) Amsterdam (Elsevier). (Handbooks in Economics).

TEMPALSKI, Jerry (1998): *Revenue Effects of Major Tax Bills.* U.S. Departement of the Treasury Office of Tax Analysis, OTA Working Paper, Nr. 81, Dezember.

TOBIN, James (1969): *A General Equilibrium Approach to Monetary Theory.* Journal of Money, Credit, and Banking, 1, S. 15-29.

VESPER, Dieter (1990): *Staatshaushalt und gesamtwirtschaftliche Entwicklung in der Bundesrepublik Deutschland: Ein Rückblick auf die achtziger Jahre.* Wochenbericht des DIW, 57, Nr. 30-1990, S. 411-419.

VESPER, Dieter (1994): *Zur Struktur des öffentlichen Sektors in den Vereinigten Staaten und Deutschland – einige quantitative Aspekte.* Vierteljahrshefte zur Wirtschaftsforschung, Bd. 3.

VESPER, Dieter (1995): *Finanzpolitisches Handeln und Vereinigungsprozess – ein Rückblick auf fünf Jahre Deutsche Einheit.* Vierteljahrshefte zur Wirtschaftsforschung, 1995, Bd. 3-95, S. 367-384.

VESPER, Dieter; ZWIENER, Rudolf (1982a): *Finanzpolitik und konjunkturelle Entwicklung - Einige Bemerkungen und Simulationsergebnisse zur Effizienz finanzpolitischer Konjunktursteuerung.* WSI-Mitteilungen, 1982.

VESPER, Dieter; ZWIENER, Rudolf (1982b): *Konjunkturelle Effekte der Finanzpolitik 1974 bis 1981.*
Wochenbericht des DIW, Bd. 19-1982, S. 249-258.

WOLTERS, Jürgen (1997): *Zur Beurteilung verschiedener Frühindikatoren für die Produktionsentwicklung.* In: Helmstädter, Ernst; Poser, Günter; Ramser, Hans Jürgen (Hrsg.): *Beiträge zur angewandten Wirtschaftsforschung, Festschrift für Karl Heinrich Oppenländer,* Berlin (Duncker & Humblot). S. 339-361.